Bruno Baumann

Der Wüstengänger

Meine Reisen durch die
Sandmeere der Welt

Mit 39 farbigen Fotos,
sechs Schwarz-Weiß-Fotos,
vier Karten und einer Zeittafel

Mehr Bäume.
Weniger CO$_2$.
www.cpibooks.de/klimaneutral

Mehr über unsere Autoren und Bücher:
www.malik.de

Bibliografische Information der Deutschen Nationalbibliothek
Die Deutsche Nationalbibliothek verzeichnet diese Publikation in der
Deutschen Nationalbibliografie; detaillierte bibliografische Daten
sind im Internet über http://dnb.d-nb.de abrufbar.

MALIK NATIONAL GEOGRAPHIC

Erweiterte deutsche Taschenbuchausgabe
August 2013
© Piper Verlag GmbH, München 2011 und 2013
Redaktion: Fabian Bergmann, Ismaning
Umschlaggestaltung: Dorkenwald Grafik-Design, München
Umschlagfotos und Autorenfoto: Archiv Bruno Baumann
Fotos im Bildteil: Archiv Bruno Baumann,
außer Tafel 30, 31 unten und 32 unten: Jan Bernotat
Fotos im Text: Bruno Baumann, außer S. 10 und 272: Archiv Bruno Baumann
Karten: Eckehard Radehose, Schliersee
Satz: Kösel, Krugzell
Papier: Naturoffset ECF
Druck und Bindung: CPI – Clausen & Bosse, Leck
Printed in Germany   ISBN 978-3-492-40506-5

*»Ich habe schon von Schafen
    und von Kristallen gelernt,
warum sollte mich die Wüste nicht auch
    etwas lehren«,
überlegte er.
»Sie scheint mir noch älter und weiser
    zu sein.«*

Paulo Coelho

Inhalt

KAPITEL I

Der Wüste begegnen

> *Die Augen und die Wüste fanden*
> *zueinander,*
> *die Wüste legte sich über die Netzhaut,*
> *lief davon, wellte sich näher heran,*
> *lag wieder im Aug', stundenlang, tagelang.*
> *Immer leerer werden die Augen,*
> *immer aufmerksamer, größer,*
> *in der einzigen Landschaft,*
> *für die Augen gemacht sind.*

Ingeborg Bachmann

◀ Blick von einem der Felstürme im Ennedi über die Wüste,
die sich als ein Raum ozeangleicher Weite offenbart –
Widerschein meiner Sehnsucht

Es war noch dunkel, als ich aus dem Schlafsack kroch. Ringsum im Lager schien alles fest zu schlafen. Selbst die Kamele rührten sich nicht. Mit ihren massigen Leibern, die sich schemenhaft gegen den Sternenhimmel abhoben, wirkten sie wie Schiffe, die im Hafen lagen, um aufgetakelt zu werden. Der Sand war kalt wie Schnee, und mich fröstelte, während ich mit klammen Fingern die Liegematte einrollte. Die wenigen Habseligkeiten waren schnell zusammengepackt. Ich nahm nur das Allernotwendigste mit, gerade so viel, um für eine mehrstündige Wüstenwanderung gerüstet zu sein. Eigentlich wollte ich mit der Karawane gehen, aber jetzt, wo es nur noch weniger Schritte bedurfte, um der Wüste zu begegnen, drängte es mich, allein loszuziehen. Wie lange hatte ich davon geträumt, in die Wüste zu gehen, hatte es mir in meiner Phantasie ausgemalt; nun würden sich zum ersten Mal Vision und Wirklichkeit begegnen. Ohne störenden Tross, so glaubte ich, würde ich die Wüste intensiver erfahren, mich mit allen Sinnen darauf einlassen können. Vielleicht hatte ich letzte Nacht einfach nur von jenem Zaubertrank gekostet, der einen nötigt, unter den Sternen durch die Wüste zu wandern.

Stundenlang hatte ich wach gelegen, hatte nichts anderes getan, als in den Sternenhimmel hineinzuschauen. Und ich wurde nicht müde dabei. Wo hatte ich Vergleichbares gesehen? Nicht einmal auf dem Dach der Welt. In der Wüste gibt es keinen Berg, der das Blickfeld begrenzt, nichts, was die Augen daran hindert, von Horizont zu Horizont zu schauen. Über diese Weite spannt sich der

Himmel auf, tagsüber von grellem Licht erfüllt und nachts mit Sternen übersät, die wie die Splitter eines zerstäubten göttlichen Spiegels wirken. In der trockenen Wüstenluft, aus der alle Feuchtigkeit entwichen war, erweckten sie in jener Nacht den Anschein, als wären sie um Lichtjahre näher gerückt. Und es waren so viele, dass ich meinte, neben den bekannten Sternbildern immer wieder neue zu entdecken.

Jeder Handgriff war Routine: Sturmbekleidung, Sonnenschutz, Kompass und Karte, alles stopfte ich nacheinander in den Rucksack. Schlafsack und Matte blieben bei den Kamellasten zurück. Zuletzt füllte ich meine Wasserbehältnisse ab. Drei Liter. Damit musste ich auskommen. Das war die Menge, die jedem in der Karawane als Tagesration zustand. Dann schulterte ich den Rucksack und zog los. Er fühlte sich nicht schwer an, stellte ich er leichtert fest, sodass er mir auch im weichen Sand nicht zur Last fiele. Vor mir dehnte sich eine flache Steppe aus, die das Mondlicht in ein weiches, seidenes Blau tauchte. Da und dort zeigten sich Sträucher, die sich als dunkle Flecken abhoben. Dann jedoch der radikale Bruch: Sand, kein Grashalm mehr, nichts Lebendiges. Gegen den Horizont zeichneten sich silhouettenartig die gerundeten Formen der Sanddünen ab. Ein ganzer Sternenregen schien auf sie herabzufallen. Immer näher traten die Dünen heran, und bald umzingelten sie mich zu allen Seiten. Anfangs versuchte ich noch, einen möglichst geraden Kurs zu halten, doch rasch wuchsen die Sandgebilde höher und zwangen mir mehr und mehr einen Zickzackweg auf. So gut es ging, bemühte ich mich dabei, den Dünentälern zu folgen. Das sparte nicht nur Kraft, sondern diente auch meiner Sicherheit, denn ich musste darauf achten, dass ich der nachfolgenden Karawane eine erkennbare Spur hinterließ. In diesem Meer der Wanderdünen, wo es keine markanten Geländemerkmale gab, an denen man sich hätte orientieren können, blieb diese Spur die einzige Verbindung zur Karawane. Ohne sie wäre ich hier schnell verloren gewesen. Auf den Höhen und Kämmen der Dünen konnte der Wind die Spuren leicht verwehen. Am ehesten würden sich die Abdrücke in den Senken erhalten. Bei einem Sturm freilich würden selbst dort alle Spuren im Nu verwischt sein. Aber daran mochte ich nicht denken.

Von Zeit zu Zeit aber musste ich, um meine Richtung zu peilen, auf einen der hohen Sandberge steigen. Oben angekommen, nahm ich den Kompass zur Hand, visierte die Richtung an, der ich folgte, prägte mir eine markante Düne ein, die in dieser Richtung lag, und lief auf sie zu. Hatte ich sie erreicht, orientierte ich mich von dort auf dieselbe Weise weiter. So bewegte ich mich zwar in einer Schlangenlinie fort, doch stets in eine Richtung, die mich beherrschte.

Meine anfängliche Befürchtung, ich könnte mich bei Nacht im Dünengewirr verirren, erwies sich als unbegründet, denn ich hatte den Mond unterschätzt. Sein Silberschein verlieh der Wüste Konturen. An manchen Stellen funkelte und glitzerte die Sandoberfläche sogar, als würden Millionen Eiskristalle darauf tanzen. Wann wusste ich zu Hause, wie es dem Mond ging? Selten genug. Hier wurden die Gestirne wieder zu natürlichen Begleitern, zum Maßstab für Zeit.

Allmählich wechselte die Wüste ihre Farben. Sterne und Mond verblassten an einem Himmel, der ein immer tieferes Blau annahm. Im Osten – der Richtung, aus der ich kam – zeigte sich über dem gezackten Horizont bereits ein schmaler Querbalken in Rot, der den neuen Tag ankündigte. Die Sonne warf schon lange ihren Schein voraus, wie eine senkrecht aus dem Dunkel aufsteigende Fackel. Dann begann sich der Horizont zu verfärben. Er wurde orange, dann gelb, und schließlich ging die Sonne auf, ihre Glut erhob sich zitternd über dem Sand. Sonnenaufgang im Morgenland. Jetzt wusste ich, woher der Name kam. Mir gefiel der Gedanke, dass ich mich nun vom Morgenland ins Abendland bewegte – Tag für Tag.

Die plötzliche Lichtfülle erweckte den Sand zum Leben. Jede kleinste Sandrippel, die der Wind zu einem Wellenmuster millionenfach auf die Oberfläche gezaubert hatte, warf ihren Schatten. Und wo Schatten ist, ist auch Kontur. Immer plastischer traten die Formen der Dünen hervor. Sie sahen aus wie nebeneinanderliegende nackte Frauenkörper. Wüste und Düne sind nicht nur sprachlich weiblichen Geschlechts. Mit goldbrauner Haut streckten sich die Leiber in der Sonne aus. Riesenhafte Torsos, die bis zu hundert Meter und mehr hoch waren, mit Brüsten und Gesäßen – und dazu noch die langen Beine, die endlos langen Beine, über die ich hinwegsteigen musste. Einige Dünen fielen durch kupferfarbene oder gar rötliche Rundungen auf: das waren die ältesten. Andere schienen noch ganz jung zu sein, denn sie zeigten noch nicht die prallen gerundeten Formen, sondern hatten scharfe Kanten, an denen sich das Licht wie an der Schneide eines Messers brach. Manche lagen auch übereinander: das waren die gefährlichsten, denn an ihnen konnten die Kamele straucheln und abstürzen – um sich nicht mehr zu erheben.

Für mich aber hatte die Wüste jegliche Bedrohung verloren. Ich wähnte mich in ihrem Schoß geborgen und sicher. Wohin ich auch blickte, von überall her schien sie mir zuzulächeln. Die Dünen badeten im Licht der Morgensonne, und der Sand präsentierte sich so rein und unbefleckt, als hätte ihn noch nie eines Menschen Fuß berührt.

Selbst die Gefahren durch Hitze und Durst schienen hier gebannt. Die Reduktion auf wenige Elemente wirkte wie Balsam auf die geplagte Seele. Ich fühlte mich frei, losgelöst von all den Zwängen und kleinlichen Sorgen des Alltags, die den Geist terrorisierten. Wie berauscht lief ich immer weiter in die Wüste hinein.

Die völlige Abwesenheit vertrauter Geräusche verstärkte noch den Eindruck, in eine andere Welt geraten zu sein. Wenn mich in diesem Moment jemand gefragt hätte, was denn nun die Erfahrung in der Wüste sei, dann hätte ich ohne zu zögern geantwortet: Licht, Sand und Stille. Es gibt nur den klaren blauen Himmel mit seinem Überfluss an Licht. Es gibt den Sand, den der Wind zu immer neuen Formen modelliert. Und es gibt die große Stille. Sie schneidet tiefer ins Herz als alles andere. Die Stille der Wüste ist nicht von der Art Stille, die man empfindet, wenn man in die Natur geht. Am Wasser, im Wald, im Gebirge, überall gibt es Geräusche. In der Wüste jedoch herrscht eine Art Endzustand der Materie, der kein Geräusch mehr verursacht. Ihre Stille ist auch nicht wie jene beklemmende Stille, die man nach einem Donnerschlag empfindet, nach einer Lawine oder dem Schrei einer Kreatur. Die Stille der Wüste ist eine schöpferische Stille, denn sie ist frei von Assoziationen und lässt die eigenen Gedanken von der Kette los. Es ist eine Stille, die einen den Quellen des Lebens näherbringt, denn man hört nichts als den eigenen Pulsschlag und Atem.

Wobei Kopf, Füße und Atem sich anfangs wie widerstreitende Kräfte verhielten. Der Kopf eilte den Füßen weit voraus, und die Füße wollten schneller laufen, als der Atem es zuließ. Allmählich aber fanden sie zueinander, und das Gehen selbst wurde zum Weg der Erfahrung. Die Wüste lässt sich nur im Gehen erfahren. Mit einem Fahrzeug käme man zwar schneller voran, sähe aber weniger. Die Wüste wäre dann nur noch Wegwerfwüste, nichts weiter als eine rasante Abfolge vorbeihuschender Eindrücke. Der Motorlärm würde die Stille vertreiben, und von der grenzenlosen Weite bliebe nur ein Ausschnitt in der Windschutzscheibe übrig. Freilich wäre das Fahren viel bequemer, und im Auto könnte man problemlos seinen Hausrat mitbefördern. Wer geht, muss sich bescheiden, denn jedes Gramm Gewicht zählt. Aber das ist kein Nachteil. »Minimierung der Ansprüche ist Optimierung der Freiheit, Reduktion ist Gewinn«, resümierte Otl Aicher, der das Gehen in der Wüste zur Lebensphilosophie kultiviert hat.

Ich hatte mir das Gehen im Sand viel mühsamer vorgestellt, so ähnlich wie das Laufen am Meeresstrand. Aber das war nur einer von vielen Irrtümern, die vom Bild der Wüste existieren. Wüstensand ist erstaunlich fest, freilich nicht überall, sondern immer nur an den der jeweiligen Windrichtung zugekehrten Stellen. Ich hatte bald gelernt, schon an der Struktur der Oberfläche zu erkennen, wo ich laufen musste, um harten Sand zu finden. So ließen sich selbst hohe Dünen ohne große Kraftanstrengung überwinden.

Ich kenne keine andere Landschaft, die so von Klischeebildern geprägt ist wie die Wüste. Die meisten Menschen stellen sich darunter nur eine trostlose Öde vor, wo einen nichts als lähmende Hitze und quälender Durst erwarten. Wer sich freiwillig an einen solchen Ort begebe, heißt es oft, der müsse in der Tat verrückt sein. Nicht von ungefähr steht die Redewendung »jemanden in die Wüste schicken« für die Trennung von einem, den man loswerden möchte – sei es der Lebenspartner, dessen man überdrüssig wurde, sei es der erfolglose Mitarbeiter. Die Klischees sind zwar nicht falsch, aber sie werden der Wüste nicht gerecht, weil sie nur eines ihrer vielen Gesichter widerspiegeln. Sie ignorieren ihre Schönheit und die zwingende Kraft, die von ihr ausgeht, die tiefer in die menschliche Seele greift als bei jeder anderen Landschaft.

Die meisten waren jedoch noch nie in der Wüste, und sie bedienen sich Stereotypen, die von anderen geschaffen wurden, die oftmals selbst nie einen Fuß in eine Wüste gesetzt haben. Wer kennt sie nicht, die Wüste als Schauplatz für die Helden in den Abenteuerromanen von Jules Verne und Karl May, ausgestattet mit all ihren Attributen wie Sand, Palmen, Kamelen und verschleierten Beduinen, geheimnisvoll und schrecklich zugleich?

Die Wüstenväter

Noch etwas fällt auf: Die Wüste polarisiert. Während die einen sie verteufeln, ist sie anderen heilig. Den einen gilt sie als Ort des Schreckens, den anderen als Ort der Verheißung. Schon in der Vergangenheit schieden sich an ihr im wahrsten Sinne des Wortes die Geister. Den alten Ägyptern galt die Wüste westlich des fruchtbaren Niltales als Reich der Dunkelheit und des Todes, die schaurige Feuerhölle des Seth, der durch Sandstürme Chaos verbreitete.

Auch den Chinesen war und ist die Wüste ein Feindbild. Aus deren Tiefen brachen regelmäßig Reiternomaden hervor, gegen die sie sich mit einer gigantischen Mauer zu schützen suchten. Für die Inkas gehörte die Atacama-Wüste ebenfalls mehr dem Reich des Todes an als der Welt, in der sie lebten. Sie wagten sich nur hinein, um Opfer darzubringen und ihre Toten zu bestatten.

Im Gegensatz dazu spielte die Heil bringende und offenbarende Kraft der Wüste erst im Judentum und später auch in Christentum und Islam eine wichtige Rolle. Den Überlieferungen zufolge zeigte Gott sich Moses in einem brennenden Dornbusch in der Wüste und versprach den Israeliten die Befreiung aus der Knechtschaft in Ägypten; Jesus suchte vor Beginn seines öffentlichen Wirkens die Wüste auf, um dort zu fasten und zu meditieren; der Prophet Mohammed lebte zwar in Mekka, aber der Koran wurde ihm erstmals in einer nahe der Stadt gelegenen Berghöhle offenbart.

Die biblischen Propheten gingen zwar in die Wüste um der spirituellen Erfahrung wegen, und manchmal war sie ihnen auch Zufluchtsort, aber sie blieben nicht dort. Erst frühe Christen in Ägypten waren es, die zu Anfang des vierten Jahrhunderts Haus und Hof verließen, um sich in dieser lebensfeindlichen Zone dauerhaft niederzulassen. Obwohl die ersten dieser »Wüstenmönche« es eher notgedrungen taten – sie flohen vor religiöser Verfolgung oder suchten sich den Nachstellungen römischer Steuereintreiber und dem Militärdienst zu entziehen –, erkannten sie doch schnell die den Geist läuternde und reinigende Kraft der Wüste. Andere folgten ihrem Beispiel in der Hoffnung, dort ihrem Gott zu begegnen und den wahren Glauben zu finden. Die Abbas – die Wüstenväter, wie diese Generation christlicher Gottessucher genannt wurde – errichteten Einsiedeleien oder taten sich zusammen, tauschten regelmäßig ihre Erfahrungen aus und spendeten einander Trost, wenn Zweifel und Ängste sie überkamen. Denn der Pfad der Erkenntnis war steinig und entbehrungsreich wie die Wüste selbst – und mit zahlreichen Abgründen versehen. Glaubt man den Überlieferungen, dann führte der Weg zum Licht der Wahrheit zunächst durch das Schattenreich profaner Sinneslust. In den einsamen Tagen und Nächten rangen die frommen Brüder mit Anfechtungen aller Art. Mal erschien die Versuchung in Gestalt einer lüsternen Frau, dann wieder überkam sie ungeheure Fresslust, die von wirren Gedanken begleitet war. Je strenger sie sich der asketischen Zucht unterwarfen, desto heftiger wurden die Dämonenkämpfe. Eine lebhafte Schilderung davon hat Athanasius, der Bischof von Alexandria, mit der um das Jahr 360 verfassten Biografie Antonius' des Großen, des bedeutendsten dieser Wüstenheiligen, hinterlassen. Antonius hatte bewusst die Nähe des Todes in der extremen Herausforderung der Wüste gesucht. Was er dort erlebte, ließ wenige Jahre nach seinem Tod auch seinen Biografen noch erschaudern. Hinter immer neuen Masken erschien ihm der Teufel. Als er sich vor Angst nachts in einem Grab verkroch, trieben ihn schreckliche Visionen und Gruselbilder erst recht an den Rand seelischer Abgründe. Sein Glaube wurde immer härteren Prüfungen unterzogen. »Wo warst du?«, fragte er einmal vorwurfsvoll seinen Gott, nachdem er erschöpft nach einer schrecklichen Nacht aus seinem Grab gekrochen war. »Ich wartete, um deinen Kampf zu sehen«, lautete die Antwort. Schließlich gelang es ihm, den illusionären Charakter der Versuchungen zu durchschauen und das göttliche Prinzip zu erkennen, das sich gleichsam auf sandigem Grund abzeichnete.

Es folgte die Zeit der Wunder und Visionen. Antonius zog sich weiter in das Innere der Wüste zurück und fand auf dem Berg Kolzim eine dauerhafte Bleibe. Von dort schmetterte der wortgewaltige Rufer seine Botschaft in die Welt hinaus. Und sie wurde weithin vernommen. Christliche Glaubensbrüder, Priester, Bischöfe, Philosophen und Gelehrte kamen von überall her, um seine Weisheit aus der Wüste zu hören. Selbst Kaiser sandten ihm Briefe aus der Ferne. Die Anfechtungen aber hörten nie ganz auf, nur besaßen sie keine Macht mehr über seine Geistesruhe. Er hatte sie als notwendigen Bestandteil des Weges erkannt. Kurz vor seinem Tod vertraute er einem Freund die tröstende Erkenntnis an: »Keiner kann unversucht in das Himmelreich eingehen. Nimm die Versuchung weg, und es ist keiner, der Rettung findet.«

Was ist aus den so hart erkämpften Weisheiten der christlichen Wüstenväter geworden? Sie sind auf der Strecke geblieben. Anstelle der individuellen Gotteserfahrung trat das Dogma, statt der Suche die Ausschließlichkeit derer, die die absolute Wahrheit für sich beanspruchten und verrieten. Für Grenzgänger war kein Platz mehr in einer institutionalisierten Glaubensgemeinschaft. Die Erfahrungen der Wüstenmönche wären nicht möglich gewesen ohne die Überschreitung der Grenze zwischen Stadtkultur und Leere, wobei sich das Leere letztlich als das Volle erwies.

Und Antonius selbst, der »Stern der Wüste« und die »Erstlingsausgabe dieser Mönche und Einsiedler«? Er hat seinen Tod überdauert. Durch Gustave Flauberts »Die Versuchung des heiligen Antonius« und in den Bildern von

Tintoretto, Max Beckmann und Max Ernst wurde er unsterblich. Doch am lebendigsten ist er noch bei den Brüdern des koptisch-orthodoxen Antoniusklosters in der Weite der Wüste Sinai. Sie schwören darauf, dass »der Vater«, wie sie ihn schlicht nennen, nicht nur lebt, sondern in Sturmnächten leibhaftig über die Klostermauern steigt, mit einer Laterne in der Hand, erschreckend und beschützend zugleich. »Abba Antonius trägt ein Gewand aus Tierfell, und er kommt von jenseits des Berges«, erzählen sie den Touristen, die heute scharenweise von den Tauchstränden des Roten Meeres einfallen. Tatsächlich ist zwar das Leben des seltsamen Wüstenheiligen gut dokumentiert, doch über die Umstände seines Todes existieren nur vage Andeutungen. Es gibt kein Grab, keine Reliquie – ein Beweis für die Mönche, dass er noch lebt.

Den Ansturm der sonnengebräunten Strandurlauber, die Fotosafaris in den ehrwürdigen Gemäuern veranstalten, ertragen die Mönche mit stoischer Gelassenheit. Vielleicht ahnen sie, dass es womöglich ihre Vorväter waren, die die heutige Faszination der Wüste in der westlichen Welt begründet haben – in ihrer ganzen Ambivalenz zwischen Göttlichkeit und Dämon, Wahnsinn und Vision, zwischen Furcht und Verheißung, Angst und Geistesklarheit, zwischen unendlicher Freiheit und quälenden Entbehrungen.

Diese Ambivalenz hat auch Literaten wie Antoine de Saint-Exupéry inspiriert, der die Wüste mit überbordender Poesie befrachtete. Dabei fühlte er sich, ähnlich den Wüstenmönchen, zwischen dem Gefühl der Bedrohung und Bewunderung hin- und hergerissen – und erlag doch ihrer Faszination. »Ich war verloren in der Wüste und furchtbar bedroht, nackt zwischen Sand und Steinen, fern von meinem Leben einem Übermaß von Stille ausgeliefert«, schrieb er einmal. Aber auch: »… Und dennoch liebten wir die Wüste. Zuerst ist sie nur Leere und Schweigen, denn sie gibt sich nicht zu Liebschaften von einem Tag her.«

Saint-Exupéry war auch Pilot und lernte die Wüste aus der Luft kennen. Von einem seiner Flüge – er startete im Juli 1944 als Luftwaffenaufklärer von Korsika aus Richtung Frankreich – kehrte er nicht mehr zurück. Seitdem umweht seinen Tod jene Aura des Geheimnisvollen, aus der Legenden gestrickt werden. Mittlerweile wurde das Wrack seiner Maschine vor der französischen Mittelmeerküste gefunden, doch die Ursache des Absturzes bleibt nach wie vor ungeklärt. War es ein technischer Defekt? Stürzte der stark depressive Saint-Exupéry sich mit seiner Maschine womöglich in den Freitod? Oder wurde er wirklich von einem deutschen Jagdflieger abgeschossen, wie es vor einigen Jahren Recherchen zufolge hieß?

Wind, Sand und Stille

Über meine Wüste flogen ebenfalls Flugzeuge, große Passagiermaschinen in mehr als 10 000 Meter Höhe. Sie kratzten weiße Spuren in den gläsernen Himmel, und ihr Brummen zerriss von Zeit zu Zeit die Stille. Ich stellte mir vor, wie die Passagiere durch die Kabinenfenster auf das gelbbraune Nichts hinabblickten und dabei genüsslich an eisgekühlten Getränken nippten – ahnungslos, dass dort unten jemand mit drei Stundenkilometern durch eine Wüste lief, die sie in wenigen Minuten überflogen. Doch der Blick zum Himmel spendete keinen Trost. Die Sonne ergoss sich daraus hervor wie geschmolzenes Blei und verwandelte alles in einen einzigen Glutofen, aus dem es kein Entrinnen gab. Binnen kürzester Zeit hatte die Wüste ihr Gesicht verändert. Ihre Schönheit war verschwunden wie ein heuchlerisches Lächeln. Sie glich nun einem Körper, aus dem alles Blut geflossen war. Kein Leben mehr. Längst hatte die Sonne alle Farben aus der Landschaft gebrannt, und der Sand war weiß wie Schnee. Mein Gehen hatte alle Leichtigkeit verloren. Jeder Schritt kostete Überwindung, jeder Gedanke suggerierte Durst, diese verzehrende Sehnsucht nach Wasser, die schwerer zu ertragen ist als alles andere. Da half nur Trinken. Aber herzhafte Schlucke waren tabu. Ein Liter Wasser ist in der Wüste nicht ein Liter, sondern die Menge, die für so oder so lange reicht. Deshalb musste ich knausern, konnte mir nur leisten, Lippen und Schleimhäute von Zeit zu Zeit mit ein paar Tropfen zu benetzen. Aber schon nach wenigen Atemzügen war der Mund wieder so trocken, dass ich gegen die Versuchung ankämpfen musste, sofort wieder nach der Flasche zu greifen. Die Sonne war allgegenwärtig und gnadenlos. Ohne zu ihr aufzublicken, wusste ich, dass sie genau über mir stand. Ich warf keinen Schatten. Aber ich wurde nicht nur von oben bestrahlt, sondern auch von unten. Die Sonne hatte den Sand bis auf 70 Grad aufgeheizt, und als Wanderer war ich dieser Bodenhitze voll ausgesetzt. Ich beneidete die Kamele um ihre langen Beine, die den Körper in eine Luftschicht heraushoben, in der es um einige Grad kühler war. Nirgendwo gab es den geringsten Schatten. Die Luft war heiß und zum Schneiden dick. Sie dörrte mich bei jedem Atemzug weiter aus, zog mir die Flüssigkeit aus den Poren. Allmählich spürte ich, wie meine Kräfte erlahmten, die Sinne abstumpften. Auch der Kopf schaltete ab, er hatte nichts mehr mitzuteilen. Alles war nur noch auf die einfachste Motorik reduziert, auf das Gehen, Schritt für Schritt. Meine Wahrnehmung der Wüste beschränkte sich nur noch auf die unmittelbare Umgebung, die nächste Düne, die sich mir in den Weg stellte. Mit jagendem Puls erkletterte ich zum wiederholten Mal einen dieser uralten rötlichen Leiber, und als ich endlich oben war, sah ich doch nur den exakten Abklatsch der Formen, die sich schon tausendmal vor mir aufgetürmt hatten. Ich reagierte mit Wut und Niedergeschlagenheit. Kraftlos ließ ich mich in den Sand fallen. Es war völlig egal, wo ich mich hinlegte, vor der Sonne gab es nirgendwo Schutz, aber hier oben strich wenigstens von Zeit zu Zeit eine erfrischende Brise über den Kamm, während unten in der Senke die heiße Luft zu einem brodelnden und vibrierenden Hitzesee geronnen war, der mir ständig das trügerische Bild eines echten Gewässers vorgaukelte.

Mithilfe der Gehstöcke und des Rucksacks versuchte ich einen Schattenspender zu bauen. Plötzlich wurde der Sand lebendig. Ein Wüstensalamander sprang auf und jagte pfeilschnell die Düne hinunter. Er hatte sich im Sand eingegraben gehabt; farblich perfekt getarnt, war er für mich unsichtbar geblieben, solange er sich nicht bewegt hatte. Er zeigte mir, wie Leben in der Wüste möglich ist. An der Oberfläche würde er tagsüber glatt verschmoren, aber er braucht sich nur zwanzig Zentimeter tief einzugraben, und schon sind die Sonne und die Strahlungshitze überwunden. Mir war es zwar nicht möglich, völlig im Sand unterzutauchen, doch allein die Füße in den kalten Sand zu stecken tat wohl, und ich konnte förmlich spüren, wie das Blut im Körper abkühlte. Ich baggerte mit den

Händen eine Wanne aus, die gerade so groß war, dass ich mich darin ausstrecken konnte. Den Kopf schob ich so weit wie möglich unter den schräg aufgestellten Rucksack, die Füße steckten im Sand. So ließ es sich aushalten, und ich sparte Wasser. Das war nun oberstes Gebot, denn meine Reserven waren in den letzten Stunden bedenklich geschrumpft. Jeder Schluck bedeutete eine Entscheidung. Es wäre sinnlos gewesen, weiterzugehen, denn meine nächste Oase lag nicht vor mir, sondern kam auf Kamelrücken hinterher. Die Karawane hatte ihren eigenen Rhythmus, den die Tiere bestimmten. Die Kameltreiber richteten sich ganz danach. Sie hielten dann, wenn die Kamele müde wurden, lagerten dort, wo es im Umkreis Futter gab oder wo sie einen Brunnen graben konnten. Auf mich würden sie dabei keine Rücksicht nehmen. Vielleicht war ich schon zu weit gelaufen. Draußen in der Steppe hatte die Karawane ein Tempo vorgelegt, dass ich Mühe gehabt hatte, Schritt zu halten. Hier in der Sandwüste, im ständigen Auf und Ab der Wanderdünen, würde sie deutlich langsamer sein. Wenn ich mit meiner Schätzung, dass sie höchstens drei Kilometer pro Stunde schaffte, richtig lag, konnte sie aber nicht mehr allzu weit entfernt sein. Bisher war die Karawane zwar morgens immer spät aufgebrochen, aber wenn sie einmal in Bewegung war, hielt sie praktisch nie an. Bewegung war der Herzschlag der Karawane. Und die Führer bekümmerte die Hitze wenig, weil sie hoch oben auf ihren Reitkamelen saßen und deshalb von der Bodenstrahlung weitgehend verschont blieben.

In zwei bis drei Stunden wird die Hitze gebrochen sein, dachte ich, dann wird mir die Wüste wieder zulächeln wie am Morgen – vielleicht sogar noch freundlicher. Dann werden wieder Schatten kommen, die Farben zurückkehren – und auch meine Lebensgeister.

Mit diesen angenehmen Gedanken fiel ich in einen Dämmerschlaf, aus dem ich unsanft geweckt wurde, als ein heftiger Windstoß mich mit einer Ladung Sand überhäufte. Mit einem Satz war ich auf den Beinen, doch noch ehe ich den Staub abgeschüttelt hatte, fegte schon die nächste Windböe über den Dünengrat und wirbelte den Sand zu einer Fontäne auf. Ich stand mittendrin, und die Sandkörner prasselten wie Hagel auf mich herab. Mit zusammengekniffenen Augen spähte ich in die Runde. Was ich sah, verhieß Ungemach. In den Weiten der Meere, auf den Gipfeln der Berge, in den arktischen Regionen und im Dschungel – überall kündigt die Natur einen Umschwung an. Die Wüste aber bricht alle Gesetze. Ich war keine Stunde lang eingenickt, da geriet die Welt aus den Fugen. Statt des Spiels der Farben und Schatten auf den Dünen wehten nun Sandschleier wie zerschlissene Fahnen von ihren Spitzen, und statt des freundlichen Lächelns, das ich mir erträumte, fletschte die Wüste ihre Zähne. Die Sonne war hinter einer drohenden schwarzen Wolke verschwunden, die wie eine Walze auf mich zukam. Ohne mich zu besinnen, nur von einem Instinkt getrieben, versuchte ich zu entkommen. Ein hoffnungsloses Unterfangen. Mit Gewalt brach der Sturm über mich herein. So, wie er Wellen im Meer aufpeitscht, brachte er auch den Sand in Bewegung. Sandkörner umwirbelten mich von allen Seiten, und noch bevor ich es schaffte, Deckung zu suchen, drang der feine Staub in meine Kehle und die Sandkörner brannten wie Glut in meinen Augen. Halb geblendet taumelte ich Hilfe suchend die Düne hinunter. Der Sturm gab die Richtung vor. Doch es gab keinen Schutz, nirgendwo eine Möglichkeit, sich zu verstecken. In der Senke angekommen, kauerte ich mich in den Sand und merkte, wie ich allmählich selbst Teil der Wüste wurde. Ich bildete ein Hindernis, an dem sich die Sandkörner zuerst stauten, bevor sie über mich hinweggeschleudert wurden. Wo sie niederfielen, bildete sich eine neue Düne. Um Augen, Mund und Nase zu schützen, hatte ich die Kapuze meines Anoraks fest zugezogen und mir zusätzlich ein Tuch umgewickelt, das nur noch einen winzigen Sehschlitz frei ließ. So saß ich zusammengekrümmt hinter dem Rucksack und wartete.

Tausendmal schlimmer als der Sandsturm war das Warten, dieses ohnmächtige Gefühl, nichts tun zu können, als zu warten.

Unwillkürlich musste ich an die Karawane denken. Sie musste zwar genauso warten, aber die Menschen konnten sich hinter den massigen Leibern der Kamele verbergen. Bestimmt hatten sie den Sturm früher kommen gesehen als ich, hatten rechtzeitig angehalten und die Tiere von ihren Lasten befreit. Sie besaßen Zelte, hatten genügend Wasser, Kocher und Nahrung. Sie konnten überall in der Wüste bleiben. Die Karawane brauchte mich nicht, umso mehr brauchte ich sie. Ohne sie hatte ich keine Lebensbasis, war ich verloren, ein Nichts, das die Wüste schon im nächsten Augenblick verschlingen konnte. Mir wurde bewusst, wie verwundbar ich war, und ich bekam Angst, riesengroße Angst. Mich überkam ein wildes Verlangen, davonzulaufen. Ich begriff, dass es in der Wüste nicht darauf ankommt, ein großartiger Held zu sein, sondern die Widerstandsfähigkeit eines Sandkorns anzunehmen. Denn einzig ihm gelingt es, dauerhafter Bestandteil dieser Landschaft zu sein.

Irgendwann – ich konnte nicht genau sagen, wie viel Zeit verstrichen war – legte sich der Sturm. Nur hier und da tanzten noch einzelne Sandspiralen ziellos über die Dünenkämme. Die Sonne war nicht zu sehen, weil der Sturm die Atmosphäre mit Staub geschwängert hatte, aber durch das fahle Licht und die Kühle merkte ich, dass sie sich bald dem Abendland zuneigte. Eile war geboten, denn es würde nicht mehr lange dauern, bis die Dunkelheit hereinbrach. Ich stieg auf die nächste Düne hinauf und sondierte das Gelände. Von der Karawane keine Spur. Auf sie zu warten war zwecklos. Sie würde nicht kommen, jedenfalls heute nicht mehr. Ich musste sie suchen. Wenn sie bis zum Beginn des Sandsturms meiner Spur gefolgt war, würde es nicht schwierig sein, sie zu finden. Ich war die ganze Zeit über ziemlich gerade nach Westen gelaufen und brauchte jetzt nur in die umgekehrte Richtung wieder zurückzugehen. Nun lief ich gegen die Zeit. Ich musste es noch bei Tageslicht schaffen, denn bei Nacht, ohne Mondlicht und leuchtenden Sternenhimmel, wäre es viel schwieriger. Für ein Biwak war ich nicht gerüstet, weil ich nichts dabeihatte, um mich vor der Kälte zu schützen. Außerdem waren meine Wasserreserven völlig aufgebraucht, und der Sturm hatte meine Dehydration – die Austrocknung des Körpers – nur noch beschleunigt. Ich gönnte mir keine Rast mehr. Mir war klar, dass die Karawane in einer Senke lagerte und deshalb erst im letzten Moment gesehen werden konnte. Daher hielt ich nach anderen Zeichen Ausschau. Vielleicht verriet mir der Rauch eines Feuers schon aus der Ferne den Platz, wo sie ihr Lager aufgeschlagen hatte, oder ich hörte Stimmen, die kilometerweit getragen wurden. Die Stille empfand ich nun als bedrückend. Sie legte sich mir wie ein Strick um die Kehle und vermittelte das Gefühl, als hätte der Sturm alle Laute unterdrückt, nur um im nächsten Augenblick umso verheerender aus allen Ecken wieder hervorzubrechen.

Die trüben Gedanken verschwanden erst, als sich meine Aufmerksamkeit wieder auf das Gelände konzentrierte. In einiger Entfernung hatte ich einen schwarzen Punkt im Sand entdeckt. Zuerst dachte ich an einen einzelnen Strauch oder ein Stück Holz, aber plötzlich bewegte er sich und verschwand, um gleich darauf wieder aufzutauchen. Als ich mich weiter genähert hatte, erkannte ich, dass es ein Kamel war. Nicht irgendeines. Die einzigen Kamele, die es weit und breit gab, gehörten zu unserer Karawane. Vermutlich hatten die Führer die Tiere nach dem Ende des Sturms losgebunden, damit sie in die Wüste ausschwärmten, um nach Futter zu suchen. Kurze Zeit später sah ich das nächste. Ihre frischen Spuren führten mich direkt zum Lagerplatz. Er befand sich im Windschatten einer großen Mondsicheldüne. Ich stieß einen Jubelschrei aus, als hätte ich soeben die wunderbarste Oase gefunden. Dabei gab es hier weder Palmen noch eine sprudelnde Quelle und schon gar keine üppigen Gärten. Aber in diesem Augenblick bedeutete mir das Lager den Inbegriff von Geborgenheit und paradiesischer Idylle. Damals ahnte ich freilich nicht, dass ich viele Jahre später selbst darauf verzichten würde, um einmal ganz allein eine Wüste zu durchqueren.

Die Kameltreiber hockten im Kreis beisammen und versuchten, ein Feuer in Gang zu bringen. Kaum einer nahm Notiz von mir. Sie taten so, als wäre es die selbstverständlichste Sache der Welt, dass wir uns hier wiederbegegneten. Als wir später Tee schlürfend ums Feuer saßen, meinten sie, sie seien sich sicher gewesen, dass ich die Wüste verstehen und alles richtig machen würde. Wäre ich erst später gekommen, hätten sie oben auf der Düne ein Leuchtfeuer angemacht, das mir den Weg gewiesen hätte. Die Wüste verstehen bedeutete für sie, nichts falsch zu machen.

Zu fortgeschrittener Stunde nahm ich meinen Schlafsack und rollte ihn hinter der nächsten Düne aus. Kein Stern zeigte sich. Der Himmel war noch immer von den Spuren des Sandsturms gezeichnet. Während ich in die Nachtschwärze hineinblickte, tobten in meinem Inneren widersprüchliche Gefühle. Was bedeutete mir die Wüste? Zählte ich nun zu denen, die sie liebten, oder zu jenen, die sie ablehnten? Kann man etwas lieben, das stark genug ist, einen umzubringen, das sich weder bezwingen noch besitzen lässt – bestenfalls vielleicht verstehen?

Warum war ich hier? Was suchte ich in der Wüste?

Als ich losgezogen war, hatten sich mir diese Fragen nicht gestellt. Ich folgte einfach einer spontanen Neugier, einem Erlebnisdrang, den ich für natürlich erachtete. Es stand keine logisch begründbare Absicht dahinter, auch nicht die zwanghafte Erwartung, etwas Tiefgründiges zu entdecken. Ich wollte einfach die Wüste spüren, sehen, schmecken. Erfahren, wie es ist, einer solchen Landschaft zu begegnen – und zwar als Mensch und nicht als Mensch-Maschine. Solange ich mich entsinnen konnte, hatte es mich zu den leeren Orten dieser Welt gezogen. Deshalb war es keine Frage gewesen, ob ich in die Wüste ginge, sondern höchstens, wann und in welche. Wüsten nehmen immerhin ein Drittel der Erdoberfläche ein. Es gibt sie auf allen Kontinenten, die größten liegen in Afrika, Asien und Australien. Weil der Mensch dort nur in Oasen überleben kann, sind sie neben den Eiswüsten letzte Freiräume geblieben. Aber Wüste ist nicht Wüste. Unendlich vielfältig wie die Vorstellungen, die sich damit verbinden, erscheinen die Sand-, Stein- und Gebirgswüsten in ihren Farben und Formen. Es gibt Küstenwüsten wie die Namib oder zum Teil die chilenische Atacama, wo die Luftfeuchtigkeit relativ hoch ist, verglichen mit den Wüsten Zentralasiens, die Tausende Kilometer vom nächsten Meer entfernt und noch dazu 1000 bis 2000 Meter über der Meereshöhe liegen. Es gibt pflanzen- und tierreiche Wüsten, in denen Menschen nomadisch oder halb nomadisch leben können, wie die afrikanische Kalahari oder die zentralasiatische Gobi. Es gibt oasenreiche Wüsten wie die Sahara oder auch die Takla Makan, die von uralten Karawanenstraßen durchzogen werden. Es gibt die Gebirgswüsten Tibets mit dem Transhimalaja und die dahinter anschließende menschenleere Changthang. Und es gibt die reinen Sandmeere. Sie machen vergleichsweise nur einen kleinen Teil der Wüsten aus, doch haben sie mich am meisten angezogen. Vielleicht weil Weite dort noch weiter, Leere noch leerer ist, weil die Dünen dem Auge als eine Art Gesamtkunstwerk erscheinen, das aus Wind, Licht und Sand geschaffen ist, und weil das Fehlen jeglicher Ablenkung den Blick für das Wesentliche frei macht.

Diese erste Begegnung mit der Wüste hat mich berührt und schockiert, zum Träumen verführt und geängstigt, mir Freiheit geboten und Grenzen aufgezeigt, mich aber nicht abgeschreckt. Im Gegenteil. Sie zog mich tiefer hinein, um dort noch mehr Wüste mit den Augen zu trinken und Stille zu atmen.

Die Frage nach dem Warum stellte sich nach und nach, als ich zu ahnen begann, dass die Wüste mich mehr lehren konnte als diejenigen, die vorgaben, mich zu den Brunnen des Lebens zu führen, und sie fand ihre abschließende Antwort erst im Alleingang durch die Gobi. Dazwischen aber lag die aufregendste und erfahrungsreichste Zeit meines Lebens – eine Reise, die mich durch die größten Wüsten der Erde führte.

KAPITEL II

Takla Makan – Todeswüste voller Leben

*Wenn du in der Wüste
   das Sandkorn hören wirst,
wie es dir die Geschichte
   jedes Sandkorns erzählt,
wirst du wissen, dass du endlich
unendliches Hören geworden bist.*

Edmond Jabès

◀ In wenigen Augenblicken verwandelt sich ein leerer Fleck
Sandwüste in ein Lager, in einen Ort der Ruhe und Geborgenheit.

Das Gästehaus von Keriya liegt versteckt zwischen alten Maulbeerbäumen. Wie die meisten Häuser der Oase ist es von einem geschlossenen Mauerring umgeben, sichtbares Zeichen des ständigen Kampfes der Menschen mit dem Sand. Während außerhalb der Mauern bereits die Wüste lauert, öffnet sich drinnen ein heimeliger, von Weinlauben beschatteter Innenhof – der Inbegriff von Oase in seiner Geborgenheit und paradiesische Idylle suggerierenden Bedeutung.

Trotzdem gibt es nicht viele Gäste, die es hierher verschlägt. Gelegentlich sind es durchreisende Händler oder Beamte, die die Herberge nutzen. Denn Keriya – oder Yutien, wie es die Chinesen nennen – hat nicht viel zu bieten außer Wüste, sehr viel Wüste. Die Oase ist an drei Seiten vom Sandmeer der Takla Makan umschlossen. Die exponierte Lage – früher ein Segen – erweist sich heute als Fluch. Denn früher reisten die Menschen mit Karawanen durch die Wüste. Diese folgten selten der kürzesten Strecke, sondern stets dem sichersten Weg, von einer Oase zur anderen, von einem Brunnen zum nächsten. Unterwegs gab es Raststätten, Karawansereien, wo sich die Reisenden von den Strapazen erholen und mit lebensnotwendigen Gütern versorgen konnten.

Keriya war eine davon. Der Ort zählt zu jenen Oasen, die sich, aufgereiht wie auf einer Perlenschnur, um den südlichen Rand der Takla Makan ziehen. Wenn man heute durch die Gassen dieser verschlafenen Oase streift, fällt einem schwer zu glauben, dass sie einstmals eine wichtige Station der Seidenstraße war, jenes interkontinentalen

Fernhandelswegs, der Europa mit Asien verband. Doch im Zeitalter motorisierter Fortbewegung hat Keriya seine Bedeutung verloren. Was für das Kamel gut war, ist für das Fahrzeug schlecht. Für ein Kamel bildet Flugsand kein Hindernis, ein gewöhnliches Fahrzeug hingegen bleibt stecken, kann keine Dünen überwinden. Deshalb konzentrierte sich der Ausbau moderner Verkehrswege ganz auf den nördlichen Rand der Wüste. Dort gibt es mehr Wasser und weniger Sand. Die Südroute jedoch, der uralte Weg durch die Wanderdünen, gerät immer mehr ins Abseits. Interessant nur noch für Archäologen und Vergangenheitssucher oder für jemanden wie uns, die wir der Wüste nähertreten wollen. Doch selbst das scheint heutzutage kein leichtes Unterfangen. Statt der erhofften Einweihung in das Mysterium der Wüste, empfängt uns in Keriya eine unangenehme Überraschung. Von der Kamelkarawane, die uns hier erwarten soll, gibt es keine Spur, trotz der Zusicherung unserer chinesischen Begleiter, für den Wüstenmarsch sei alles vorbereitet. Jetzt stellt sich heraus, dass es nur leere Versprechen waren, und unsere Hoffnung, morgen aufzubrechen, verflüchtigt sich wie eine Fata Morgana. Es scheint, als wären mit den Karawanen auch die Kamele verschwunden.

»Kamele?«, wundert sich der Besitzer des Gästehauses. »Kamele gibt es hier schon lange keine mehr. Nicht einmal am *Basar Kun*, dem großen Wochenmarkt.«

»Wo denn dann?«, frage ich nach.

»Vielleicht draußen bei den Hirten am Keriya-darja … wenn ihr Glück habt.«

Diesem Glück würden wir gerne nachhelfen, indem wir uns selbst auf die Suche machen, aber das ist uns als offiziellen »Gästen« nicht gestattet. Um überhaupt in diese

Gegend reisen zu dürfen, mussten wir uns nicht nur auf viele einschränkende Bedingungen einlassen, sondern auch behördliche Begleitung akzeptieren. Wir taten es in der Überzeugung, die Erfahrung in der Wüste werde uns reichlich dafür entschädigen. In der Wüste, so dachten wir, wird alles anders sein, vor allem Schluss mit der lästigen Bürokratie. Mit der Karawane als mobiler Oase und der eigenen Muskelkraft zur Fortbewegung wären wir frei und unabhängig.

Doch seit der Ankunft in Keriya ist alles ungewiss. Jetzt ist nicht einmal sicher, ob wir die Wüste überhaupt sehen werden, denn ohne Kamele kämen wir nicht weit. Vielleicht hätten wir auf jene warnenden Stimmen hören sollen, die uns abrieten, zu diesem Zeitpunkt nach China zu reisen. Denn erst wenige Monate zuvor, im Juni 1989, war ein Volksaufstand, der sich aus friedlichen Studentenprotesten für mehr Demokratie entwickelt hatte, im Zentrum Pekings mit Panzern niedergewalzt worden. Die äußeren Spuren des Gewaltaktes waren noch nicht beseitigt, da galt bereits die Devise »business as usual«, und die staatliche Propaganda verkündete, fremde Besucher seien willkommen, um sich selbst ein Bild vom Land zu machen. Damit waren aber offensichtlich nur polierte Touristenattraktionen gemeint und nicht Chinas Hinterhöfe wie die Provinz Xinjiang. Von freiem Reisen jedenfalls kann nun keine Rede sein. Vor allem das Gebiet der Takla Makan gilt als militärisch sensibel. Hier werden noch Atomtests durchgeführt, es kursieren Berichte über geheime Wüsten-Gulags, in denen Regimekritiker festgehalten werden, und die staatliche Erdölindustrie schickt sich gerade an, die reichen Vorkommen zu erschließen. Das mehrheitlich vom Turkvolk der Uiguren bewohnte Gebiet ist nicht nur reich an Bodenschätzen, sondern auch von eminenter strategischer Bedeutung. Hier befindet sich der »Solarplexus« Asiens, an dem sich einstmals Russen und Briten in ihrem »Großen Spiel« um die Vorherrschaft in Zentralasien gegenüberstanden. Die Uiguren empfinden die Chinesen, gelinde gesagt, als unerwünschte Fremdherrschaft, die im Stile früherer Kolonialherren ihr Land ausbeutet und ihre kulturellen Eigenheiten unterdrückt. Überall kann ich den Hass spüren, der unter der Oberfläche gärt und sich allenthalben mit offener Auflehnung Bahn bricht. Die totalitäre Staatsmacht hält dagegen und regiert mit eiserner Hand.

Das repressive Klima belastet auch unsere zwischenmenschlichen Kontakte. Von Anfang an waren die Beziehungen zu den chinesischen Begleitern verkrampft und von gegenseitigem Misstrauen geprägt. Nie empfanden wir das Gefühl, wirklich willkommen zu sein. Ganz anders die Begegnungen mit Uiguren. Sie verliefen offen, herzlich und freundschaftlich. Wenn sie hier das Sagen hätten, wäre alles viel einfacher.

»Nein«, wehrt sich Lu, Vertreter des »Amtes für Ausländerangelegenheiten« in der Provinzhauptstadt Urumqi und somit unser offizieller Aufpasser. »Es gibt nur noch eine kleine Formalität«, beteuert er.

»Welche Formalität?«

»Die Kamelführer werden vom Büro für öffentliche Sicherheit ausgesucht.«

»Ich verstehe. Aber wo ist das Problem?«

»Morgen ist unser Staatsfeiertag, und niemand arbeitet.«

Mir liegt auf Zunge zu fragen, wer dann die öffentliche Sicherheit gewährleiste, wenn keiner im zuständigen Büro arbeite. Aber in Anbetracht unserer Situation verkneife ich mir die Ironie.

»Und was ist übermorgen?«, frage ich stattdessen.

»Übermorgen ist auch noch Feiertag.«

»Weil alle noch betrunken sind«, möchte ich hinzufügen. Aber auch diese Bemerkung lasse ich lieber sein.

Mir wird nun vieles klar. Im Vorfeld wurde – jedenfalls was die Organisation der Karawane betrifft – so gut wie nichts unternommen. Sie sind einfach mit uns hierhergefahren, in der Hoffnung, es seien schon irgendwo Kamele und Führer aufzutreiben – notfalls mithilfe der Lokalbonzen.

»Dann werden wir hier frühestens in drei Tagen aufbrechen«, stelle ich ernüchtert fest.

»*Ta hotien, women zhou*. Übermorgen gehen wir los«, antwortet er. Doch es klingt wenig überzeugend. Als spüre er meine Zweifel, beeilt er sich noch schnell hinzuzusetzen: »Wenn ihr schon früher loswollt, dann müsst ihr Fahrzeuge statt Kamele nehmen.«

Jetzt schrillen bei mir erst recht die Alarmglocken. Das steckt also dahinter. Womöglich ist längst beschlossen, dass sie keine Kamele finden werden, weil sie gar keine Kamele wollen. Ich glaube zu ahnen, wie der Trip nach ihren Vorstellungen ablaufen soll: Autofahrt entlang dem Keriya-darja mit anschließendem Dünenspaziergang.

»Entweder gehen wir mit Kamelen durch die Wüste oder überhaupt nicht«, erwidere ich schroff.

Ich bin entschlossen, eher umzukehren, als meine Vision zu verraten. In die Wüste ja, aber nicht um jeden Preis. Mit einem Fahrzeug durch die Wüste zu brettern, das hätten wir viel billiger haben können – in Australien, der Sahara oder sonst wo. Mir geht es darum, die Wüste als Mensch und nicht als Mensch-Maschine zu erfahren. Der Wüste begegnen heißt für mich, sie mit allen Sinnen zu erleben. Sie spüren, schmecken, hören und sehen.

Das Gehen mit der Karawane erscheint mir als der geeignete Schlüssel dazu. Sie würde uns Sicherheit bieten und zugleich genügend individuelle Freiheit lassen, um in einem Tempo unterwegs zu sein, das die Wüste tatsächlich erfahrbar macht.

Für die Takla Makan habe ich mich entschieden, weil ich – nach allem, was ich von Wüsten weiß – dieses Ideal hier am ehesten verwirklichen zu können glaubte. Sie ist noch weitgehend eine Fußgängerzone. Abgesehen von den beiden schmalen Bändern der Flussläufe des Khotandarja und des Keriya-darja, gibt es keine befahrbaren Routen und keine bewohnten Oasen. Der Rest ist reines Sandmeer, eine Leerzone, bar allen Lebens.

Außerdem jage ich hier einem Jugendtraum nach. Seit ich als Sechzehnjähriger den Reisebericht des Asienforschers Sven Hedin gelesen habe, träume ich davon, mit einer Karawane durch die Wüste zu ziehen. Obwohl der Reisebericht des Schweden dazu geeignet war, die Takla Makan als einen Ort des Schreckens und des Todes zu betrachten – Hedin verlor seine ganze Karawane und entging selbst nur knapp dem Tod –, erzeugte er in meiner Phantasie das Bild eines Wüsten-Traumlandes, dessen Entsprechung ich hier zu finden hoffte.

Spätestens seit der Ankunft in Keriya weiß ich, dass ich dafür reichlich spät dran bin, vielleicht schon zu spät. Alles hängt jetzt davon ab, ob es gelingt, eine Karawane zu organisieren. Unsere chinesischen Begleiter sind ausgeschwärmt, um nach Kamelhirten zu suchen. Aber ich habe wenig Vertrauen in ihre Mission – nicht weil ich an ihren

Fähigkeiten zweifle, sondern weil es am Willen fehlt. Wir selbst können nichts weiter tun, als abzuwarten und zu hoffen. Die Stimmung ist niedergedrückt. Keriya bietet nicht viel Interessantes, deshalb verbringe ich die meiste Zeit lesend im Zimmer, umgeben von Ausrüstung, die sich bis zur Decke stapelt. Plastiktonnen mit persönlichem Kram, leere Wasserkanister, Kartons voller Obst und Gemüse, alles liegt zum Aufbruch bereit.

Den Aufzeichnungen Hedins entnehme ich, dass er es vor hundert Jahren zwar viel leichter hatte, genügend Kamele zu finden, doch ganz ohne Schwierigkeiten verlief auch seine Wüstenreise nicht. Nach der fatalen ersten Bekanntschaft mit der Wüste, als er in der ungünstigsten Jahreszeit losgezogen und fast verdurstet war, probierte er es nun im anderen Extrem, mitten im Winter. Die Gefahr des Verdurstens war da wohl geringer, aber auch die kalte Jahreszeit hatte ihre Tücken. Die Temperaturen sanken selbst tagsüber tief unter den Gefrierpunkt, sodass alle Wasserreserven gefroren waren und in Form von Eisblöcken auf Kamelrücken befördert werden mussten.

Hedin beabsichtigte, die Takla Makan, dem Lauf des Keriya-darja folgend, von Süden nach Norden zu durchqueren. Die Auskunft über den Weg, die er in Keriya erhielt, war ziemlich vage. »Wie weit reicht die Sandwüste von dem Punkt, wo der Fluss endet, nach Norden?«, fragte er seinen Karawanenführer vor dem Abmarsch. »Bis ans Ende der Welt«, antwortete dieser, »und bis dorthin sind es drei Monate.« Dennoch zeigte sich der Schwede zufrieden darüber, denn getreu seinem Motto, »nur Gegenden aufzusuchen, wo noch niemand vorher war«, konnte er davon ausgehen, der erste Europäer zu sein, der diese Strecke bereiste.

Ein unerwartetes Geräusch lässt mich mitten in der Lektüre aufhorchen. Es tönt wie ein Ruf aus ferner Vergangenheit, klingt in meinen Ohren jedoch wie Zukunftsmusik. Deutlich vernehme ich Glockengeklingel, das rasch näher kommt.

Dann geht alles überraschend schnell. Eingehüllt in eine Staubfahne, ziehen dreißig Kamele in den Innenhof des Gästehauses. Es macht den Eindruck, als sei mit ihnen die Wüste selbst erschienen, deren erhabene Ruhe sie verkörpern. Ihre Bewegungen sind fließend wie der wandernde Sand, und ihre Augen scheinen stets auf ein fernes Ziel gerichtet.

Ich drücke eine knorrige Hand, blicke in ein wettergegerbtes Gesicht, aus dem mich kleine verschmitzte Augen anblicken. Das breite Lachen entblößt einen nahezu zahnlosen Mund. Vor mir steht Abudullah, unser Karawanenführer – die Chinesen haben doch noch nachgegeben. Mit von der Partie sind auch Abudullahs beiden Brüder Jemen und Suleyman sowie Abdramak und dessen jüngster Sohn Ismail. Der Teenager feiert sein Debüt als Karawanier. Den drei Brüdern gehören achtzehn Kamele, ein respektabler Besitz, wenn man bedenkt, dass der Preis für ein Kamel dem halben Jahreslohn eines Arbeiters entspricht. Die restlichen Tiere wurden ihnen von Nachbarn geliehen.

Der Innenhof ist überfüllt. Es gibt ein unbeschreibliches Gedränge und Geschiebe. Immer wieder springt ein Kamel auf und verursacht eine Kettenreaktion. Die Folge ist ein wildes Durcheinander. In die kurzen Kommandos der Führer mischen sich die Schreie der Kamele, die sich nur widerwillig Lasten aufbürden lassen. Es ist eine Augenweide, diese stolzen Geschöpfe zu beobachten. Sie wirken sogar ein wenig arrogant, wenn sie mit ihren großen schönen Augen von oben auf die Menschen herabblicken. Sie dienen zwar dem Menschen, aber sie unterwerfen sich nicht. Sie haben ihren eigenen Charakter, der mir so geheimnisvoll erscheint wie das Wesen der Wüste selbst. Die Kameltreiber gehen sehr behutsam mit ihnen um. Niemals würden sie ein Tier überladen. Peinlich genau achten sie darauf, dass die Lasten, die paarweise befestigt werden, gut austariert sind, legen Filzdecken unter die Packsättel, damit keine Last scheuert. Das richtige Verschnüren ist eine Kunst für sich. Wir würden gerne mithelfen, aber die Kameltreiber winken ab. Sie befürchten, dass unsere fremden Gesichter, vor allem aber die bunte Kleidung, die Tiere nervös machen. So bleibt uns nur die Zuschauerrolle. Wir sind nicht die Einzigen. Die Kunde, dass hier eine Karawane mit »Langnasen« in die Wüste zieht, verbreitet sich wie ein Lauffeuer. Buben und Mädchen stehen in Zweierreihen Spalier, dazwischen alte Männer mit langen Bärten, die mit glänzenden Augen fachkundige Ratschläge erteilen. Selbst das Personal des Gästehauses, sonst darauf bedacht, den Störfall Kunde zu meiden, hat sich vor dem Eingang versammelt, um das ungewöhnliche Schauspiel zu begaffen.

Es vergehen mehr als zwei Stunden, bis alle Lasten verschnürt sind. Je sechs Kamele werden zu einer Gruppe zusammengebunden, die Karawane formiert sich. Langsam, fast feierlich, setzt sich der Zug in Bewegung. Die Glocken an den Hälsen der Leitkamele beginnen rhythmisch zu läuten. Ein Hauch vergangener Zeiten liegt in der Luft, als der Glanz der Karawanen auch der Glanz Keriyas war.

»*Salam aleikum, salam aleikum!*«, ruft man uns vielstimmig hinterher.

»*Aleikum salam!*«, rufe ich zurück und freue mich, dass es endlich losgeht. Wir schlagen sofort eine nördliche Richtung ein, unsere generelle Marschrichtung für die nächsten 200 Kilometer.

Auf alten Wegen der Wüste entgegen

Ich laufe voraus, um dem erstickenden Staub zu entkommen, den 120 Kamelhufe aufwirbeln. Bald ist der Rand der Oase erreicht. Die Gärten bleiben zurück, und am grünen Saum des letzten Pappelgürtels hört die Oase jäh auf. Der Blick nach vorne ist eine Enttäuschung. Ich habe gehofft, dass gleich außerhalb der Oase das Sandmeer beginnt, doch es scheint, als habe sich die Wüste mit einem hässlichen Panzer umgeben, damit sie dem flüchtigen Besucher nichts von ihrer Schönheit preisgibt. Schon bei der Anreise, während der tagelangen Fahrt an ihrem Südrand entlang, gewährte sie uns keinen Blick. Stets blieb sie unsichtbar wie ein Phantom und zeigte uns nur ihre verdorrte, runzelige Haut. Und auch jetzt gibt es keine Anzeichen, dass sich daran etwas ändern wird. Wohin ich auch blicke, ist die Landschaft von trostloser Monotonie. Flach bis zum Horizont, von niedrigem Buschwerk überzogen, ohne irgendwelche Abwechslung. Nirgendwo findet das Auge einen Halt, nichts, woran es sich erfreuen kann. Der Geist reagiert mit Flucht. Er schafft sich eine Phantasiewüste. Der Körper aber holt ihn wieder zurück ins Hier und Jetzt. Ich habe Durst, suggeriert er, mir schmerzen die Füße, mich drückt der Rucksack. Zweifel kommen auf. Warum tust du dir das an? Der Wille hält dagegen. Da musst du durch, hämmert er mir ein, aufgeben kommt nicht infrage... In ein paar Stunden ist die gröbste Hitze vorbei... Der Gedanke, dass es den anderen nicht viel besser geht, spendet keinen Trost. Suchend blicke ich mich um. Von der Karawane ist nichts zu sehen. Das einzige Zeichen von Leben sind zwei winzige sich bewegende Punkte. Das werden Peter und Hans sein, die beide konditionsstarke Geher sind. Unsere chinesischen Begleiter, dessen bin ich mir sicher, hocken längst oben auf den Kamelen. Ein sportlicher Ehrgeiz, wie er uns antreibt, ist ihnen fremd.

»Warum zu Fuß laufen, wenn es Kamele zum Reiten gibt?«, hat mich Yen, unser Übersetzer, erstaunt gefragt.

»Weil wir Spaß daran haben«, erwiderte ich nur.

Er blickte mich ungläubig an. Aber was hätte ich sonst antworten sollen? Er hätte erst recht nicht verstanden, wenn ich ihm erläutert hätte, dass wir hierhergekommen sind, um wilde Natur zu erleben, weil wir des Komforts und der Bequemlichkeit überdrüssig sind. Wenn ich ihm noch dazu verraten hätte, wie viel Geld wir dafür bezahlen, hätte er an meinem Verstand gezweifelt.

Bis unmittelbar vor dem Aufbruch gab es heftige Diskussionen über die Route. Aus uns nicht ersichtlichen Gründen wollten die chinesischen Begleiter östlich des Keriya-darja laufen, während ich den Weg auf der anderen Flussseite bevorzugte. Letztlich willigten sie ein. Auf der Ostseite gibt es eine befahrbare Piste, und ich stellte mir nichts langweiliger vor, als nebenherzutrotten. Die alte Karawanenroute hingegen verläuft westlich des Keriya-darja. Ihren Spuren zu folgen hielt ich für reizvoller.

Auch Sven Hedin war mit seiner Karawane hier entlanggezogen. Anhand seiner Schilderungen lassen sich Vergleiche anstellen, werden Veränderungen erkennbar, die sich im Laufe eines Jahrhunderts hier vollzogen haben. Schon auf den ersten Marschkilometern wird klar, dass die Lebensbedingungen damals viel günstiger waren. Wo der Schwede noch kilometerbreite Gürtel Pappelwälder vorfand, in deren Schutz Hirten lebten, gibt es heute nur noch dürres Kumushgras und Tamarisken, die wüstentauglichste aller Pflanzen. Von den Tümpeln und kleinen Seen, an denen sich Hedins Karawane labte, sind heute nur noch salzverkrustete Flecken übrig. Innerhalb von drei Generationen hat sich das Gesicht der Landschaft völlig verändert.

Die Ebene vor mir dehnt sich scheinbar endlos bis zum Horizont aus. Jeder Blick nach vorne ist eine Niederlage, weil er mir das Gefühl gibt, auf der Stelle zu treten. Ich beginne die Schritte zu zählen, blicke alle paar Minuten auf die Uhr. Die Gedanken sind wie auf einer Leimrute festgeklebt. In meiner Wahrnehmung ist die ganze Umgebung zu einer gestaltlosen Masse geworden. Alle Sinne sind wie weggeknipst. Erst am Nachmittag beginnt sich das Blatt langsam zu wenden. Eine leichte Brise kommt auf, bricht die lähmende Hitze. Ich erringe erste Siege. Der Abend kündigt sich an, die Verheißung auf Angenehmes, Ruhe, Entspannung, Belohnung für die Mühsal. Es gibt wieder ein Ziel vor Augen – eines, das nicht in unbestimmter Ferne liegt, sondern in greifbarer Nähe. Der Gedanke an das Nachtlager weckt Erwartungen. Ich beginne mir den Platz auszumalen. Am liebsten würde ich mein Zelt auf eine Erhöhung stellen, sodass der eine Eingang nach Osten und der andere nach Westen schaut. Dann könnte ich heute Abend auf der einen Seite die Sonne hinter dem Horizont verschwinden sehen und morgen früh beobachten, wie sie auf der anderen Seite wieder auftaucht.

Ein unerwartetes Geräusch unterbricht meinen Gedankenfluss. Mir ist, als hätte ich ein leises Plätschern vernommen. Ich bleibe stehen, lausche gespannt in alle Richtungen. Jetzt höre ich es ganz deutlich. Doch der Blick in die Umgebung lässt jeden Gedanken an Wasser abwegig erscheinen. Wunschdenken? Gaukelt mir die Phantasie bereits Trugbilder vor? Langsam gehe ich weiter, doch das Geräusch wird lauter. Augenblicke später stehe ich vor einem Bewässerungskanal. Er ist so schmal, dass man ihn erst entdeckt, wenn man unmittelbar davorsteht. Der Grund: Die Verdunstung wird weitgehend ausgeschaltet. Das Wasser darin ist eiskalt und glasklar. Am liebsten würde ich meine Füße in das kalte Nass stecken, aber ich verkneife es mir. Wasser ist hier heilig. Der Gedanke, es könnte anderen als Trinkwasserquelle dienen, verbietet solches Tun. So schöpfe ich es mit den Händen, benetze Stirn und Schläfen und fühle wohlig, wie die Sinne aus der Betäubung erwachen. Der Kanal verläuft wie mit dem Lineal gezogen in Richtung Norden. Wo mag er hinführen? Auf unseren Karten ist keine Oase mehr verzeichnet. Die Frage beantwortet sich nach ein paar Kilometern von selbst. Aus dem milchigen Dunstschleier taucht ein dunkler waagerechter Streifen auf, der rasch Gestalt annimmt. Eine Ansammlung schlanker Pappeln, die einen barackenähnlichen Gebäudekomplex umgeben. Dazwischen ragt ein mehrstöckiger weiß gekachelter Bau hervor, von dessen Dach demonstrativ eine chinesische Flagge weht. Ein riesiger Funkmast daneben komplettiert das Ensemble.

Der offizielle Charakter der Anlage lässt mich zögern, und ich überlege kurz, ob es nicht klüger wäre, den Ort zu meiden. Doch die Verlockung eines schattigen Rastplatzes ist stärker. Vielleicht hat man mich ohnehin schon gesehen, und eine Kehrtwende fiele erst recht auf. Es vergehen nur wenige Minuten, bis ich bei den ersten Pappeln bin. In ihrem Schutz kauere ich mich nieder und spähe vorsichtig umher. Was ich sehe, lässt keinen Zweifel offen, dass es ratsam ist, mich hier nicht blicken zu lassen. Auf einer freien Fläche, die so groß wie ein Fußballfeld ist, beobachte ich eine Gruppe ausgemergelter Gestalten, die mit nacktem Oberkörper unter der sengenden Sonne schuften. Mit Schaufeln und zum Teil bloßen Händen sind sie damit beschäftigt, Gärten und Bewässerungskanäle anzulegen. Etwas abseits, im Halbschatten schlanker Pappeln, stehen bewaffnete Wächter. Ich denke sofort an die Erzählungen über Wüsten-Gulags, die uns hinter vorgehaltener Hand von Uiguren zugetragen wurden. Es waren keine Gerüchte. Auffallend viele der Häftlinge sind junge Chinesen. Ein böser Verdacht drängt sich mir auf. Nach der Niederschlagung der Studentenproteste folgte eine Verhaftungswelle. Seitdem sind viele spurlos verschwunden. Gut möglich, dass manch einer hier landete – in dieser gottverlassenen Einöde, die auch menschlich eine Wüste ist.

Ich wage kaum, mich zu bewegen, und schon gar nicht, meine Kamera zu zücken. Bisher scheint meine Anwesenheit unbemerkt geblieben zu sein, und ich habe nicht die geringste Absicht, daran etwas zu ändern. Jede unbedachte Aktion könnte meine eigenen Chancen sprunghaft erhöhen, den Wüstenknast von innen zu sehen. Ich habe nur noch den Wunsch, möglichst schnell und unbemerkt zu verschwinden. Die Gelegenheit scheint günstig, denn die Bäume bieten mir eine gute Deckung. Von Zeit zu Zeit blicke ich mich prüfend um und atme jedes Mal erleichtert auf, wenn ich feststelle, dass mir niemand folgt.

Plötzlich schießt mir ein Gedanke durch den Kopf: Die Karawane! Sie darf auf keinen Fall hier durchkommen! Jetzt wird klar, warum unsere chinesischen Begleiter die andere Route nehmen wollten. Bestimmt besitzen wir keine Genehmigung für diesen Weg. Was, wenn wir hier kontrolliert würden? Es könnte das Ende der Wüstentour bedeuten, ehe sie eigentlich richtig begonnen hat. Dazu darf es nicht kommen. Zum Glück bin ich weit genug voraus, sodass noch Handlungsspielraum besteht, die Karawane rechtzeitig abzufangen. Wenn ich in meiner Spur zurücklaufe, dürfte ich sie kaum verfehlen, vorausgesetzt, sie ist der Spur wie verabredet gefolgt.

Ich gehe nur so weit, bis die Gefängnisoase außer Sichtweite ist. Dann suche ich mir eine erhöhte Stelle, von der sich der Bereich gut einsehen lässt, aus dem die Karawane auftauchen muss. Nach und nach kommen meine Gefährten heran, aber bis die Karawane auftaucht, vergehen noch Stunden. Als sie eintrifft, ist es bereits später Nachmittag. Die Uiguren möchten auf der Stelle lagern und argumentieren, hier gebe es für die Kamele gutes Futter. Aber die Chinesen wollen genauso wie wir noch weitermarschieren, so weit als möglich die Gefahrenzone hinter uns lassen. So umgehen wir das Hindernis schließlich in großem Bogen und laufen, bis die Sonne untergeht. Immerhin schaffen wir es, den äußersten Rand der ausgedehnten Gefängnisoase zu erreichen. Am Horizont zeigen sich bereits die gezackten Kämme der Wanderdünen, die im letzten Licht der Abendsonne wie lodernde Flammen aussehen.

Doch wir sind zu beschäftigt, um dem Naturschauspiel die gebührende Beachtung zu schenken, denn auf dem Lagerplatz herrscht Chaos. Wegen der späten Ankunft wurden die Kamele nicht auf einem Fleck zusammengetrieben, sondern einfach dort von den Lasten befreit, wo sie gerade standen oder hingelaufen waren, um nach Futter zu suchen. Nun liegen die verschnürten Packen im weiten Umkreis verstreut, und jeder sucht nach seinem Gepäck. Nur die Uiguren, die das wenige, das sie für ihre Bedürfnisse brauchen, in zwei Lederbeuteln auf ihren Reitkamelen befördern, haben längst ein Feuer in Gang gebracht und sind bereits dabei, von Hand gezogene Nudeln zuzubereiten. Auch die Chinesen sind schon beim Essen, während wir noch nicht einmal unseren Kocher gefunden haben. Anders als die Uiguren, setzen die Chinesen auf Fast Food. Sie haben Unmengen von Instantsuppen und Fleischkonserven dabei, die allesamt aus den Beständen der Volksbefreiungsarmee stammen. So gibt es drei Küchen im Lager, und jede Gruppe kocht ihr eigenes Süppchen. Unsere Suppe allerdings misslingt an diesem Abend gründlich. Wir haben geplant, uns vegetarisch zu ernähren, mit Reis und Nudeln als Basis, aber bis wir mit dem Kochen in die Gänge kommen, ist es Nacht. Der Reis bleibt in der Dunkelheit unauffindbar, also nehmen wir stattdessen chinesische Reisnudeln zum gebratenen Gemüse. Am Ende ist das geschnipselte Gemüse voller Sand, und die Nudeln sind klebrig wie Teig. Missmutig löffeln wir den sandigen Brei und zweifeln, ob es wirklich so eine gute Idee war, in der Wüste auf frische Kost zu setzen.

Müdigkeit und die aufkommende Kälte der Nacht treiben uns bald in die Schlafsäcke. Durch die transparente Zelthaut leuchten die Sterne, als wären sie um Lichtjahre näher gerückt. Kein Lufthauch regt sich, und nur das mahlende Geräusch wiederkäuender Kamele durchbricht zuweilen die Stille der Wüstennacht. Damit die Tiere nicht auf die Idee kommen, nachts wieder zurückzulaufen, wurden sie an vollen Wasserkanistern angebunden. Es sieht komisch aus. Hinter jedem Kanister hockt ein Kamel, als würde es ihn bewachen.

Als ich am nächsten Morgen aufwache und aus der Zeltöffnung blicke, stehen nur noch die Wasserbehälter da. Die Tiere sind längst fort. Sie sind in die Wüste ausgeschwärmt, um das in dieser Gegend noch üppig wachsende Kamelgras abzuweiden. Es dauert Stunden, bis sie alle wieder eingefangen, gesattelt und bepackt sind. Wir Fußgänger aber brechen schon lange vorher auf. Es gilt, die ersten Morgenstunden zu nutzen. Nach der Erfahrung des ersten Tages haben wir uns entschlossen, heute bereits vor Sonnenaufgang loszumarschieren, möglichst viele Kilometer zu machen, solange Sand und Luft noch relativ kühl sind, und lieber während der heißen Mittagsstunden irgendwo im Schatten zu liegen, um auf die Karawane zu warten. Den Rest der Tagesetappe wollen wir dann in den späteren Nachmittagsstunden absolvieren, wenn die gröbste Hitze vorbei ist.

Doch bereits nach wenigen Kilometern stellt sich uns neuerlich ein Hindernis in den Weg. Diesmal jedoch kein von Menschenhand geschaffenes, sondern ein naturgegebenes: Wir stehen vor einem Dickicht aus mannshohem Schilfgras. Weiter drinnen in der Wüste wären wir froh darüber, denn das Schilf zeigt die Nähe von Wasser an. Doch jetzt haben wir keinen Bedarf, und deshalb ist es nur ein lästiges Hindernis auf dem Weg. Wahrscheinlich verlief hier einmal ein Seitenarm des Keriya-darja, in dem gelegentlich Hochwasser strömte und dann versickerte. Auf der Suche nach einem gangbaren Weg folge ich einer Kombination von Tierpfaden, die sich bald im Pflanzendickicht verlaufen. Am Ende bleibt mir keine andere Wahl, als uns einen neuen Pfad durch das Schilf zu brechen. Von Zeit zu Zeit muss ich sogar den Kompass zu Hilfe nehmen, um nicht Gefahr zu laufen, die Richtung zu verlieren. Wie durch einen Tunnel bewege ich mich durch dieses Gewirr aus Riesengräsern. Das hat durchaus einen Vorteil, denn die Sonne kann nicht so ungehindert auf mich herabstrahlen. Doch in dem Moment, als ich wieder ins Freie trete, überfällt mich die Hitze. Die Ebene vor mir ist ein einziger großer See. Jetzt um die Mittagszeit hat sich die Luft so aufgeheizt, dass sich der Himmel selbst darin spiegelt und mir Wasserflächen vorgaukelt, auf denen Dünenketten zu tanzen scheinen. Alles Trug, alles Täuschung. Real ist nur der brennend heiße Sand unter meinen Füßen. Obwohl ich mir heute Morgen die Fußsohlen mit Tape abgeklebt habe, glaube ich ständig über glühende Kohlen zu laufen. Da hilft nur Kühlung. Aber wo? Nirgends gibt es den geringsten Schatten.

Dann muss ich mir einen schaffen. Ich ramme die beiden Skistöcke verkehrt in den Boden, breite die Sturmjacke darüber und verkrieche mich darunter. Der Minimalschatten reicht gerade für Kopf und Oberkörper. Die malträtierten Füße stecke ich so tief wie möglich in den Sand und spüre, wie wohltuend kühl es unter der Oberfläche ist. Das verdanke ich dem Umstand, dass Sand sehr schlechte Leiteigenschaften besitzt. Er heizt sich bei Sonneneinstrahlung zwar rasch an der Oberfläche auf, aber er gibt diese Wärme an die darunterliegenden Schichten nicht weiter. Abends ist es dann umgekehrt. Sobald die Sonne verschwunden ist, kühlt sich die Sandoberfläche ab, weil die Wärme nicht gehalten werden kann. Diese entweicht sofort dorthin, woher sie gekommen ist, nämlich in den Weltraum hinaus. Deshalb gibt es in der Wüste diese extremen Temperaturschwankungen zwischen Tag und Nacht.

Wir haben uns bereits auf eine längere Wartezeit eingestellt, aber es vergeht keine Stunde, da hören wir schon das vertraute Glockenläuten, das das Herannahen unserer Karawane ankündigt. Abudullah, der schlaue Fuchs, hat einen besseren Weg gefunden als wir. Von der Höhe seines Reitkamels aus ist es auch wesentlich einfacher, den Überblick zu bewahren. Wohlweislich hat er das Schilfdickicht gemieden, schon wegen der Gefahr, die schwer beladenen Tiere könnten im weichen Boden versinken. Er steuert die Karawane geradewegs auf uns zu. Kaum ist sie zum Stillstand gekommen, knicken die Vorderbeine der Reitkamele wie auf ein geheimes Kommando ein, dann folgen – fast wie im Zeitraffer – die Hinterbeine. Sofort nehmen die Tiere die Hockstellung ein und verharren darin wie angewurzelt. Sie gleichen Schiffen, die vor einer Küste vor Anker gegangen sind. »Wüstenschiff« nannten die Araber das Kamel. Wie sinnfällig dieser Name ist.

Mit einer Geschmeidigkeit, die jener der um Jahrzehnte Jüngeren in nichts nachsteht, gleitet der betagte Jemen von seinem Kamel. Er ist der Einzige, der Reitstiefel trägt und sogar noch den Poshtien, den traditionellen halblangen Mantel der Turkvölker. Die anderen stecken alle in billigen chinesischen Klamotten. Nur was die Kopfbedeckung angeht, herrscht strenge Tradition vor. Sie tragen entweder zylinderförmige Pelzmützen, wie sie auf den Basaren von Kashgar und Khotan in allen Variationen zu finden sind, oder Kappen aus weißem oder buntem Stoff. Manchmal sogar beides übereinander.

Gewöhnlich macht die Karawane kaum Marschpausen, es sei denn, eine Last ist verrutscht oder wurde gar abgeworfen und muss wieder neu befestigt werden. Das ist bisher selten passiert, weil das Gelände sehr leicht ist. So sitzen die Kamelführer den ganzen Tag über lässig im Schneidersitz zwischen die Höcker ihrer Reittiere eingebettet und dirigieren sie mit dem kurzen Strick, der am Nasenpflock befestigt ist. Nur einmal am Tag gönnen sie sich eine Rast, keine allzu lange, höchstens eine halbe Stunde. Nicht weil sie es besonders eilig haben, sondern aus Rücksicht auf ihre vierbeinigen Gefährten. Kamele können in beladenem Zustand nicht lange stehen bleiben. Sie werden bald unruhig und aggressiv, versuchen, sich der Lasten zu entledigen.

Die Männer hocken im Schatten ihrer Kamele und kauen an Fladenbrot. Es ist staubtrocken wie die Wüste selbst. Morgens und abends können sie es wenigstens zuvor in den Tee oder in die Suppe tauchen, um es aufzuweichen, aber jetzt ist es hart wie Stein. Abdullah steckt mir sofort ein Stück zu, als ich mich neben ihn setze. Frisch aus dem Lehmofen, ist *Nan* – das mit Sesam bestreute Weizenbrot – eine Köstlichkeit, doch jetzt ist es für mich ungenießbar. Ich lasse es heimlich im Rucksack verschwinden, um es in der Hoffnung, Wiederkäuer könnten mehr damit anfangen, später den Kamelen zu geben.

In radebrechendem Chinesisch versuche ich, mit Abudullah den heutigen Lagerplatz abzustimmen. Unsere Vorstellungen darüber klaffen weit auseinander. Für den Karawanenführer zählt nur eines: Es muss dort Futter für die Tiere geben. Wir aber möchten dort zelten, wo die Wüste am schönsten ist. Mit einem Stück Holz malt er so etwas wie eine Skizze in den Sand, aus der ich nicht mehr herauslesen kann, als dass er einen Lagerplatz im Auge hat, an dem es Wasser gibt. Ich deute auf eine markante

Dünenformation am Horizont, um ihm anzuzeigen, in welche Richtung ich laufen werde. Er nickt zufrieden und steckt mir noch einen weiteren Brotklumpen zu – als Wegzehrung.

Die Rastpause hat gutgetan. Ich spüre keine Müdigkeit mehr, und das Laufen fällt so leicht, als hätte ich neue Beine. Eine leichte Brise weht mir entgegen, die genug Kühlung bringt, um die Hitze zu brechen. Ich weiß, die kommenden Stunden sind die schönsten des Tages, der Lohn für vergangene Mühsal – und ich nehme mir vor, jeden Moment davon auszukosten.

Den Blick fest auf die Dünenkette am Horizont gerichtet, laufe ich schnurgerade nordwärts. Anfangs konzentriert sich das Auge noch auf die Landschaft, auf die Farben, die mit sinkendem Sonnenstand immer rascher wechseln. Ich merke, wie die Umgebung zunehmend verwüstet. Immer näher kommen die Dünen, Flugsand breitet sich aus, erstickt die Pflanzen, begräbt alles unter sich. Ich nähere mich den Grenzen des Lebens.

Der gleichbleibende Rhythmus des Gehens, die Weite und Stille lenken auch den Geist nach innen. Zuweilen verfalle ich in eine Art Trancezustand und nehme nichts mehr von meiner Umgebung wahr, während die Füße automatisch laufen. Dann steigen aus den Tiefen der Erinnerung Bilder auf, Bilder aus frühen Kindheitstagen, so klar und lebendig, als wäre alles gestern gewesen.

Ein Schritt ins Leere befördert mich abrupt in die Gegenwart zurück. Ich bin nur über eine unscheinbare Bodenwelle gestolpert, aber ein paar Schritte weiter, und ich wäre in die Tiefe gestürzt. Vor mir bricht das Gelände unvermittelt ab. Der Blick gleitet hinunter, und was sich dem Auge dort darbietet, lässt mich grübeln, ob es Traum oder

Wirklichkeit ist: Da schlängelt sich das blaue Band eines Flusses, gesäumt von einem Gürtel wie grüne Seide. Erst als sich ein Wildentenpaar schnatternd aus dem Wasser erhebt, wird mir klar, dass es kein Trugbild ist. Ich stehe am Ufer des Keriya-darja, des letzten großen Wunders der Takla Makan.

Das Wunder der Wüste

Der Keriya-darja ist der einzige Fluss in der Takla Makan, dessen Wasser das Innere der Wüste noch zu erreichen vermag. Früher war die Wüste viel reicher an Wasser, gab es noch andere Flüsse, die das Sandmeer zu durchdringen vermochten – den Khotan-darja, den Niya-darja, den Tarim. Und es gab den riesigen See Lop Nor. Der Rückgang der Gletscher und eklatante Wassermisswirtschaft in jüngster Zeit haben sie zum Austrocknen gebracht. Als das Wasser ausblieb, verschwanden auch die Oasen, die davon abhängig waren. Exponierte menschliche Siedlungen mussten aufgegeben werden, weil ihnen die Lebensbasis entzogen wurde. An ihre Stelle trat nach und nach die Wüste, mit Sand und weiterer Verwüstung.

Der Anblick des Keriya-darja hat mich nicht zuletzt deshalb so überrascht, weil ich nicht erwartete, auf den Fluss zu treffen, jedenfalls noch nicht. Ich wähnte seinen Lauf noch ein gutes Stück weiter im Westen und nahm an, dass wir ihn erst später berühren würden. Aber der Fluss bildet hier eine kilometerlange Schleife, die sich so weit nach Osten zieht, dass wir trotz des nördlichen Kurses darauf gestoßen sind. Abudullah hat es vorausgesehen; das hatte er mit seinem Lagerplatz am Wasser gemeint. Hier gibt es alles, was ein Kamel und seinen Höcker erfreut: saftiges grünes Kumushgras und frische Blätter von Toghraks, einer Art wilder Pappel.

Eigentlich hatte ich vor, mich zuerst um einen Lagerplatz zu kümmern, aber der Verlockung eines erfrischendes Bades ist unmöglich zu widerstehen. Noch oben an der Kante entledige ich mich der Kleidung und lasse mich einfach wie auf einer Rutschbahn ins Wasser hinuntergleiten. Der Fluss ist an dieser Stelle so tief, dass ich sogar ein Stück von der Strömung mitgenommen werde, ehe es mir gelingt, festen Boden unter den Füßen zu finden. Das Gefühl, inmitten der Wüste zu sein und dabei gleichzeitig im Wasser zu schwimmen, ist geradezu unwirklich. Ich drehe mich im Kreis, und wohin ich blicke, drängen Dünen heran. Den Horizont bilden hohe, übereinandergetürmte Dünengebilde mit scharfen, geschwungenen Graten – und ich sitze davor wie in einer Badewanne. Ich schätze die Temperatur des Wassers auf knapp 30 Grad, nicht gerade kalt, aber gegenüber den 50 Grad draußen immer noch eine gute Abkühlung. Mit beiden Händen schöpfe ich das Wasser, gieße es mir über den Kopf, immer und immer wieder, berausche mich am Geräusch des Plätscherns. Ich tätschle die Oberfläche des Wassers, schmecke und trinke es, fühle den sanften Druck der Strömung, tauche ein. Am liebsten würde ich mich auf den Rücken legen, um mich einfach forttreiben zu lassen, weiter, immer weiter in die Wüste hinein.

Wasser – Elixier des Lebens. Hier gewinnt es seine ursprüngliche Bedeutung wieder. Musste ich erst in die Wüste gehen, um das zu erfahren? Braucht es Mangel, damit Bewusstsein entsteht? Es scheint jedenfalls so. Zu Hause, wo es Wasser im Überfluss gibt und man lediglich den Leitungshahn aufzudrehen braucht, ist es zu etwas Selbstverständlichem geworden, viel zu banal, um daran noch einen Gedanken zu verschwenden. Es ist immer genug davon vorhanden. Hier in der Wüste wird schnell klar, was Wasser bedeutet. Es ist nicht nur unsere Lebensgrundlage wie die Luft zum Atmen. Es *ist* das Leben!

Indessen sind meine Gefährten eingetroffen. Ich sehe sie oben an der Kante stehen, gewiss ähnlich ungläubig staunend wie ich zuvor. Auch sie zögern nicht lange, reißen sich die Kleider vom Leib, und einer nach dem anderen springt von der Böschung ins Wasser.

Während sie exzessiv den Luxus eines Bades in der Wüste genießen, mache ich mich auf die Suche nach einem geeigneten Zeltplatz. Der Keriya-darja hat sich hier tief in die Landschaft eingegraben. Beiderseits des gewundenen Wasserlaufes steigt das Gelände terrassenförmig an. Die erste Terrasse wurde vom Hochwasser geschaffen, das zur Schneeschmelze den Fluss um mehr als seine doppelte Größe anschwellen lässt. Hier wächst nur Schilfgras. Darüber folgt eine mit Pappeln bestandene Terrasse, die bereits stark versandet ist. Dort finde ich eine ebene, mit Sandrippeln überzogene Fläche, die einen guten Lagerplatz abgibt. Der Ausblick ist ungewöhnlich – auf der einen Seite zum Fluss hinunter, auf der anderen zu den gerundeten Formen der Dünen. Ich habe mich gerade im Schatten einer Pappel ausgestreckt, da merke ich, dass der Ort mit Zecken verseucht ist. Sie lassen sich von den Bäumen herabfallen und kriechen aus allen Richtungen im Sand auf mich zu. Da bleibt nur die Flucht. Aber wohin? Unten in Wassernähe wird es nicht viel besser sein. Also noch eine Stufe höher hinauf, wo es mehr Sand und weniger Pflanzen gibt, vor allem keine Pappeln mehr. Hier wachsen nur noch Tamarisken. Ich überlege sogar, noch weiter in die Wüste hineinzugehen, ganz auf die Dünenterrasse hinauf, aber da dürfte Abudullah Einwände haben, und deshalb wähle ich einen Platz zwischen den Tamariskenhügeln, nachdem ich mich vergewissert habe, dass er zeckenfrei ist.

Kurze Zeit später taucht die Karawane auf. Abudullah steuert sie geradewegs auf mich zu. Vom Kamelrücken herab blickt er mich fragend an.

»*Jiantian xiu xi, hao ma?* Rasten wir heute hier?«, rufe ich ihm zu.

»*Hao!*«, antwortet er mit einem kurzen Nicken. Dann gleitet er von seinem Kamel, und die anderen folgen sogleich seinem Beispiel.

Die anstehende Expeditionsroutine geht schon viel schneller von der Hand. Kein langes Suchen mehr nach dem Gepäck, Aufstellen der Zelte, Kochen. Da bleibt mehr Zeit übrig, Zeit für die Wüste, die ich für eine abendliche Dünenwanderung nutze. Die wenigen Meter hinauf bis zur nächsten Terrasse sind schnell zurückgelegt. Dahinter erheben sich die ersten Barchans – Mondsicheldünen. Mit ihren ebenmäßig geschwungenen Linien, die sich gegen den Himmel abheben, wirken sie wie Scherenschnitte. Mehr und mehr Dünen rollen heran, übereinandergetürmt und ineinander verschachtelt, wie erstarrte Wogen eines aufgewühlten Meeres. Ich balanciere über messerscharfe Grate von einer Dünenspitze zur nächsten und staune, wie fest der Sand ist, selbst bei Gebilden, die so fragil aussehen, als würden sie unter der Last eines Menschen einbrechen.

Nach einiger Zeit ziehe ich die Schuhe aus. Barfuß läuft es sich noch viel besser, jedenfalls jetzt in den Abendstunden, wenn die Sandoberfläche schon abgekühlt ist. Es bereitet mir ein kindliches Vergnügen, halb springend, halb rutschend über die steilen Leeseiten hinunterzustürzen. Dabei geraten die Dünen manchmal in Schwingung, sodass ein leises »Singen« zu hören ist. Darüber vergesse ich sogar den Sonnenuntergang. Ich schaffe es gerade noch, die höchste der umliegenden Dünen zu erreichen, als der Glutball der Sonne hinter dem Horizont verschwindet. Damit ist das allabendliche Naturschauspiel in der Wüste allerdings nicht zu Ende, sondern beginnt erst. Kaum ist die Sonne untergegangen, explodiert am Himmel ein Feuerwerk von Farben. Gelb, Orange und Rot wechseln einander ab, vermischen sich zu immer neuen Schattierungen. Ich lege mich auf den Rücken und blicke in den Himmel hinein. Nach und nach breitet die Dunkelheit der Nacht ihren Mantel aus, und wo die rötliche Färbung verloschen ist, blitzen Sterne auf, einer nach dem anderen, als würden sie angeknipst. Mit der Nacht kommt die Kälte. Ich spüre sie vom Sand in den Körper kriechen und kehre ins Lager zurück.

Am nächsten Morgen heißt es wieder Abschied nehmen vom Keriya-darja. Wir tun es mit einem ausgiebigen Bad. Keine Frage, wir blieben lieber in seiner Nähe, doch der Fluss selbst lässt uns keine andere Wahl. In riesigen Mäandern windet er sich nordwärts, als wolle er auf diese Weise der tödlichen Umklammerung der Wüste entkommen. Es wäre viel zu mühsam und zeitraubend, den kilometerlangen Schlingen zu folgen, wir werden abkürzen, indem wir einen möglichst direkten Kurs einhalten.

Viel früher als sonst ist die Karawane zum Abmarsch bereit. Wir sind noch unten am Wasser, da ist bereits das vertraute rhythmische Läuten der Glocken zu vernehmen, das anzeigt, dass sich der Zug in Bewegung gesetzt hat. Als wir den Lagerplatz erreichen, sehen wir gerade die letzten Kamele hinter einem Dünenkamm verschwinden. Wir folgen der schmalen Spur tellergroßer Tritte.

Plötzlich ist die Wüste da. Ein vollkommener Ring aus Sandbergen hat sich um uns geschlossen. Die Karawane ist wie vom Erdboden verschluckt, und nur die Spur verrät uns, dass es sich um eine reale Erscheinung handelt. Als wolle ich mich vergewissern, dass dem tatsächlich so ist, steige ich auf eine hohe Düne hinauf. Ich brauche nicht lange Ausschau zu halten, dann sehe ich die Karawane auftauchen. Sie kreuzt durch das Dünenmeer, verschwindet, taucht an anderer Stelle wieder auf, um abermals zu verschwinden. Ich betrachte sie jetzt mit anderen Augen als zuvor. In ihrem Element zeigt sich das Wesentliche einer Karawane. Sie ist immer in Bewegung, kennt keinen Stillstand, doch ihr Weg ist kein gerader. Sie geht im Zickzack, macht Umwege, passiert Stationen, Wegpunkte. Wenn ein Hindernis ihren Weg blockiert, umgeht sie es, aber danach schlägt sie wieder ihre Richtung ein. So bewegt sie sich vorwärts, immer weiter, einem unsichtbaren Ziel entgegen.

Sie gleicht dem Fluss des Lebens. Der Karawanenführer ist ihr Bewusstsein, denn er ist weise, weil er Erfahrung mit Wissen verbindet. Er orientiert sich an den Gestirnen, der einzigen Karte, auf der alle Wege verzeichnet sind. Er kennt seine Verantwortung für alles, was der Karawane auf dem Weg widerfährt, und er weiß deshalb, dass er im Fluss bleiben muss. Stillstand bedeutet Tod, in der Wüste wie im Leben. In der Wüste heißt im Fluss bleiben, die Eigenschaften einer Düne anzunehmen. Beide folgen demselben dynamischen Grundprinzip, nur ist die Düne stärker. Sie ist die alles bestimmende Kraft. Sie kann sowohl Ursache als auch Wirkung sein, dabei wird die Grenze zuweilen so fließend, dass es fast schon wieder einer Auflösung dieser Gesetzmäßigkeit gleichkommt. Durch Selbstorganisation des Sandes stellen sich Dünen immer wieder auf das Perfekteste her. Sie verwischen sogar jede Spur und lassen nur sich selbst zu. Sie bestehen aus dem Einfachsten, was man sich denken kann, und formen doch äußerst komplexe Gebilde. Es gibt nur drei Parameter, die sie bestimmen: Sand, Wind und Schwerkraft. Das Material ist immer nur der Sand, die treibende Kraft immer der Wind, und beide folgen den Gesetzen der Aerodynamik. Sand ist das Endprodukt zerfallener Gebirge, eine Mischung verschiedenfarbiger Körner von einem hundertstel bis zu einem halben Millimeter Durchmesser. Gebirge entstanden durch Kampf widerstreitender Kräfte, durch Hebung, Schub und Druck, durch Erosion und Sprengung. Die Düne kennt solche Gegensätze nicht, hier ist nur Fluss ohne Brüche, Kanten und Ecken. Alle Übergänge sind weich und fließend, selbst wenn sich Dünen wie ein Gebirge mehrere Hundert Meter hoch auftürmen. So einfach die Physik der Dünen ist, so ungewöhnlich sind die Resultate. Keine Düne gleicht der anderen, und mit jedem Schritt, der mich weiter in dieses Sandmeer hineinführt, wächst das Vergnügen an ihrer Ästhetik und dem schier unerschöpflichen Reichtum ihrer Formen. Anders als am Wasser, wo Wellen eine äußerst flüchtige Erscheinung sind, lassen sich Wellenbewegungen des Sandes wahrnehmen, man kann ihre Formen studieren. Sandmeere sind äolische Landschaften. Der Wind hat sie geformt. Zwei Ursachen führen zur Dünenbildung. Einmal Hindernisse, in deren Windschatten Sand abgelagert wird, oder allein die

Bewegung des Windes, der in Wirklichkeit ebenfalls eine Wellenbewegung ist. Anhaltender Wind erzeugt auf der Oberfläche des Sandes eine Riffelung. Dieses Wellenmuster ist die Haut der Düne, aus der ihrerseits wieder neue Dünen entstehen können. So pflanzt sich die Düne fort, vervielfältigt sich selbst, bewegt und verändert sich wie ein lebender Organismus. Die Struktur und Festigkeit der Dünenoberfläche ist so unterschiedlich, dass ich ständig beschäftigt bin, eine optimale Route zu finden. Sie kann weich sein wie Mehl, was das Gehen ziemlich mühsam macht, aber auch hart wie Stein. Sie kann lose wie Triebschnee sein und brüchig wie Eis. Ich lerne bald, mit dem Auge an der Oberflächenstruktur die darunterliegende Konsistenz abzulesen und Wege zu finden.

Nur bei den Dünen fällt es mir schwer, das Prinzip von Ursache und Wirkung zu erkennen. Mit ihren vielen Formen erscheinen sie mir als ein heilloses Chaos, dem keinerlei Ordnung innewohnt. Es gibt Dünen, die wie quer gelegte Sicheln aussehen, und Dünen, die einer Schlangenlinie folgen. Mal sind sie oben rund, mal spitz. Manchmal sind sie stern-, ein andermal linsenförmig. Vielleicht werden mir die Dünen noch mehr über ihr Wesen verraten, später. Jetzt um die Mittagszeit sind sie unansprechbar. In weißes, konturloses Licht getaucht. Verblichen. Nur zwei Mal am Tag werden die Farben der Düne lebendig: am frühen Morgen und am späten Abend.

Wie ich ist auch die Karawane zum Stillstand gekommen. Zeit für die Mittagsrast. Gibt es irgendwo Schatten? Doch! Hinter dem massigen Körper eines Kamels findet sich ein kleiner Flecken. Ich verspüre keinen Hunger, nur Durst. Aber meine Wasserreserven sind nahezu aufgebraucht. Das wundert mich, denn bisher bin ich mit den drei Litern Tagesration gut ausgekommen. Es muss wohl daran liegen, dass mein Rhythmus heute ein anderer war. Ich ging langsamer, blieb häufig stehen, um zu beobachten, auch um zu fotografieren. Bei jeder Unterbrechung griff ich unwillkürlich nach der Flasche. Ohne dass ich es merkte, schrumpften meine Vorräte zusammen. Jetzt muss ich mit dem Wasser knausern. Dabei haben wir noch nicht einmal die Hälfte unserer angepeilten Tageskilometer zurückgelegt.

Pünktlich, bevor die halbe Stunde um ist, gibt Abudullah das Zeichen zum Weitermarsch. Langsam setzt sich die Karawane in Bewegung, Kamel um Kamel reiht sich ein. Ich laufe neben ihr her, lausche ihrem Pulsschlag, den die Glocke des Leitkamels vorgibt. Zum wiederholten Mal bietet mir Abdramak sein Reitkamel an, aber das Laufen ist viel zu animierend, als dass ich das Bedürfnis verspürte, auf Kamelrücken durch die Wüste zu schaukeln. Bald merke ich, dass es ermüdender ist, wenn ich meinen Schritt an das Tempo der Karawane anzupassen versuche, als in meinem eigenen, schnelleren Rhythmus vorauszulaufen. Dasselbe gilt für die Spur. Die Karawane folgt in den Dünen einer Route, die für den Fußgänger kraftraubender ist, selbst oder gerade dann, wenn man seine Schritte in die Abdrücke der Kamelfüße setzt. Kamele können viel leichter Dünen traversieren, als sie direkt in ständigem Auf und Ab zu nehmen. Beim Gehen ist das genau umgekehrt. Da gilt es, die Flanken der Dünen zu meiden, denn dort ist der Sand weich und man sinkt tiefer ein. Am besten kommt man voran, wenn man Kombinationen von Dünen folgt, die miteinander durch Rücken oder Grate verbunden sind. Deshalb folgt die Karawane nie genau meiner Spur. Sie geht ihren eigenen Weg. Abudullah behält die Spur aber stets im Auge, denn unsere Richtung und unser Ziel sind gleich. Doch der große Unterschied ist, dass die Karawane mich nicht braucht, ich aber sie brauche. Die Karawane ist autark. Sie kann die Wüste allein durchqueren, während ich symbiotisch von ihr abhängig bin. Meine Freiheit hat klare Grenzen. Ich kann zwar weit vorauslaufen, so weit, dass nichts mehr von der Karawane zu hören und zu sehen ist, aber irgendwann muss ich stehen bleiben, auf sie warten. Heute, am ersten Tag im Sandmeer, wage ich mich kaum außer Sichtweite zu entfernen. Die Wüste ist mir noch viel zu fremd, um mich sicher zu fühlen. Was, wenn plötzlich ein Sandsturm meine Spuren im Nu verwischt? Ich habe gelesen, dass in der Takla Makan der Kara Buran, ein schwarzer Sandsturm, von jetzt auf nachher aufkommen kann und mit solch verheerender Gewalt über die Wüste fegt, dass ganze Karawanen darin zugrunde gingen und sogar menschliche Siedlungen von den wandernden Sandmassen begraben wurden. Ob das stimmte oder nicht, konnte ich nicht einschätzen, weil mir die eigene Erfahrung fehlte, aber es gemahnte zur Vorsicht und flößte mir Respekt ein.

Es mangelt auch noch an Vertrauen oder, besser gesagt, Vertrautheit, um das Verhalten der Karawane einschätzen zu können, zu wissen, wie sie sich in dieser oder jener Situation verhalten würde. Kurzum, wir sind noch kein Team, sondern drei verschiedene Gruppen aus drei verschiedenen Kulturen mit sehr unterschiedlichen Motivationen. Ob wir auf dieser Reise ein Team werden, wird sich zeigen.

Etwas ganz anderes kann ich schon viel besser berechnen und einschätzen: die Zeit. Ich brauche keine Uhr mehr. Sie lässt sich vom Stand der Sonne ablesen. Und nicht nur dort. Ich kann sie an meinem Schatten erkennen und an den Farben. Die Farben sind die lebendige Sprache des Lichtes und in der Wüste, mehr als in jeder anderen Landschaft, Spiegelbild des Sonnenstandes. Ich weiß, welche Farbe die Dünen zu dieser oder jener Stunde annehmen. Der eigene Schatten dient mir sogar zur Orientierung. An der Richtung des Schattens, der sich mit dem Sonnenstand langsam ändert, kann ich den Winkel zu meiner Laufrichtung erkennen. Als künstliche Orientierungshilfe habe ich nur einen Kompass dabei. Damit peile ich von Zeit zu Zeit die exakte Richtung und richte meinen Kurs neu aus, wenn es Abweichungen gibt. Meistens sind nur kleine Korrekturen notwendig, und die Intervalle, in denen ich den Kompass zur Hand nehme, werden immer länger.

Die Dünenkämme, die ich seit der Mittagsrast überquere, bilden keine Schwierigkeiten. Sie sind nicht hoch, nur etwa 20 bis 30 Meter, und so gestaffelt, dass es dazwischen Passagen gibt, denen ich folgen kann. Zwischendurch steige ich auf eine höhere Düne, um Ausschau nach der Karawane zu halten oder den Blick über das Gelände schweifen zu lassen, das vor mir liegt. Als ich wieder einmal auf einem Dünengrat stehe, ist der Keriyadarja plötzlich wieder da. Welch ein Anblick! Der schmaler gewordene Fluss ist zu beiden Seiten von wilden Pappeln eingefasst. Mit ihren goldrot gefärbten Blättern erwecken sie den Eindruck, als stünden sie in Flammen. Dazwischen leuchten Tamarisken in Gelb, Rot und Rostbraun heraus. Über Nacht ist der Herbst in die Wüste eingezogen. Die Natur ist im Farbenrausch, und alle Pflanzen beteiligen sich daran. Die Pappeln bilden hier keinen dichten Wald, sondern stehen in größeren Abständen zueinander. Dazwischen hat sich Sand abgelagert, bildet kleine Wellen und Mulden, die mit feinen Rippelmarken überzogen sind. Inmitten dieser Idylle schlagen wir unser Lager auf. Die Nähe zum Fluss verbannt alle Gedanken an Durst weit in die vor uns liegende Wüste hinein, und das erfrischende Bad macht alle Anstrengungen vergessen, als hätte es sie überhaupt nicht gegeben.

Es herrscht allgemeine Jubelstimmung. Selbst die Chinesen scheinen der Wüste etwas abzugewinnen, zumindest entfacht es ihren Spieltrieb. Sie wollen sich mit uns im Sackhüpfen messen. Am Ende haben wir das Nachsehen, und ich habe noch dazu mein Schweizer Offiziersmesser im Sand verloren.

Als die Schatten länger und die Farben immer kräftiger werden, mache ich mich auf die Suche nach einem geeigneten Zeltplatz. Warum soll ich mein Zelt wie auf einem Campingplatz zwischen anderen aufschlagen, wenn genügend Platz vorhanden ist für einen eigenen Flecken Wüste? Ich bin ja nicht in die Wüste gekommen, um die Stille zu vertreiben, sondern um Oasen der Stille zu finden. Deshalb laufe ich tagsüber gern allein und stelle abends mein Zelt abseits des Lagers auf. Gesellschaft habe ich zu Hause genug, hier brauche ich sie nicht. Sie lenkt mich nur ab. Was ich brauche, ist viel Freiraum und Zeit, um mich ganz auf die Wüste einlassen zu können. Außerdem habe ich wenig Bedürfnis nach Gesprächen, schon gar nicht über Themen, die mit dem Hier und Jetzt nichts zu tun haben. Das ist in Gruppen fast immer der Fall, selbst in der kleinsten. Vielleicht liegt es auch daran, dass wir zwar ein gemeinsames Ziel haben, aber die dahinterliegenden Motive sehr verschieden sind.

Für meine Gefährten ist der Trip eine Freizeitbeschäftigung. Sie haben sich entschlossen, ihre teuer erkaufte Freizeit in diesem Jahr in der Wüste zu verbringen. Im nächsten Jahr wird es etwas ganz anderes sein. Da geht es mehr um den Spaßfaktor, auch darum, einmal in der Wüste gewesen zu sein. Damit ist das Thema abgehakt. Ihr Leben ist aufgeteilt in Arbeit und Freizeit. Der Job ist zum Geldverdienen da und die Freizeit für den Spaß und die Passion. Mir ist diese Einteilung fremd. Ich kenne kein Entweder-oder, weil es kaum einen Unterschied zwischen Beruf und Berufung gibt. Mein Reisen ist eine Suche. Ich bin unterwegs, um zu erfahren, zu lernen, auf diese Weise in Dialog zu treten mit dem anderen, dem Fremden, dem Unbekannten, mit mir selbst. Die Wüste, das spüre ich schon nach den ersten Tagen, wird mich länger beschäftigen. Sie ist wie ein Buch, in dem ich gerade erst zu lesen begonnen habe, doch von dem ich bereits weiß, dass ich es nicht mehr aus der Hand legen werde, bis es zu Ende gelesen ist.

In Erwartung der magischen Stunde – jener Zeit zwischen Sonnenuntergang und Einbruch der Dunkelheit – laufe ich ein Stück in die Wüste hinein. Die von Millionen Rippeln überzogene Oberfläche bildet ein faszinierendes Wellenmuster, so fein und filigran, dass ich manchmal zögere, darüberzulaufen. Wie alle Sandgebilde sind auch die Rippel vom Wind geschaffen. Sie entstehen bei länger anhaltendem Wind aus einer Richtung und werden durch über die Oberfläche springende Sandkörner gebildet. Die Rippelmarken wachsen immer im rechten Winkel zur Windrichtung, nämlich dann, wenn ein Hindernis den über die Oberfläche kriechenden Sand staut. Die an dieser ersten Rippel aufprallenden Sandkörner werden über das Hindernis geschleudert, und wo sie landen, entsteht eine neue Rippel, die ihrerseits wieder eine entstehen lässt und so weiter. Bei lange anhaltendem Wind aus derselben Richtung bildet sich eine gleichmäßige, langsam fließende Struktur von ungewöhnlicher Harmonie. Ändert der Wind seine Richtung, legt er über die bestehenden Rippelwellen neue Querwellen, die je nach Windstärke verschiedene Frequenzen und Amplituden haben. Daraus können Muster entstehen, durch die die Sandoberfläche wie gestrickt aussieht.

Überall recken Toghraks – wilde Pappeln – ihre gewundenen Stämme aus dem Sand und verleihen der Wüste hier ein lebensfreundliches Antlitz. Aber die Idylle trügt. Die Wälder entlang dem Keriya-darja sind im Sterben begriffen. Jahrhundertelang trotzten sie den Sandstürmen, der zunehmenden Trockenheit und dem Vorrücken der Wüste, doch binnen weniger Jahrzehnte haben rücksichtslose Eingriffe in den Wasserhaushalt ihnen buchstäblich die Lebensbasis entzogen. Die schnell wachsende Bevölkerung der Oasen – deren Zunahme durch han-chinesische Zusiedlung forciert wird – braucht vor allem Holz und Wasser. Letzteres entnimmt man den Flüssen wie dem Keriya-darja und dem Khotan-darja.

Mehr Menschen heißt auch Vergrößerung der Oasen, Ausdehnung der landwirtschaftlichen Nutzfläche. Das wiederum ist nur durch künstliche Bewässerung, also einen Mehrverbrauch an Wasser, möglich. Aus diesem Grund wurde dem Keriya-darja immer mehr Wasser schon am Rande der Wüste entzogen, sodass er immer weniger Wasser in die Wüste selbst beförderte. So raubt man den Wäldern, wie gesagt, allmählich die Grundlage ihrer Existenz.

Hinzu kommt noch der gestiegene Holzbedarf. Auch dieser wird aus dem Selbstbedienungsladen Natur gedeckt. Jene Kamele, die nun unser Gepäck durch die Wüste befördern, werden gewöhnlich eingesetzt, um Holz aus den letzten Wäldern entlang dem Keriya-darja in die Oasen zu transportieren. Immer mehr Wald fällt dem Kahlschlag zum Opfer. Die Bäume werden verstümmelt, gefällt. Konnten sie früher noch abgeschlagene Äste verkraften, so sterben sie heute ab, weil ihnen auch das Wasser entzogen wird. Dem Wald werden immer größere Wunden beigebracht. In die Lücken und Schneisen drängt sich dann die Wüste, mit Dünen und weiterer Verwüstung.

Der Vegetationsstreifen entlang dem Fluss ist zu einem schmalen Saum geschrumpft. Selbst die Mäander sind kleiner geworden. Und als wir am Morgen losmarschieren, sind wir ziemlich sicher, dass der Fluss nicht mehr lange dem Drängen der Wüste standhalten wird und wir bald den Punkt erreichen werden, an dem er versiegt. Doch der Keriya-darja ist erstaunlich zäh. Immer wenn wir ein Bad nehmen oder Wasser schöpfen, glauben wir, es sei das letzte Mal – und immer wieder werden wir eines Besseren belehrt. Von Mal zu Mal wird der Fluss zwar kleiner, aber er fließt immer noch munter dahin, als könne nichts seinen Lauf stoppen. Es gibt keine Bäume mehr, nur noch einen winzigen Streifen Schilfgras beiderseits der Ufer, auf den unmittelbar der Sand folgt. Zuweilen treten die Ufer so weit zusammen, dass man meint, ein einziger Sandsturm genüge, um den Fluss endgültig auszulöschen.

Schließlich, am elften Tag unserer Reise, ist der Keriya-darja zu einem bemitleidenswerten Rinnsal geworden. Nachdem wir Lager bezogen haben und die Kamele von ihren Lasten befreit sind, führt Abudullah sie noch einmal zum Tränken ans Wasser. Am nächsten Tag ist es so weit. Das Ende kommt schnell. Plötzlich hört das Wasser auf zu fließen, so wie der Pulsschlag, der zum Stillstand kommt. Der Fluss läuft wie eine Pfeilspitze aus. Mit betretenen Gesichtern stehen wir da. Es berührt uns deshalb so sehr, weil uns die Wüste gelehrt hat, Wasser mit anderen Augen zu sehen. Am Ende des Flusses angekommen zu sein macht auf uns den Eindruck, als ob wir an den Grenzen des Lebens stehen, die wir nun überschreiten werden.

Doch wir stellen bald fest, dass mit dem Verschwinden des Wassers an der Oberfläche das Leben in der Wüste nicht aufhört. Im Gegenteil. Das trockene Flussbett, dem wir einige Kilometer folgen, beginnt sich plötzlich in viele Arme aufzufächern. Wir haben das Delta des Keriya-darja erreicht, Ergebnis des Versuchs, auf immer neuen Wegen nach Norden durchzubrechen. Zu unserem Erstaunen sind auch die Pappelwälder wieder da, sogar in einer Dichte, wie wir sie bisher nicht sahen. Wir lagern inmitten des fast kilometerbreiten Wadi.

Am nächsten Morgen stehen die Zeichen auf Sturm. Wir sind gerade damit beschäftigt, das Lager abzubauen, da verfinstert sich der Himmel binnen Minuten. Die Sonne, gerade erst aufgegangen, verblasst und verschwindet schließlich hinter einer bedrohlich aussehenden schwarzen Wand. Wir spüren, wie die Luft vibriert, die Ruhe vor dem Sturm. »Draußen in der Wüste«, sagt Jemen, »gibt es einen Kara Buran.« Wir wissen alle, was er damit meint, aber keiner von uns hat eine richtige Vorstellung davon. Die schwarzen Sandstürme der Takla Makan sollen verheerend sein, so haben es frühere Reisende berichtet: »Vom fernsten Teil Wälder ertönte ein Sausen, das schnell näher kam«, schrieb Sven Hedin, nachdem er mit seiner Karawane in den Sturm geraten war. »Man hörte das Krachen der Zweige und Ästen ... Staub- und Sandsäulen schoben sich über das Flussbett hin wie Kulissen auf unsichtbaren Rollen … und der schwarze Buran stürmte mit undurchdringlichen Wolken über uns her.«

In Erwartung des Infernos haben wir unsere Schals, Skibrillen und Sturmjacken hervorgeholt. Die Kamele liegen da wie versteinert. Einzelne Windböen wirbeln den Sand im Flussbett auf. Doch die schwarze Walze, die sich über dem Wald im Westen aufgebaut hat, bewegt sich nicht in unsere Richtung. Der Sturm zieht an uns vorbei – oder wir an ihm. Denn Abdullah gibt das Zeichen zum Aufbruch. Schnell sind die Kamele gesattelt und bepackt. Die Karawane schlägt ein Tempo an, als wären alle Geister der Wüste leibhaftig hinter ihr her. Wir haben große Mühe, mit ihr Schritt zu halten. Wir geraten immer mehr in ein Labyrinth von wasserlosen Flussarmen, doch Abdullah scheint sich des Weges stets sicher zu sein. Schließlich biegt er in ein schmales, nach Nordosten weisendes Wadi ein, das uns nach Daheyen führt. Schon seit Tagen ist dieser Ort verheißungsvolles Ziel. Jetzt folgt die Ernüchterung. Die ganze Siedlung besteht aus einem halben Dutzend schilfverkleideter Hütten, die sich um ein paar chinesische Bauruinen scharen. Wasser gibt es nur an einem einzigen Brunnen. Es schmeckt salzig wie der Tee, den wir damit brauen und mit Verachtung trinken. Dazu noch ein beleidigter Dorfchef, der schmollt, weil er von unserem Besuch nicht vorher informiert wurde. Nach langem Palaver dürfen wir unsere Zelte hier aufschlagen. In der Sprache der Uiguren trägt der Ort den einladenden Namen Tongguzbasti – das »aufgehängte Wildschwein«. Von Wildschweinen allerdings ist heute nirgendwo eine Spur zu sehen, stattdessen hängen Ziegenhäute wie Wäsche von der Leine zum Trocknen.

Gehe man weiter in Richtung Norden, komme man bereits nach einer Tagesreise an das Ende des Deltas, erzählen uns die Einwohner. Danach hörten die Pappelwälder auf, und es komme nur noch Sandwüste. Nach Westen brauche man eine gute Woche, um bis zum Khotan-darja zu gelangen. Nach Osten aber sei es unmöglich, die Wüste zu durchqueren, denn man würde für einen Monat kein Wasser finden.

Am Beispiel des Keriya-darja lässt sich gut erkennen, dass die Takla Makan ein äußerst aktiver Erg ist. Durch die extremen Luftaustauschsituationen, die durch die umliegenden, über 7000 Meter hohen Gebirgsmassive hervorgerufen werden, werden die Sandmassen schneller bewegt als in irgendeiner anderen Wüste der Welt. Die Tendenz ist klar ablesbar. Die Verwüstung nimmt zu. Ursprünglich, so haben Geologen festgestellt, gab es hier einstmals einen riesigen See, der das ganze Tarim-Becken ausfüllte, einen »Ur-Lop-Nor«. Spätestens vor 20000 Jahren trocknete er aus und entwickelte sich zur Dünenwüste. Damit änderten sich auch die Windsysteme zu jahreszeitlich bedingten Zirkulationen, die die Dünenformen prägen. Noch zur Zeit der Han-Dynastie, also vor rund 2000 Jahren, durchfloss der Keriya-darja die ganze Takla Makan von Süden nach Norden und mündete in den Tarim ein. Alten Reiseberichten ist zu entnehmen, dass der Fluss vor 400 Jahren noch 150 Kilometer weiter nach Norden reichte als heute. Zum Zeitpunkt von Hedins Besuch, Anfang Februar des Jahres 1896, führte der Keriya-darja immerhin noch ein gutes Stück über Tongguzbasti hinaus Wasser. Neuere Forschungen belegen, dass es erst in den letzten Jahrzehnten hier versickerte, als Folge der Wassermisswirtschaft am Oberlauf. Außerdem verlagerte sich durch die Dynamik der Sandbewegungen das gesamte Flussbett weiter nach Osten. Siedlungen, die am antiken Flusslauf lagen, mussten sukzessive aufgegeben werden. Heute zeugen nur noch Ruinen davon, die allenthalben aus dem Sand ragen. Doch die Wüste ist nicht nur eine alles zerstörende Kraft, sie ist auch eine konservierende. Ähnlich wie das trockene Wüstenklima Ägyptens bewahrt und behütet die Takla Makan die Schätze einer großen Vergangenheit.

KAPITEL III

Schätze im Wüstensand

*Ich gedachte der großen jungfräulichen
Sandflächen der Karawanen, aus denen
zuweilen ein halb versunkenes Grabmal
aus alter Zeit auftaucht, das schon
der unsichtbare blaue Sturmwind
gleichsam entmastete (...)*

Antoine de Saint-Exupéry

◀ Der Rawak-Stupa, ein heute vom Wüstensand halb
verwehtes buddhistisches Heiligtum, gehörte einstmals zum
Königreich Khotan, das in der Blütezeit der Seidenstraße
eine bedeutende Rolle spielte.

Unser Aufenthalt in Tongguzbasti ist nur von kurzer Dauer und ziemlich enttäuschend. Wir haben den Ort deshalb angesteuert, weil wir hofften, unsere Wasserreserven für die bevorstehende lange Wüstenstrecke aufzufüllen. Das Wasser des Brunnens ist aber so brackig, dass selbst unsere Kamele es verschmähen. Darüber hinaus erwartete ich mir Auskünfte über alte Ruinen, die sich in der Nähe befinden sollen. Abudullah versuchte, darüber Erkundigungen einzuholen, aber er konnte nicht mehr in Erfahrung bringen, als dass es eine Tagesreise jenseits der äußersten Grenze der Pappelwälder ein *Kone-shahr* gebe, das völlig unter dem Sand begraben liege. Was genau wir dort finden würden, blieb offen, denn der Turki-Begriff *Koneshahr* wird für alle Arten Altertümer verwendet, die im Wüstensand stecken. Das kann ein einfaches Grab sein, aber auch eine versunkene Stadt. Genaueres, so wurde Abudullah gesagt, könnten wir nur von einem über hundert Jahre alten Mann erfahren, der am westlichen Rand des großen Deltas lebe und die Wüste wie kein anderer kenne. Ich horche auf. Wenn es wirklich einen so alten Mann hier gibt, dann könnte er theoretisch noch jenen beiden Europäern begegnet sein oder sie gar begleitet haben, die Anfang des Jahrhunderts hier nach Schätzen unter dem heißen Wüstensand suchten. Aber ich stelle es mir fast ebenso schwierig vor, diesen alten Mann zu finden, wie die alten Relikte in der Wüste selbst.

Eine größere Suchaktion käme ohnehin nicht infrage, weil die chinesischen Aufpasser es nicht zulassen würden. Sie haben schon vorsorglich angemahnt, dass wir uns strikt an die in unseren Papieren ausgewiesene Route halten müssen. Was nichts anderes bedeutet, als einen direkten Kurs nach Westen einzuschlagen.

Abudullah und seine Mannen halten ebenfalls nicht viel von Umwegen. Sie wollen möglichst direkt die nächste Wasserstelle ansteuern und dann auf kürzestem Weg durch die Wüste. Die Dorfbewohner kennen nur einen einzigen Tümpel in Richtung Westen, aber man wisse nicht, sagen sie, ob er um diese Jahreszeit nicht ausgetrocknet sei. Trotz der vagen Auskunft rechnet Abudullah fest damit, dort Wasser zu finden. Freilich, sollte der Tümpel wirklich ausgetrocknet sein, müssten wir nach Wasser graben. Das wäre zwar viel mühsamer, als von einer offenen Quelle zu schöpfen, aber solange es Bäume gibt, können wir davon ausgehen, dass wir nicht allzu tief graben müssen, um an Wasser zu kommen.

Abgesehen davon, dass wir uns mehr vom Besuch des Ortes erwartet haben, ist Tongguzbasti ein wichtiger Wegpunkt. Bisher sind wir nach Norden marschiert, mehr oder weniger entlang dem Keriya-darja. Es mangelte nicht an Wasser, weil wir uns nie länger als eine Tagesetappe von der Flussoase entfernten. Die Berührungen mit der Sandwüste blieben flüchtig. Doch jetzt wenden wir uns nach Westen, und nach allem, was ich über die bevorstehende Strecke weiß, erwartet uns eine mehr als hundert Kilometer lange wasserlose Distanz durch reine Sandwüste.

An diesem Morgen ist die Karawane schon früh aufgebrochen. Es ist der 14. Tag unserer Reise. Wie gewohnt führt Abudullah den Tross an. Leicht nach vorne gebeugt sitzt er auf seinem prächtig aufgezäumten Reitkamel und weist die Richtung mit dem Stock. Aber heute zeigt der erfahrene Karawanier zum ersten Mal Unsicherheit, ist sich unschlüssig über den einzuschlagenden Weg. Zuweilen steigt er ab, um sich mit seinen Gefährten zu beraten. Das Gelände ist ziemlich unübersichtlich. Wir befinden uns in einem regelrechten Labyrinth ausgetrockneter Flussläufe, die sich ständig verzweigen. Entlang den Ufern ziehen sich dichte Pappelwälder, die uns zwar die Sicht versperren, aber auch Schutz bieten.

Darüber können wir an diesem Tag nur froh sein, denn draußen in der Wüste tobt ein Sandsturm. Der Himmel ist blassgrau, die Luft mit feinen Staubpartikeln angereichert, die beim Einatmen einen unangenehmen Hustenreiz verursachen. Nur am Morgen zeigte sich die Sonne kurz über dem östlichen Horizont. Kaum war sie erschienen, verschwand sie wieder, und seitdem verbirgt sie sich hinter einem Staubschleier.

Die Wetterlage reflektiert an diesem Tag ziemlich genau die Stimmung in der Gruppe. Es ist, so kann man es wohl bezeichnen, die Ruhe vor dem Sturm. Unserem Aufpasser Lu ist nämlich nicht entgangen, dass ich mich in Tongguzbasti nach Altertümern im Wüstensand erkundigt habe. Da sich aber nichts dergleichen auf der Liste der Besuchsorte in unseren Reisepapieren findet, ist es auch nicht erlaubt, sie zu besuchen. Das jedenfalls ist der Tenor der Botschaft, die mir Wang während einer längeren Rastpause überbringt. Der stets freundlich lächelnde Chinese, der uns schon in Peking zugeteilt wurde, ist auf der Reise immer mehr zum Sprachrohr von Lu geworden. Eigentlich sollte Wang unsere Interessen vertreten. Immerhin sind wir Kunden der Reiseagentur, bei der er beschäftigt ist. Aber seit wir in der Wüste sind, steht er ganz unter der Fuchtel von Lu. Es ist ein cleverer Schachzug, gerade Wang die undankbare Aufgabe verrichten zu lassen. Denn so kann Lu sicher sein, dass Wang – schon aus eigenem Interesse – uns selbst die unangenehmsten Nachrichten so gut wie möglich verkauft. In der Tat besitzt Wang die Gabe, so lange mit freundlichen Worten um den heißen Brei herumzureden, dass jeglicher Widerstand von vornherein erlahmt.

Andererseits hat mich der Umgang mit Chinesen gelehrt, dass eine ablehnende Haltung kein endgültiges Nein bedeuten muss. Ist der eine Weg versperrt, gibt es meistens einen anderen, der zum Ziel führt.

»Was ist, wenn wir unterwegs zufällig auf alte Ruinen stoßen?«, erkundige ich mich bei Wang.

Er runzelt die Stirn, als müsse er erst darüber nachdenken, wie die Frage gemeint ist. Doch dann entspannen sich seine Gesichtszüge, und er erwidert: »In einem solchen Fall hat niemand von uns einen Fehler begangen.« Dabei lächelt er mir komplizenhaft zu. Ich verstehe.

»Tien gao, huangdi yuan! Das kannst du Lu ausrichten.« Ich sehe, wie er bei diesen Worten vor Überraschung zusammenzuckt. Dann blickt er mich ungläubig an, als könne er sich nicht vorstellen, dass ein Fremder diese Redewendung kennt. »Der Himmel ist hoch und der Kaiser fern«, wiederhole ich.

Der chinesische Sprachgebrauch ist voll von solchen Weisheiten, die allesamt aus der Kaiserzeit stammen und bei passender Gelegenheit eingesetzt werden. Diese nun bezog sich früher auf Beamte, die weit weg vom Kaiserhof in den Provinzen dienten und dort schalten und walten konnten, wie sie wollten. Heutzutage benutzt man in China diese Redewendung für Situationen, in denen man sich der Autorität der Obrigkeit ungestraft zu entziehen vermag.

»Sag Lu, dass wir auf direktem Weg nach Mazar-tagh laufen werden, wie es unsere Reiseroute vorsieht.« Mit dieser zufriedenstellenden Nachricht zieht Wang von dannen.

Ich weiß nur zu gut, wie heikel das Thema Kulturschätze in Zusammenhang mit Ausländern hier ist. Das Misstrauen der Chinesen ist nicht unbegründet. Es ist nicht einmal ein Jahrhundert her, da waren die Takla Makan und ihre Umgebung Schauplatz jener Ereignisse, die als »Internationales Wettrennen um die Schätze der Seidenstraße« Berühmtheit erlangten. Hauptakteure auf dieser Bühne waren Briten, Russen, Deutsche, Franzosen, Japaner und Amerikaner. Ausgelöst wurde der Run durch Briten und Russen; die beiden europäischen Großmächte standen sich in Zentralasien mit ihren kolonialen Interessen gegenüber. Beide hatten ihre Repräsentanten in Kashgar positioniert, Schachfiguren im sogenannten »Großen Spiel«, einer frühen Art kalter Krieg um die Vorherrschaft in Ostturkestan und Tibet. Der russische Vertreter hieß Petrowskij und sein britischer Gegenspieler McCarthy. Der Russe betätigte sich nebenbei auch fleißig als Antiquitätensammler und belieferte damit die Museen in Sankt Petersburg. Derlei Aktivitäten konnte das Empire nicht einfach hinnehmen, und McCarthy wurde aufgefordert, auch diesbezüglich die Interessen seines Landes zu wahren und dafür zu sorgen, dass Großbritannien nicht ins Hintertreffen geriet. So kam es bald zu einem bizarren Wettbewerb zwischen den beiden Kontrahenten. Aber nicht alles, was angeblich den Staub der Wüste trug, hatte auch wirklich den Sand der Takla Makan gesehen. Ein gerissener Händler namens Islam Akhun nutzte die Gier der Fremden, um einen schwunghaften Handel aufzuziehen. Als er nicht mehr imstande war, die steigende Nachfrage zu decken, kam er auf die Idee, die Altertümer selbst herzustellen. Warum sollte er sich wie die anderen den Gefahren der Takla Makan aussetzen und mühsam im Wüstensand nach Schätzen graben, wenn es auch viel einfacher ging? Zeitweise unterhielt der umtriebige Mann aus Khotan eine ganze Fälscherwerkstatt und verkaufte seine Handschriften und Blockdrucke sowohl an McCarthy als auch an Petrowskij. Die vermeintlichen Fundstücke wurden von namhaften Fachgelehrten für echt befunden, allerdings mühten diese sich vergeblich ab, das Kauderwelsch zu entziffern.

Die einheimischen Schatzsucher, deren Funde wirklich aus den unter dem Sand begrabenen antiken Ruinen stammten, waren nicht bereit, ihre Suchreviere preiszugeben, und machten nur vage Angaben über die Herkunft der von ihnen angebotenen Stücke, sodass die Europäer lange Zeit im Dunkeln tappten. Das änderte sich erst, als ein junger Schwede namens Sven Hedin die Bühne betrat. Allerdings war er weder Archäologe, noch stand er in Diensten einer Kolonialmacht. Er war vielmehr angetreten, um die weißen Flecken auf der Landkarte Zentralasiens mit Inhalt zu füllen. Doch die verschiedenen Legenden und »Wüstenmärchen«, wie er sie nannte, die ihm in den Oasen zugetragen wurden, erregten seine Neugier. So wurde ihm erzählt, dass es mitten in der Wüste ehemals eine große Stadt gegeben habe, die aber schon seit Langem im Sand begraben liege. Sie habe Takla Makan geheißen, und ihr Name sei auf die ganze Wüste übergegangen. Von einem Besuch wurde Hedin allerdings dringend abgeraten, denn in dieser Geisterstadt herrsche *Talesmat* – Zauberei. In Türmen, Mauern und Häusern sei zwar Gold und Silber zu finden, aber komme jemand mit einer Karawane dorthin und belade seine Kamele mit diesen Schätzen, so komme er nicht mehr fort, sondern werde von den Geistern der Wüste festgehalten. Und man könne sich nur retten, indem man das Gold wieder fortwerfe. Ein andermal versicherten Oasenbauern Hedin, in der Wüste läge »tausendundeine Stadt« begraben. Zahllos sei die Schar derer, die in der Hoffnung auf Schätze in die Wüste zögen, aber nur die wenigsten seien reich und unbeschadet wieder zurückgekehrt.

Hedin war nicht der Mann, den solche Geschichten abschrecken konnten. Im Gegenteil, er vermutete darin einen wahren Kern und beschloss, ihnen nachzugehen. Dabei entdeckte er mehrere im Sand begrabene Ruinenstädte und wurde so zum »Pfadfinder« für nachfolgende Archäologen. Hedin begnügte sich mit der Entdeckung und damit, auf diese Weise »der Fachwelt ein weites Betätigungsfeld erschlossen zu haben«, wie er nicht ohne Stolz in seinem Reisewerk vermerkte. Sein Aufruf blieb nicht lange ungehört. Als einer der Ersten kam ihm der in britischen Diensten stehende gebürtige Ungar Aurel Stein nach. Stein verdankte Hedin viel, denn seine Expeditionen wurden »die kühnsten Beutezüge eines Archäologen, der je zentralasiatischen Boden betrat«, wie der in Asien weit gereiste britische Journalist Peter Hopkirk in seinem Buch »Foreign Devils On The Silk Road« schrieb. Den größten Coup landete Stein nicht im Wüstensand der Takla Makan, sondern in der weiter östlich gelegenen Gobi-Oase Dunhuang. Dort gelang es ihm, eine ganze Höhlenbibliothek leer zu räumen, mit Tausenden Schriften in verschiedenen Sprachen, die auf der Seidenstraße gebräuchlich waren. Die Erfolge wurden zu Hause bejubelt, und der Forscher selbst wurde geadelt, die Chinesen jedoch schäumen bis heute vor Wut und betrachten Sir Aurel Stein als schlimmsten jener »fremden Teufel«, die unwiederbringliche Kunstschätze außer Landes schafften. Ich erinnere mich an meinen ersten Besuch der Höhlen, als der chinesische Führer immer wieder vorwurfsvoll auf dunkle Löcher zeigte, wo früher Figuren standen oder Wandbilder Geschichten erzählten. Mit kaum zu unterdrückender Wut presste er dann hervor: »Gestohlen! Geraubt!« Liest man die einschlägigen Berichte und sieht die leer geplünderten Orte, ist man geneigt, den Chinesen recht zu geben. Doch ganz so einfach ist die Sache nicht. Ohne den staatlich geförderten Kunstraub gutzuheißen, muss man fragen, wie viele der einst abtransportierten Schätze in situ überlebt hätten. Denn fest steht auch, dass die chinesischen Behörden zu jenem Zeitpunkt so gut wie nichts taten, um sie zu schützen. Weder kümmerten sie sich darum, als ihnen die Entdeckung der geheimen Bibliothek von Dunhuang gemeldet wurde, noch unternahmen sie etwas, um den Zerstörungen durch islamische Eiferer oder ignorante Bauern Einhalt zu gebieten, die Schriften nicht islamischen Inhalts vernichteten, in verfallene Ruinenstädte Bewässerungskanäle führten, um Felder anzulegen, und diese dann mit dem Kalk abgelöster Wandmalereien düngten. China war damals mit anderen Dingen beschäftigt. Die Macht der letzten Kaiserdynastie bröckelte, und das Reich stand am Vorabend umwälzender politischer Veränderungen, aus denen schließlich die Volksrepublik China hervorgehen sollte. Dennoch verblieben mehrere Jahrzehnte, in denen die Fremden sich frei nach dem Motto »Wer zuerst kommt, gräbt zuerst« bedienen konnten. Erst dem Amerikaner Langdon Warner, dem eigentlichen Verlierer des besagten »Wettrennens«, schlugen die Chinesen die Tür zu den Schätzen aus dem Wüstensand endgültig zu.

Vor dem Hintergrund der Erfahrungen aus der Vergangenheit ist nur verständlich, dass dieses Thema in China ein sehr sensibles ist. Aber deshalb gleich jeden Ausländer, der in diesen Gegenden reist, für einen potenziellen »fremden Teufel« zu halten, ist ein wenig übertrieben. Gewiss hat Lu den Auftrag, auch diesbezüglich wachsam zu sein. Dass wir uns nicht nur für Wüstensand, sondern auch für kulturelle Dinge interessieren, sollte aber kein Anlass zu Misstrauen sein. Das Einzige, was wir aus der Wüste mitnehmen wollen, sind die eigenen Erfahrungen.

Nach der Rast folgen wir weiterhin einer Kombination ausgetrockneter Seitenarme des Keriya-darja, die hier ein weitverzweigtes, unüberschaubares Delta bilden. Wann immer wir an einer Verzweigung stehen, entscheiden wir uns für den westwärts führenden Arm. Als wir um eine Biegung kommen, treffen wir auf zwei Hirten. Sie sind von unserem Erscheinen so überrascht, dass sie minutenlang wie angewurzelt dastehen und uns entgeistert anstarren. Erst als Abudullah mit der Karawane auftaucht, finden sie ihre Haltung wieder. Sie erweisen sich als äußerst gastfreundlich. Eigentlich wollen wir an diesem Tag noch bis zum westlichen Rand des Deltas kommen und haben deshalb keine Zeit, uns irgendwo länger aufzuhalten – und schon gar nicht für Umwege –, aber die beiden bedrängen Abudullah so lange, bis er der Einladung, ihnen zu ihrer Hütte zu folgen, annimmt. Wir wollen protestieren, merken aber noch rechtzeitig, wie unangemessen das wäre. Hier in der Wildnis gibt es kein Überangebot an menschlichen Begegnungsmöglichkeiten wie bei uns, und man geht Fremden nicht aus dem Weg, sondern auf sie zu. Gastfreundschaft ist weder ein sinnentleertes Höflichkeitsritual noch ein »Wer hat mehr zu bieten?«-Gesellschaftsspiel. Sie ist so selbstverständlich wie Essen und Trinken, stellt keine Bedingungen und erwartet nichts.

Die Hütte liegt in traumhaft schöner Umgebung, inmitten eines herbstlich gefärbten Pappelwaldes. Bald sitzen wir auf einem mit Teppichen ausgelegten Diwan und tauschen bei Tee und Fladenbrot die Neuigkeiten aus. Die Idylle kann aber nicht darüber hinwegtäuschen, dass die Menschen hier ein kärgliches Dasein am Rande des Existenzminimums führen. Ihr Überleben hängt ganz und gar vom Wohlergehen der Ziegenherden ab. Auf der Suche nach geeigneten Weidegründen sind sie gezwungen, mit ihren Tieren immer größere Strecken zurückzulegen. Wenn die Umgebung abgeweidet ist, müssen sie ihre Bleibe aufgeben und weiterziehen. Sie errichten deshalb nur Hütten aus primitiven Mattengeflechten. Selbst das lebensnotwendige Wasser muss täglich von einem entfernten Brunnen herangeschafft werden.

Ich habe gehofft, hier den wüstenkundigen Greis zu finden oder wenigstens einen Hinweis darauf zu bekommen, wo er sich aufhält, aber niemand scheint ihn zu kennen. Stattdessen erfahren wir von einer Wasserstelle namens Toldama. Der Weg dorthin führt durch dichte Pappelwälder. Dennoch ist er kaum zu verfehlen. Von überall her kommen Spuren, laufen zusammen und weisen die Richtung zum Wasser. Plötzlich endet der Pappelwald, und wir stehen am Rande eines großen Wasserbeckens. Im Gegensatz zum Brunnen in Tongguzbasti, dessen Wasser salzig schmeckte, ist es hier süß und klar. Trotzdem schöpfen wir es mit gemischten Gefühlen. Wissenschaftler, die zwei Jahre zuvor in dieser Gegend Untersuchungen durchführten, stellten fest, dass das Wasser radioaktiv belastet ist. Doch es bleibt uns keine andere Wahl. Wir sind darauf angewiesen, hier unsere gesamten Behältnisse aufzufüllen, denn Toldama ist die letzte Wasserstelle vor der Sandwüste. Nachdem wir unser Lager aufgeschlagen haben, führt Abudullah die Tiere zur Tränke. Kamele sind seltsame Wesen: Da steht ihnen nun eine lange Durststrecke bevor, und sie zieren sich zu trinken. Vergeblich versucht Abudullah, wenigstens sein stolzes Reitkamel zur Flüssigkeitsaufnahme zu bewegen. Die anderen stehen dicht gedrängt am Rande des Tümpels, blicken gelangweilt in ihre eigenen Spiegelbilder, als sei Wasser so selbstverständlich, dass es sie gar nicht interessiere. Nur hin und wieder gleitet ein behaarter Kopf langsam hinab und saugt bedächtig etwas Flüssigkeit ein.

Wie jeden Abend, wenn die Dämmerung über die Wüste kommt, wird es sofort empfindlich kühl. Nachts sinken die Temperaturen immer tiefer ab. Zeigte das Thermometer an den ersten Tagen noch Temperaturen um null Grad an, so liegen sie jetzt schon deutlich unter dem Gefrierpunkt. Dennoch ziehe ich es vor, auf die wärmende zweite Zelthaut zu verzichten. Ich liebe es, im Zelt zu liegen und durch das transparente Innenzelt die Sterne funkeln zu sehen. Und den Mond, wenn er langsam am Himmel aufzieht. Im flackernden Schein des Lagerfeuers huschen Schatten vorüber, und der Wind trägt mir gedämpfte Stimmen und Gesprächsfetzen zu. Im Schlafsack ist es wohlig warm, und der Vollmond gießt in dieser Nacht so verschwenderisch sein Licht aus, dass es im Zelt sogar zum Lesen ausreicht.

Vor mir liegen die Schriften Sven Hedins und Aurel Steins. Ihnen ist zu entnehmen, das es nicht weit von hier eine alte Stadt gibt, die fast vollständig unter dem wandernden Sand verschwunden ist. Sie ist die am tiefsten im

Inneren der Wüste gelegene antike Siedlung, die bisher entdeckt wurde. Hedin hatte von ihrer Existenz in Tongguzbasti erfahren und sie mithilfe eines einheimischen Führers im Winter 1896 besucht. Aufgrund der Wandmalereien, die er auf verwehten Mauerresten fand, ordnete er sie der buddhistischen Zeit der Seidenstraße zu. Der Schwede begnügte sich damit, das Gesehene zu dokumentieren, und zog weiter. Fünf Jahre später erreichte Aurel Stein die abgelegene Ruinenstätte. Kara-dong, wie der Ort wegen der charakteristischen schwarzen Hügel genannt wird, erwies sich für den erfolgsgewohnten Schatzgräber als glatte Enttäuschung. Er konnte weder die von Hedin beschriebenen Wandbilder finden noch eine andere nennenswerte archäologische Ausbeute machen, die den Aufwand gelohnt hätte. Allerdings hatte der gebürtige Ungar, der 1904 britischer Staatsbürger wurde, weder die Mittel noch den Willen, systematische Grabungen vorzunehmen. Doch das ungelöste Rätsel von Kara-dong ließ ihm offensichtlich keine Ruhe, und er kehrte noch einmal 1908 dorthin zurück. Vergeblich. Auch der zweite Besuch brachte nichts von den erhofften Schätzen ans Tageslicht.

Seither sind acht Jahrzehnte vergangen. Wie hat sich die Welt in diesem Zeitraum verändert? Sie ist eine andere geworden. Und China? Es erlebte den Bürgerkrieg, den Sieg der Kommunisten, Maos Vorstellungen vom neuen China, die Kulturrevolution und jetzt die radikale Kehrtwende zum Kapitalismus. All das ging an Kara-dong spurlos vorüber. Dennoch würde ich den Ort wohl kaum vorfinden, wie Aurel Stein ihn damals verlassen hat. Karadong ist zwar nicht mehr dem Lauf der Geschichte unterworfen, aber dafür einer anderen zwingenden Kraft: der

Wüste. Zahllose schwarze Stürme fegten darüber hinweg, Düne um Düne wanderte in all den Jahren über die Ruinen, und das verheerende Sandstrahlgebläse des Windes hat weiter an den Relikten gefräst, sie vielleicht schon völlig zersetzt, sodass sie zerfallen sind, zu Sand und Staub.

Vielleicht ist es aber auch ganz anders. Womöglich haben die Stürme sogar mehr freigelegt, als es zum Zeitpunkt von Steins Besuch der Fall war. Es kann ja genauso sein, dass, nachdem eine Düne darüber hinweggewandert ist, Dinge zum Vorschein gekommen sind, die vorher nicht zu sehen waren.

Je länger ich darüber nachdenke, umso verlockender erscheint mir der Gedanke, trotz der Widerstände zu versuchen, den Ort zu finden. Nach den enttäuschenden Auskünften in Tongguzbasti und den Vorbehalten der chinesischen Begleiter hatte ich die Idee schon aufgegeben. Mit dem Glück, zum richtigen Zeitpunkt zu kommen, wäre es sogar möglich, ein wenig vom Geheimnis zu lüften, das diese Stadt in der Wüste umweht. Seit dem letzten Besuch Steins dürften bestenfalls einheimische Hirten dort gewesen sein. Für Ausländer war das Gebiet jahrzehntelang gesperrt, und chinesische Archäologen werden noch lange mit dem beschäftigt sein, was unmittelbar vor ihrer Haustüre liegt. Auch jene wissenschaftliche Expedition, die im Jahre 1987 das Gebiet des Keriya-darja untersuchte – ihr gehörten auch deutsche Geologen an –, erwähnt keinen Besuch von Kara-dong.

An diesem Abend liege ich noch lange wach, während meine Gedanken um die Ruinenstadt draußen im Sand kreisen. Die große Frage lautet: Wie könnte ich ohne fremde Hilfe den Ort finden? Hedin und Stein hatten Männer aus der Elite einheimischer Schatzsucher als Führer, die die Wüste wie ihre Westentasche kannten. Sie brauchten sich um den Weg nicht zu kümmern. Daher finden sich in ihren Schriften kaum brauchbare Informationen zur Route. Beide geben nur die generelle Marschrichtung an. »Wir sind vom Hirtenlager Tonguz-baste aufgebrochen«, heißt es da. »Nachdem wir an einer Wasserstelle namens Toldama vorbeigekommen sind, wenden wir uns in Richtung Nordwesten.« Immerhin bin ich auf der richtigen Spur, und durch die Erwähnung von Toldama weiß ich wenigstens, von wo aus die Richtung Nordwesten einzuschlagen ist. Aber mit dieser Angabe allein ist es, als wolle ich die sprichwörtliche Stecknadel im Heuhaufen suchen. Wie soll es mir gelingen, mit solch vagen Informationen einen winzigen Punkt in der Wüste anzupeilen, wenn der Weg dorthin noch dazu in undurchschaubarem Zickzack durch das Gewirr der Wanderdünen führt? Weil die Wegbeschreibungen meiner Vorgänger wenig hergeben, versuche ich es mit den Bildern. Da sind Reste einstiger Befestigungen zu sehen, ein halb verfallenes Stadttor mit Ziegeldach, dahinter trapezförmige schwarze Hügel, die dem Ort den Namen gaben. *Kara* heißt »schwarz« und *dong* bedeutet »Hügel«. Ich präge mir diese Bilder so genau ein, dass ich sie jederzeit vor dem geistigen Auge visualisieren kann. Ich schlafe mit ihnen ein und wache am nächsten Morgen damit auf.

Ein prüfender Blick aus dem Zelt, dann steht mein Entschluss fest: Mögen die Chancen auch noch so gering sein, Kara-dong zu finden, ich will es wenigstens versuchen. Die Wüste präsentiert sich an diesem Morgen so friedlich, als hätte es den gestrigen Sturm nie gegeben. Kein Windhauch regt sich, und selbst am Himmel sind alle Spuren verschwunden. Er wirkt wie ausradiert. Bei einem Sturmtag wie gestern wäre es sinnlos gewesen, allein in die Wüste hineinzulaufen. Ich hätte mich ihr ausgeliefert, ohne Aussicht auf Erfolg und mit der vagen Hoffnung, die Karawane wiederzufinden. Doch an diesem Morgen lächelt die Wüste mir in den verlockendsten Farben zu, und ich betrachte es als gutes Omen für mein Vorhaben. Ich nehme mir doppelt so viel Wasser wie gewöhnlich, packe zusätzliche Verpflegung und warme Kleidung in den Rucksack, das Allernotwendigste, um für wenigstens zwei Tage auszukommen und für die kalten Nächte gewappnet zu sein. Peilkompass und Fernglas komplettieren die Ausrüstung.

Suche nach der Stadt in der Wüste

Abudullah blickt mich fragend an, als ich mit geschultertem Rucksack vor ihm stehe. Ich habe einen günstigen Augenblick abgewartet, damit ich ihn allein sprechen kann. Den anderen habe ich nur gesagt, ich würde heute früher als sonst losziehen, um mehr Zeit und Handlungsspielraum zu haben, die Wüste zu erkunden. Sie haben sich längst daran gewöhnt, dass ich bevorzugt allein laufe und meine eigenen Wege gehe. Diesmal bin ich es, der mit dem Stock eine Skizze in den Sand malt. Sie ist denkbar einfach. Ein Dreieck mit einem langen und zwei kurzen Schenkeln. Die lange Linie markiert den Weg der Karawane, die beiden kurzen bezeichnen meinen Umweg nach Nordwesten und den Rückweg auf kürzester Strecke zur Route der Karawane. Abudullah versteht sofort, und ohne den Namen Kara-dong in den Mund zu nehmen, weiß er, was ich vorhabe. Ich versichere ihm, er könne unbesorgt sein; selbst wenn ich es an diesem Tag nicht mehr schaffte, die Karawane einzuholen, so würde ich mit Sicherheit spätestens morgen da sein, schließlich bräuchte ich, um sie zu finden, nur so lange nach Südwesten zu laufen, bis ich ihre Spur kreuzte. An die Möglichkeit, dass ein plötzlich aufkommender Sturm sie auslöschen könnte, mag ich nicht denken.

Nach einer guten Stunde Marsch zeichnet sich vor mir der Beginn des Sandmeeres ab. Ein hoher Dünenkamm wälzt sich wie eine Riesenwoge heran und gebietet der Vegetation jäh Einhalt. Schon bei der Annäherung tasten meine Augen die Formen ab. Sie gleiten über sichelförmige Grate und gerundete Kuppen, taxieren Steilheit und Entfernungen, suchen nach der Schwachstelle, nach der leichtesten Route, auf der sich der Sandwall überwinden lässt. Ich muss mit meinen Kräften haushalten, vor allem jetzt am Anfang, um später noch genügend Reserven zu haben. Andererseits kann ich es mir nicht leisten, allzu große Umwege zu machen, leere Kilometer, um schwerem Sand auszuweichen. Das Ideal lautet, möglichst direkt eine nordwestliche Richtung zu halten, bei optimaler Ausnutzung des Geländes. Das ist schwieriger als gedacht. Kaum habe ich mit dem Aufstieg begonnen, ist die Dünenspitze, die ich als Orientierungspunkt auf meiner Idealroute anvisiert habe, verschwunden, und der Sand zwingt mir eine andere Richtung auf. Sand ist ohne festen Halt, und je steiler die Formen, umso mehr gibt er nach. Mein Auge ist noch zu ungeschult, um schon aus der Entfernung zu erkennen, wo er die größte Festigkeit hat. Mein Gehen gleicht einer Abfolge von Versuchen und Irrtümern. Um dabei nicht die Richtung zu verlieren, muss ich mich ständig aufs Neue mithilfe des Kompasses orientieren. Das lässt keinen Gehrhythmus aufkommen und kostet Zeit.

Auf den letzten Metern bis zu den Knien im Sand wühlend, erreiche ich den Dünengrat. Jetzt ist die Takla Makan da. Es ist, als stünde ich am Ufer eines Meeres, eines Meeres ohne Wasser. Wie Wellenkämme breiten sich Dünen bis zum Horizont hin aus. So weit das Auge reicht, nichts als Sand, darübergestülpt die gläserne Kuppel des Himmels, ohne eine einzige Wolke. Ich muss mich zwingen, den Blick wieder davon abzuwenden, auch wenn das Bild der Landschaft noch so schön ist. Will ich mein Vorhaben in die Tat umsetzen, ist Eile geboten. Nur solange meine Vorräte reichen, kann ich mir einen Alleingang erlauben. Sind sie aufgebraucht, kann die Wüste mich vernichten. Ohne Karawane bin ich verwundbar, muss ich mir jeden Schritt genau überlegen.

Jetzt besteht noch die Möglichkeit, mich anders zu entscheiden. An dieser Stelle wird die Karawane noch vorbeikommen, erst danach trennen sich unsere Wege. Ich zögere, blicke mich um und sehe, dass die Karawane bereits den Fuß des Dünengebirges erreicht hat. Bald wird sie hier sein und mit ihr Lu und all die anderen. Dann gibt es keine Möglichkeit mehr für eine Extratour.

Entschlossen drehe ich mich um, nehme den Kompass zur Hand, peile die Richtung Nordwesten, merke mir eine markante Düne, die auf der imaginären Ideallinie liegt, und laufe auf sie zu. Lange bevor der Tross den Dünenkamm erreicht, bin ich im Gewirr der Barchans untergetaucht. Es gilt, eine zwei bis drei Kilometer breite sandgefüllte Senke zu durchmessen, dann erhebt sich der nächste hohe Dünenwall. Hier reihen sich niedrige Sicheldünen so eng aneinander, dass sie ein nahezu vollkommenes Wellenmuster bilden. Das Gehen erinnert tatsächlich ein wenig an das ständige Auf und Ab eines Bootes, das auf dem Meer durch die Wellen kreuzt. Der Wald hat zwar längst aufgehört, aber Bäume gibt es nach wie vor. Immer noch finden sich zwischen den Dünen einzelne wilde Pappeln. Meistens sind es abgestorbene Baumstümpfe, die vom sanddurchsetzten Wind zu bizarren Gebilden geschliffen wurden. Tamarisken hingegen können hier noch überleben. Sie sind sogar recht häufig, bilden meterhohe Hügel, an denen ringsum Sand angehäuft wurde. Zuweilen wachsen sie in den salzverkrusteten Senken oder recken sich sogar aus den steilen Leeseiten der Mondsicheldünen empor.

Erst am Kamm des nächsten Dünengebirges gönne ich mir wieder eine Rast. Nur um zu überprüfen, ob es mir gelungen ist, den nordwestlichen Kurs zu halten, nehme ich das Fernglas zur Hand und folge meiner Spur, die ich im Sand hinterlassen habe. Da sehe ich einen winzigen sich bewegenden Punkt zwischen den Dünen auftauchen und wieder verschwinden. Einer aus der Gruppe kommt mir nach. Meine Befürchtung, es könnte sich um einen der Chinesen handeln, die mir hinterherlaufen, um mich zur Umkehr zu bewegen, erweist sich als unbegründet. Es ist Hans. Ich erkenne ihn an den roten Stöcken, die sich vom Sand wie Leuchtkörper abheben. Er geht ein hohes Tempo, sodass es nicht lange dauert, bis er neben mir auf dem Dünengrat steht.

»Ist bei der Karawane alles in Ordnung?«, erkundige ich mich, nachdem er wieder bei Atem ist.

»Ja … wieso?«, antwortet er mit einer Gegenfrage.

»Weil du mir so schnell hinterherjagst.«

»Ich habe gesehen, dass die Karawane von deiner Spur abgewichen ist und bin dir nach, um dich zu warnen.«

»Danke. Aber das ist so beabsichtigt.«

Er blickt mich eine Weile forschend an, dann fragt er: »Wegen Kara-dong?«

»Ja, genau. Wir sind so nahe dran, und ich konnte die Chance nicht einfach verstreichen lassen.«

Zustimmend nickt er. Wir kennen einander schon aus der Zeit des Gymnasiums, allerdings hatten wir damals recht verschiedene Interessen. Ich hatte nur Sport im Kopf, Fußball und Skilaufen. Er begeisterte sich für Popmusik und Mao. Erst nach der Schulzeit entdeckten wir gemeinsame Interessen: die Berge und das Reisen. Im Jahre 1985 reisten wir dann gemeinsam mit dem Rucksack durch China. Rückblickend betrachtet, war es für uns beide eine besondere Reise. Ich entdeckte dabei meine Liebe zu Tibet und er die chinesische Wirklichkeit und das wahre Gesicht von Maos »Großer Proletarischer Kulturrevolution«. Ein Jahr später reisten wir gemeinsam durch Tibet und durchquerten anschließend Borneo. Dann folgte ein Ereignis, das einen schweren Schlagschatten auf unsere Freundschaft warf. Bei der Besteigung des Muztagh Ata im chinesischen Teil des Pamir-Gebirges erlitt er ein gefährliches Höhenödem. Wir waren zusammen bis auf 7000 Meter aufgestiegen, als es geschah. Während der Nacht verschlechterte sich sein gesundheitlicher Zustand dramatisch. Er kollabierte. Da er außerstande war, sich auf den Beinen zu halten, schleppten wir ihn zum Basislager hinunter. Es glich einem Wunder, dass er überlebte. Doch hinterher schob er mir indirekt die Schuld für seinen Zusammenbruch zu. Ein Verhalten, das ich nicht nur als ungerechtfertigt empfand – schließlich war ich es gewesen, der ihn über weite

Stecken den Berg hinuntergetragen hatte –, sondern auch als sehr unfair. Trotzdem lud ich ihn und seine Freundin Patricia zu dieser Reise ein. Die beiden hatten sich erst kurz zuvor kennengelernt, und es ist ihre erste gemeinsame große Reise. Sie scheinen sehr glücklich, ihren »Honeymoon« in der Wüste zu verbringen, und ich beneide sie darum. Sie laufen meistens zusammen, und deshalb wundere ich mich, dass Hans mir allein nachgekommen ist.

»Wo sind die anderen?«, frage ich.

»Sie sind alle bei der Karawane. Sie dachten, du wärst falsch gelaufen.«

Er nimmt einen kräftigen Schluck aus seiner Wasserflasche und bietet auch mir etwas davon an.

»Wie viel hast du dabei?«, will ich wissen.

»Drei Liter. Die übliche Ration … aber ich habe noch kaum etwas verbraucht.«

»Das ist gut.«

Ich weihe ihn in meinen Plan ein. Er ist schnell Feuer und Flamme, und wir beschließen, ihn gemeinsam auszuführen. Es bleibt keine Zeit zu verlieren, wir stürmen sofort los. Jeder von uns weiß, welch große Rolle der Faktor Zeit hier spielt. Unsere Ressourcen sind begrenzt, und ohne Wasser ist der Spielraum in der Wüste äußerst gering. Deshalb ist Schnelligkeit von entscheidender Bedeutung. Wieder gilt es, eine kilometerbreite sandgefüllte Senke zu durchmessen. Dann baut sich das nächste hohe Dünengebilde auf. Das scheinbare Chaos hat also eine klare Ordnung. Das Grundmuster der Dünenbildung in der Takla Makan sind diese hohen, parallel zueinander verlaufenden Ketten. Sie ziehen sich von Nordwest nach Südost, sind also genau gegen unsere Laufrichtung gerichtet, und wir müssen jede einzelne von ihnen überqueren.

Fast im Laufschritt nehmen wir die nächste Senke, dann mit jagendem Puls hoch auf die übereinandergestaffelten Sandberge. Oben angekommen, den Blick nach vorn, dann ein Freudenschrei. »Kara-dong!«, rufe ich aus. »Kara-dong!«, stimmt auch Hans ein. Doch da ist nicht nur ein Kara-dong, da sind Dutzende schwarzer Tamariskenhügel, vielleicht sogar Hunderte. Das ganze Terrain ist mit solchen dunklen Warzen überzogen. Ernüchterung macht sich breit. Der Anblick schwarzer Tamariskenhügel besagt noch lange nicht, dass wir Kara-dong gefunden haben. Es gibt solche Hügel hier zuhauf. Erst jetzt wird mir die Aussichtslosigkeit unseres Unterfangens bewusst. Die Ruinen der alten Stadt können sich hinter jedem dieser Hügel verbergen. Sie können sogar so vom Sand verschluckt sein, dass wir ahnungslos darüberlaufen. Selbst wenn bauliche Relikte wie Holzpfähle aus dem Sand ragten, müssten wir förmlich mit der Nase darauf stoßen, um sie wahrzunehmen, weil sie aus der Ferne von den Stämmen und Ästen abgestorbener Tamarisken kaum zu unterscheiden wären. Abwechselnd suchen wir mit dem Fernglas das überschaubare Gelände vor uns ab. Vergeblich. Nirgendwo ein Zeichen, das aussieht, als könne es von Menschenhand geschaffen sein. Wir überlegen hin und her: Ist es überhaupt sinnvoll, weiterzusuchen?

»Es ist noch nicht einmal Mittag. Umkehren können wir immer noch«, schlägt Hans vor.

»Dann lass uns einfach noch ein Stück weitergehen«, erwidere ich, »und wenn es an der Zeit ist, schlagen wir die Richtung Südwesten ein.«

Hans nickt zustimmend.

Die Erkenntnis, mit Logik nicht zum Ziel zu kommen, macht mich frei. Abgefallen ist der selbst auferlegte Zwang, nur in eine Richtung zu denken, die Fixierung auf einen Weg, den der Kompass vorgibt. Es besteht wieder Raum für die vielfältigen Stimmen der Wüste. Suchen heißt ein festes Ziel haben, finden aber heißt offen sein. Jetzt, wo es keine Richtung mehr gibt, die mich beherrscht, ist der Kopf abgeschaltet. Ich gehe aus dem Bauch heraus, einem spontanen Gefühl folgend. Ich denke nicht mehr an den nächsten Schritt oder an eine bestimmte Stelle, die ich angepeilt habe, sondern lasse mich einfach treiben. Das Gehen wird viel leichter, die Wüste bietet weniger Widerstand, weil ich nicht mehr versuche, ihr meine Route aufzuzwingen, sondern mich ihrer Natur anpasse. Wenn ich so gehe, verwüstet auch die Zeit. Ich kann mich nicht entsinnen, wie lange wir so gelaufen sind, schweigend und ohne Unterbrechung. Wenn der eigene Pulsschlag das einzige Geräusch ist, das man vernimmt, wird die Stille der Wüste noch deutlicher fühlbar, aber auch jedes andere Geräusch, das hier unangemessen scheint, umso deutlicher hörbar.

Es geschieht beim Überqueren einer der harten sandfreien Flächen zwischen den Dünen. Mit dem Schuh stoße ich dabei auf einen festen Gegenstand, der über den verkrusteten Boden kullert und dabei ein metallisch klingendes Geräusch verursacht. Der Ton ist so fremdartig in dieser Umgebung, dass ich unwillkürlich stehen bleibe, um mir anzuschauen, wodurch er erzeugt wurde. Augenblicke später halte ich eine Tonscherbe in Händen. Sie ist nicht von der Art Keramik, die wir bei den Hirten in Gebrauch gesehen haben, vielmehr ähnelt sie Tonfragmenten, wie ich sie schon auf antiken Ruinenfeldern in der Nähe von Khotan aufgelesen habe. Hans hat schon begonnen, die nähere Umgebung abzusuchen. Bald kommt er mit neuen Fundstücken. Hinter der nächsten Dünen entdecken wir eine ganze Fläche, die mit solchen Fragmenten antiker Keramik übersät ist. Befinden wir uns etwa schon im Bereich des alten Siedlungsplatzes von Kara-dong? Oder sind die Scherben einfach mit dem wandernden Sand hierher verfrachtet worden? Wenn ja, aus welcher Richtung? Fragen, auf die wir keine Antwort finden.

Um das Gelände besser zu überblicken, ersteigen wir die nächste höhere Düne. Vor uns das vertraute Bild: so weit das Auge reicht nur wogende Dünenkämme. Die markanten schwarzen Tamariskenhügel sind völlig verschwunden. Nur hier und da ragt noch eine abgestorbene Pappel oder ein Tamariskenstrauch aus dem Sand. Die Dünenformen zeigen uns die Windrichtung an. Wir laufen dagegen, müssen die Dünenwellen an den steilen leeseitigen Abbrüchen nehmen, wo der Sand weich wie Schnee liegt. Wieder geht es auf eine höhere Dünenkette zu, und als wir am Kamm stehen, blicken wir auf eine Landschaft, die sich abermals gewandelt hat. Vor uns liegt ein alter Flussarm des Keriya-darja. Aus dem Grad seiner Versandung zu schließen, muss er schon lange ausgetrocknet sein, vielleicht schon vor Jahrhunderten. Der ehemalige Wald, der die Ufer säumte, ist nur noch zu erahnen, aber nicht mehr zu erkennen. Der tote Flussarm weist fast direkt nach Westen. Ist es womöglich jener antike Wasserlauf, an dem Kara-dong einst lag? Vor Aufregung kann ich kaum das Fernglas ruhig halten, mit dessen Hilfe ich das verwüstete Terrain absuche.

Dann sehe ich etwas. In beträchtlicher Entfernung, aber noch gut erkennbar, ragen runde Holzpfähle in symmetrischer Anordnung aus dem Sand. Wir sind uns sicher: Das muss Kara-dong sein!

Die Begeisterung verleiht uns Flügel. Eine knappe halbe Stunde später stehen wir vor den hölzernen Relikten. Zu unserer Enttäuschung müssen wir erkennen, dass außer den paar Pfählen so gut wie nichts mehr zu sehen ist. Nach weiterer Inspektion kommen wir zum Schluss, dass wir die Überreste eines einzelnen Gebäudes gefunden haben, nicht mehr und nicht weniger. Der Grundriss ist gut zu erkennen, auch noch Reste von Schilfverkleidungen, die wir mit bloßen Händen freilegen. Die Bauweise gleicht jener der Hirtenbehausungen, die wir in Tongguzbasti gesehen haben. Fragmente alter Keramik liegen überall im Sand verstreut. Wir suchen die gesamte Umgebung ab, können aber keine weiteren Relikte finden. Allmählich kommen mir Zweifel, ob es tatsächlich Kara-dong ist. Ich beginne, die alten Schwarz-Weiß-Aufnahmen im Kopf durchzugehen, die ich im Buch von Aurel Stein gesehen habe, eine nach der anderen, und vergleiche sie mit der Wirklichkeit hier vor Ort. Selbst wenn ich bedenke, dass sich in achtzig Jahren viel verändern kann, vor allem unter der nivellierenden Kraft der Wüste, müsste doch wenigstens irgendetwas noch da sein, was an die Bilder der gesuchten Festung erinnert. Mir fehlen vor allem die charakteristischen schwarzen Tamariskenhügel, die unmöglich vom Sand begraben werden konnten, sonst wären auch all die anderen Tamariskenhügel, die wir unterwegs gesehen haben, längst unter dem wandernden Sand verschwunden.

Aus der Lektüre der alten Reisewerke weiß ich, dass Stein von einem einzelnen Gebäuderest schrieb, den er bei seinem ersten Besuch im Jahre 1901 südlich von Kara-dong entdeckte. Es könnte sich um dieselben Relikte handeln. Leider habe ich mir die betreffenden Bildern nicht sorgsam eingeprägt, sodass ich sie nun nicht einfach im

Gedächtnis abrufen kann wie jene von Kara-dong. Falls diese Vermutung zutrifft, wofür einiges spricht, müssen wir nun in nördlicher Richtung weitersuchen. In regelmäßigen Abständen erklettern wir eine hohe Düne, packen die Ferngläser aus und suchen das Gesichtsfeld sorgfältig ab. »Nichts zu sehen«, heißt jedes Mal die ernüchternde Erkenntnis. Das einzige Objekt, das sich von abgestorbenen Tamarisken unterscheidet, die allenthalben aus dem Sand ragen, ist ein einzelner Pfahl, der mutterseelenallein auf einem pyramidenförmigen dunklen Hügel steht. Zuerst halten wir es für ein Vermessungszeichen, doch im Fernglas näher betrachtet, zeigt sich, dass es zwei Holzstangen sind, und zwar derart zusammengefügt, dass sie ein T ergeben. Ein hölzernes T?

Irgendwo habe ich ein solches Zeichen schon einmal gesehen. Aber wo? »Ein hölzernes T«, wiederhole ich gebetsmühlenartig. Ja, natürlich ein hölzernes T! Jetzt fällt es mir ein. Ich habe dieses Zeichen bei antiken Ruinenstätten in der Umgebung von Khotan gesehen. Dort markierte es religiöse Kultstätten aus vorislamischer Zeit. Überall dort, wo Muslime auf Relikte ihrer buddhistischen Vorväter stießen, von deren Bedeutung sie nichts mehr wussten, aber auch nicht auszuschließen war, dass hier ein unbekannter moslemischer Heiliger ruhte, wurden diese Zeichen aufgestellt, und der Platz wurde unberührt gelassen. Es sollte Gläubige davor warnen und auch abhalten, einen solch zweifelhaften und möglicherweise »unreinen« Ort zu betreten. Uns jedoch wird das Zeichen zum Führer.

Während mir diese Gedanken durch den Kopf gehen, bin ich schon unterwegs. Mit raumgreifenden Schritten eilen wir der Düne mit dem heiligen Zeichen entgegen.

Ein letzter Aufstieg, noch ein paar Schritte im weichen Sand, dann ist der Dünenkamm erreicht. Ein einziger Blick genügt, um zu wissen: Wir sind da. Kein Zweifel, vor uns liegt Kara-dong. Die Bilder im Kopf und die Wirklichkeit haben in diesem Augenblick zusammengefunden. Sie sind eins geworden.

Wir sitzen oben auf der Düne, der Blick schweift über das Panorama. Ich versuche, die Einzelheiten aufzunehmen, sie einzuordnen, mit den alten Bildern zu vergleichen. Es ist sofort zu erkennen, dass die Versandung und auch der Verfall seit Steins letztem Besuch weiter fortgeschritten sind. Jene beiden Stellen, die seine Männer unter großen Mühen freilegten, sind fast spurlos wieder verschwunden. Stattdessen haben die Stürme andere Relikte dem Sand entrissen. An mehreren Stellen ist sogar das ursprüngliche Fundament der quadratischen Festung zum Vorschein gekommen. Aber die ganze Szenerie, vor allem die schwarzen Tamariskenhügel, zwischen denen die Überreste eingebettet sind, ist genau so, wie Aurel Stein sie vorgefunden hat.

Ehrfürchtig taste ich mich durch das Gewirr umgestürzter, vom sandbeladenen Wind zerfressener Balken und Pfähle. Dort, wo kein Flugsand abgelagert wurde, ist der Boden übersät mit Fragmenten antiker Keramik, dazwischen liegen alte chinesische Münzen und ausgebleichte Knochen.

Die aus dem Sand ragenden Überreste von Kara-dong vermitteln das Bild einer vier- oder auch achteckigen Befestigungsanlage – einer Art Fort – und den darin eingeschlossenen Gebäuden. Erstere bestand aus einem rund vier Meter dicken und mindestens drei Meter hohen Erdwall, der von einem zusammenhängenden Block hölzerner Bauten gekrönt war. Diese Aufbauten, die vermutlich ein zweites Stockwerk besaßen, das als Ausguck diente, waren in drei bis vier Quadratmeter große Räume unterteilt. Vom Osttor, das Stein teilweise freilegen ließ, ragen nur noch ein paar mächtige Balken, die früher die Decke des Tores trugen, aus dem Sand. Die vielen herumliegenden versengten Hölzer deuten darauf hin, dass es dem Vandalismus von Schatzsuchern zum Opfer fiel. Zur Zeit von Steins Besuch war das Tor von einer Sanddüne verschüttet. Es kostete seine Männer Mühe, es freizuschaufeln, aber immerhin kamen dabei allerlei interessante Dinge ans Tageslicht. Sie fanden zahlreiche mit Ornamenten verzierte Keramiken, metallene Pfeilspitzen, Bronzeschnallen und einige chinesische Kupfermünzen.

Steins Leute gruben auch noch an einer zweiten Stelle. In der Hoffnung, die von Hedin beschriebenen Wandbilder zu finden, ließ Stein im Inneren der Festung drei Räume von Sand befreien. Eine Arbeit von zwei Tagen, die mit keinerlei Funden belohnt wurde. Wenigstens zu hungern brauchten sie nicht, denn die Gebäuderuinen hielten für die »Schatzsucher« die Zutaten für ein antikes Mahl bereit. In einem kleinen Lebensmittelspeicher fanden sie Hirse, Gerste, Reis und Linsen sowie eine Handvoll perfekt getrockneter Johannisbeeren.

Enttäuscht zog Stein mit seiner Karawane weiter. Er wandte sich lohnenderen Zielen zu, die mit weniger Aufwand reiche Funde versprachen. Der Sand hatte die Schätze und Geheimnisse von Kara-dong nicht preisgegeben. Hätte der ungarnstämmige Brite nur geahnt, was sich noch alles unter dem Sand verbarg, er hätte gewiss größere Anstrengungen unternommen. Ob seine beschränkten logistischen Mittel allerdings dafür ausgereicht hätten, bleibt fraglich. Die Mächtigkeit der Festungsanlage sowie Reste ausgeklügelter Bewässerungsanlagen und das einzelne Gebäude, das wir weiter südlich gefunden hatten, legen den Schluss nahe, dass es hier einstmals nicht nur die wehrhafte Festung gab, sondern eine ganze besiedelte Oase. Geologen haben nachgewiesen, dass sich das Flussbett des Keriya-darja in historischer Zeit schrittweise nach Osten verlagert hat. Der Umstand, dass sich das Delta, nachdem das Wasser zurückgegangen war, nicht einfach nach Süden verlagerte, sondern nach Südosten, erklärt sich durch die langsame tektonische Hebung des Pamir-Gebirges, das ein Abkippen der Takla Makan nach Osten zur Folge hat. Über eine lange Zeit hinweg nahm die Wassermenge, die im Flussbett des Keriya-darja in die Wüste strömte, zwar langsam, aber beständig ab. Erst in den letzten Jahrzehnten beschleunigte sich der Vorgang durch menschliche Eingriffe und Wassermisswirtschaft im Bereich der Oase Yutien. Das Beispiel von Tongguzbasti zeigt drastisch die Folgen. Seit zwanzig Jahren haben die Schmelzwasser des Keriya-darja den Ort nicht mehr erreicht. Die Siedlung kann sich nur deshalb halten, weil sie noch von jenen Wasserressourcen lebt, die vorher dort versickerten. Sind diese einmal aufgebraucht, wird auch Tongguzbasti von den Menschen aufgegeben werden müssen, so wie es in Kara-dong Jahrhunderte zuvor der Fall war. Die Frage ist, wann genau? Aus den Aufzeichnungen des Generals und Geschichtsschreibers Mirza Haidar, der in der ersten Hälfte des 16. Jahrhunderts lebte, geht hervor, dass der Keriya-darja in der Mogulzeit noch den Tarim-Fluss im Norden erreichte. Einer Turki-Legende zufolge, die sich auf das 12. Jahrhundert bezieht, sollen moslemische Krieger die Stadt Aksu erobert haben, wobei »der

Angriff auf die Ungläubigen« (die Buddhisten), wie es darin heißt, von Süden her – über die Route entlang dem Keriya-darja – erfolgte. Doch die Preisgabe von Kara-dong muss schon viel früher erfolgt sein, und zwar bald nachdem der Keriya-darja sein Bett ein zweites Mal ostwärts verlagert hatte. Das geschah im vierten Jahrhundert. Dafür spricht auch der Umstand, dass hier keine Münzen oder Gegenstände mehr aus der Zeit der chinesischen Nördlichen Dynastien (386–581) gefunden wurden. Die exponierte Oase war vollkommen vom Keriya-darja abhängig. Eine Verlagerung des Flussbettes bedeutete den Untergang von Kara-dong; ohne lebensnotwendiges Wasser war hier keine menschliche Existenz mehr möglich. Es erfolgte die Verwüstung. Das aber war schon vorher einmal geschehen, und zwar ein gutes Stück weiter nördlich. Lange vor der Gründung von Kara-dong hatte dort eine Agrargesellschaft mit Yuan Sha als Hauptstadt gelebt. Sie war untergegangen, als der Fluss zum ersten Mal sein Bett ostwärts verlagert hatte. Heute gibt es dort nur noch totale Wüste.

Auf modernen Satellitenbildern lassen sich drei verschiedene Deltas des Keriya-darja erkennen, an denen drei Epochen menschlicher Kultur entstanden. Ursprünglich floss der Keriya-darja gerade nach Norden, und an seinem Lauf gab es die bronze- und eisenzeitliche Yuan-Sha-Kultur. Nach deren Verschwinden als Folge von Wassermangel bildete sich am zweiten Delta Kara-dong. Als der Fluss abermals seinen Lauf änderte und ein drittes Delta bildete, ging Kara-dong unter, und im neuen und vorläufig letzten Delta entstand Tongguzbasti. Nur vier Jahrhunderte währte die Periode des zweiten Deltas und damit auch die Lebenszeit von Kara-dong. Es war zugleich die Blütezeit der Seidenstraße. Trotz der bescheidenen Relikte, die heute noch aus dem Sand ragen, und trotz der völligen Verwüstung des Ortes, versuche ich mir auszumalen, wie sich das Leben hier vor 1500 Jahren abgespielt haben könnte.

Ich stelle mir die Festung als Mittelpunkt einer Oase vor, in der sich eine illustre Schar Reisender ein Stelldichein gab, darunter Händler unterschiedlicher Herkunft: Uiguren, Chinesen, Mongolen, Inder und Perser, die mit ihren Karawanen vor den Toren der Festung lagerten. Sie hatten kostbare Seidenstoffe aus China geladen und zogen damit in Richtung Westen oder beförderten kostbare Jade aus Khotan nach China. Boten und Beamte der Herrscher kleiner Oasenkönigreiche oder Abgesandte des fernen Kaiserhofes in China gingen hier ein und aus. Dazwischen mischten sich buddhistische Pilger, die auf dem Weg nach Indien hier haltmachten oder sich wieder auf der Heimreise befanden.

Bestimmt gab es auch einen großen Basar, wo nicht nur Gebrauchsgegenstände aller Art gehandelt wurden, sondern sich die Karawanen mit neuer Nahrung versorgen konnten, mit frischem Gemüse und Obst, das auf gut bewässerten Feldern gezogen wurde. Ein ganzes Netz künstlicher, vom Keriya-darja gespeister Bewässerungsanlagen hatte die Umgebung in einen fruchtbaren Garten verwandelt. Es gab Melonen, Aprikosen, Weintrauben, aber auch Getreide und verschiedene Arten Gemüse.

Der Weg entlang dem Keriya-darja stellte eine wichtige Transitroute dar. Es war die kürzeste Verbindung zwischen den beiden bedeutendsten Oasen im Tarim-Becken, Kucha und Khotan. Ein Weg, der mitten durch die Takla Makan führte. Kara-dong lag auf halber Strecke, war demnach eine wichtige Versorgungsstation für die Reisenden. Die Oase bot aber nicht nur körperliche Nahrung, sondern auch geistig-spirituelle. Aller Wahrscheinlichkeit nach gab es hier einen buddhistischen Tempel oder zumindest einen Schrein, den die Gläubigen umwandeln konnten. Vermutlich stammen die von Hedin entdeckten Wandbilder von einem solchen Bauwerk.

Die einheimischen Bewohner waren vorwiegend Oasenbauern, züchteten aber auch Ziegen, Schafe und Kamele. Ihr Leben dürfte nicht viel anders gewesen sein als das der Bewohner von Tongguzbasti heute, wobei damals aufgrund der Vorzugslage an einer frequentierten Handelsroute und der günstigeren Umweltbedingungen sogar ein gewisser Reichtum geherrscht haben dürfte.

Freilich, es waren auch unruhige Zeiten; es herrschte ständige Bedrohung durch den wandernden Sand der Wüste, aber auch durch jene Nomadenvölker, die diese Räume durchzogen, eroberten, beherrschten, um sie wieder zu verlieren. In Anbetracht der realen Gefahren, die für die Reisenden überall lauerten, kann man sich vorstellen, welche Glücksgefühle der Anblick einer Oase wie Karadong ausgelöst haben muss, aber auch welche Wehmut, sie wieder verlassen zu müssen.

Etwas davon verspüren auch wir, obwohl uns die Oase nichts mehr vom einstigen paradiesischen Idyll und der Lebensfreude, die hier herrschte, preisgibt. Aber wir haben gefunden, wonach wir suchten, und damit ist ein Traum in Erfüllung gegangen. Wir blicken uns immer wieder um, als wir in die Wüste hinauswandern und die letzten Spuren menschlichen Lebens hinter den Dünen verschwinden. Wir ahnen nicht, dass fünf Jahre später Forscher einer chinesisch-französischen Expedition dem Sand, über den wir laufen, die letzten Geheimnisse von Kara-dong entlocken werden. Sie fanden, wonach Aurel Stein zwei Mal vergeblich gesucht hatte – die Wandbilder und noch vieles mehr. Sie bewiesen damit, dass Kara-dong mehr gewesen war als nur ein isolierter Außenposten inmitten der Wüste: eine blühende Oasenstadt mit einem reichen kulturellen Leben. In einem Umkreis von mehreren Kilometern entdeckten sie zwanzig Häuserruinen, zwei buddhistische Tempel sowie vierzig weitere Keramikfundstellen, die auf zerstörte Häuser oder Keramikmanufakturen hindeuteten. Außerdem wurden Spuren eines groß angelegten ausgeklügelten Bewässerungssystems freigelegt. Mühlsteine und Funde von Hirse, Hafer, Weizen und Reis bezeugten, dass diese Getreidesorten hier angebaut wurden.

Die bis zu drei Meter hohen Tempelwände waren mit großen, auf Lotos stehenden Buddhas bemalt, darüber thronten in zwei Reihen übereinander sitzende Buddhas. Ihre Gesichter lassen einen klaren indischen Einfluss erkennen, und das Fehlen von Bodhisattvas beweist, dass zur Bauphase der Tempel der Hinayana-Buddhismus hier vorherrschte. Die Wandbilder stammen aus dem frühen dritten Jahrhundert und gehören zu den ältesten buddhistischen Malereien weltweit. Der Sand hat aber noch lange nicht alle Schätze preisgegeben. Nördlich der Fundstellen vereitelten besonders hohe Dünen bisher jeden Grabungsversuch. Gut möglich, dass sich darunter weitere Sakralbauten befinden oder der Friedhof, der bisher nicht entdeckt werden konnte. Eines aber steht fest: Obwohl Kara-dong politisch unter dem Einfluss Chinas stand, war die Kultur eindeutig indisch.

Wir gehen schweigend hintereinander, jeder hängt seinen Gedanken nach. Mich drängt es nicht zur Eile. Wir haben noch genügend Wasserreserven und brauchen die Karawane nicht, jedenfalls heute nicht mehr. Ich verspüre große Lust, die Wüste in diesem ungebundenen Unterwegssein so lange als möglich auszukosten. Wenn wir die Karawane nicht mehr erreichen, so stelle ich mir vor, werden wir bis zum Einbruch der Dunkelheit laufen und uns dann einfach im Bauch einer Düne ausstrecken. Und wieder kommen die Schatten, und die Farben vertreiben das grelle und blendende Licht des Tages. Der Himmel gewinnt an Tiefe, die Sonne sinkt auf Augenhöhe, die Farben kehren zurück.

Eine Spur windet sich vor uns über die Dünenkämme. Wir folgen ihr. Sie scheint direkt in die untergehende Sonne hineinzuführen. Diese bricht sich auf der Sandoberfläche im Gegenlicht wie auf silbrigem Eis. Dünne Rauchfäden steigen vor uns auf. Die Spur setzt sich auf der nächsten Düne nicht mehr fort. In der Senke zu ihren Füßen hat die Karawane das Lager aufgeschlagen. Bohrende Blicke richten sich auf uns. Man erwartet von uns Erklärungen, Antworten auf Fragen, doch ich weiche ihnen aus. Hans ist mitteilsamer. Er erklärt immerhin, wir seien einen Umweg gelaufen, um mehr von der Wüste und ihren Schätzen zu sehen. Was auch stimmt.

Ich habe das Bedürfnis, allein zu sein. Statt ein Zelt aufzustellen, nehme ich mir nur Schlafsack und Matte, laufe damit ein Düne weiter. Es bedarf nur weniger Handgriffe, um die Schlafstelle vorzubereiten. Matte ausrollen und aufblasen, den Schlafsack drauflegen. Die Wasserflasche steht griffbereit daneben. Es gibt hier weder giftige Schlangen noch Skorpione. Man sieht überhaupt wenig Lebewesen, morgens ein paar Spuren von Käfern oder Agamen. Auch den Wüstenfuchs muss es hier geben, aber ich habe ihn nie zu Gesicht bekommen. Obwohl ich nur wenige Meter Luftlinie von unserem Lager entfernt bin, ist es so still, als wäre ich der einzige Mensch weit und breit. Ich liege im Schlafsack und schaue in einen funkelnden Glanz hinein. Den Wüstenhimmel braucht man nicht mehr zu beschreiben. Er ist längst Literatur geworden. Er ist so klar, dass man in einer Nacht mehr Sternschnuppen sieht als zu Hause das ganze Jahr über. Auch ist ihre Leuchtspur länger, wie ein Strich am Himmel. Es gibt keinen Dunst, nicht die geringste Feuchtigkeit in der Atmosphäre, deshalb treten die Sternbilder in größerer Deutlichkeit hervor. Jeder Stern, der die Bühne des Nachthimmels betritt, beginnt sofort zu funkeln, steht leuchtend da, sobald er neu über den Horizont kommt. Die Milchstraße ist hier wirklich Milchstraße. Man erkennt ihre Konturen, gewundene Bahnen aus funkelnden kleinen Lichtern. Es sind ihrer so viele, dass sie zu einem einzigen milchig-weißen Lichtstrahl verschmelzen. Manchmal sehe ich winzige sich bewegende Lichtpunkte in gleichmäßigem Tempo durch die Sternbilder ziehen: Satelliten, die man mit freiem Auge sieht, solange sie noch das Sonnenlicht reflektieren. Schließlich erscheint der Mond, das Schönste, was der Nachthimmel anzubieten hat. Er wirft seinen Silberschein lange voraus, bevor er sich über die Dünen erhebt. Sein Licht ist so hell, dass die Sterne ein wenig verblassen. Nur die Venus kann ihm Paroli bieten. Gemeinsam als heraldisches Gespann übernehmen sie die Regie in diesem Schauspiel des Himmels, der einer glitzernden Schatzkammer gleicht, und sie geben sie für die ganze Nacht nicht mehr ab.

Umgeben von absoluter Stille und in die Tiefe des Weltenraumes blickend, empfinde ich mich einbezogen in den Lauf der Himmelskörper, als Teil des Sonnensystems, und die Bewegung des eigenen Standortes mit der Drehung der Erdachse wird körperlich spürbar. Auf dem Rücken im Schlafsack liegend, versuche ich alle Winkel des Himmelsgewölbes zu erkunden. Zuerst begnüge ich mich damit, bekannte Sternbilder zu identifizieren, dann gehe ich dazu über, mir eigene zu erfinden. Es gibt so viele Sterne, dass der Phantasie keine Grenzen gesetzt sind, und mir scheint, als seien die bekannten deutlich in der Minderzahl.

Ich frage mich, welcher von ihnen es war, der uns heute nach Kara-dong geleitet hat. Jedenfalls stand unser Weg unter einem guten Stern. Jetzt, im Rückblick, erscheint mir alles so einfach, so klar. Doch es hätte auch ganz anders kommen können. Wären wir stur der Richtung gefolgt, die uns die Karte und die Berichte der Vorgänger wiesen, hätten wir das Ziel glatt verfehlt. Bei all den vielen Richtungsänderungen, die uns allein schon das Dünengelände aufzwang, erscheint es mir wie ein Wunder, einen Punkt inmitten der Wüste gefunden zu haben, von dem wir nicht mehr wussten als die grobe Himmelsrichtung, in der wir suchen mussten. Wie oft entschied ich unterwegs an Dünen, die uns den Weg versperrten, einfach aus dem Bauch heraus, rechts oder links zu laufen. Andere Entscheidungen hätten einen anderen Routenverlauf zur Folge gehabt. Was das bedeutet hätte, ist nun klar, nachdem ich Kara-dong gesehen habe. Nur wenige Hundert Meter Abweichung genügen, und man würde daran vorbeilaufen, denn die Relikte sind so von Sanddünen eingekesselt, dass man sie nur wahrnimmt, wenn man sie auf den Punkt genau trifft. War es also nur unverschämtes Glück oder purer Zufall, der uns nach Kara-dong führte?

Ich glaube nicht. Es war ja keine blinde Suche, nur weil sie nicht der Logik des Verstandes folgte. Sie nährte sich aus einer anderen Wissensquelle, die genauso gut funktioniert, manchmal sogar besser. Man kann sie »Bauchwissen« nennen, »emotionale Intelligenz« oder auch »intuitives Wissen«. Gemeint ist aber dasselbe: das andere Wissen in uns. Nur weil uns von Kindesbeinen an gesagt wird, ausschließlich den Verstand zu benutzen, und dieser für Examen und Karriere gut sein mag, glauben wir, er wäre unser einziger verlässlicher Ratgeber, ein Freund, auf den wir immer vertrauen können. Doch es gibt noch einen anderen Wissensschatz, den wir heben können.

Vielleicht ist das der eigentliche Schatz, den wir heute fanden. Die Wüste gab uns die Möglichkeit, etwas Verlorenes wiederzuentdecken, mit einer Wissensquelle in Berührung zu kommen, die versiegt ist, so wie ein nutzlos gewordenes Organ verkümmert. Die Wüste mit ihrer Stille und Reduktion ist die richtige Umgebung dafür. Sie schärft die Sinne, macht hellhörig, lässt die Gefühle von der Kette. Vielleicht tut es gut, einmal weniger zu denken, dafür mehr zu fühlen, zu erspüren. Denken heißt angehäuftes Wissen anwenden, analysieren und kombinieren, fühlen aber bedeutet mehr erfahren. Ich nehme mir vor, diese Chance zu nutzen und von nun an mehr auf die innere Stimme zu hören, ihr zu vertrauen und zu folgen. Mit diesen Gedanken schlafe ich ein.

Es ist ein Unterschied, im Zelt oder draußen zu schlafen. Unter freiem Himmel schläft man einen wacheren Schlaf. Nicht, dass er weniger erholsam wäre, aber die Umwelt wird nie ganz ausgeblendet. Ich nehme die Phasen der Nacht noch wahr, die sich am Stand des Mondes ablesen lassen, und ich brauche keinen Wecker, um morgens zur richtigen Zeit aufzuwachen.

Allein die Vorankündigung des großen Ereignisses holt mich aus dem Schlaf.

Zuerst ist da nur ein schwacher über dem Horizont aufsteigender Schein, dann beginnt sich der Himmel zu verfärben, während die Sterne verblassen. Nur Mond und Venus halten sich noch, ihr Strahlen wirkt sogar noch eindringlicher. Der Himmel wird kaltblau, anschließend gelb. Dann erscheint ein orangener Balken über dem Horizont, durchläuft die Farbskala von Rosa bis Rot. Schließlich erhebt sich eine zitternde gelbrote Scheibe aus dem Dünenmeer. Nun ist es an der Zeit, mich von meiner Schlafstelle zu erheben. Mit wenigen Handgriffen ist alles aufgeräumt. Die Utensilien unter den Arm geklemmt, stapfe ich barfuß zum Lager hinüber, in Augenhöhe mit der Sonne. Der Sand ist angenehm kühl und weich wie Samt. Auch im Lager sind alle längst wach. Niemand kann in der Wüste sein und davon unberührt bleiben.

»Welchen Tag haben wir heute?«, will jemand beim Frühstück wissen.

Wir blicken uns fragend an. Niemand weiß das Datum aus dem Gedächtnis.

»Mir ist jeder Tag recht«, sage ich schließlich, um das Schweigen zu brechen.

»Es ist Sonntag, der 15. Oktober«, liest einer vom Taschenkalender ab.

Das klingt hier so, als würde verkündet, es gebe heute Morgen überfrierende Nässe auf der Autobahn.

Von größerer Bedeutung ist da schon die Nachricht, die Jemen uns überbringt. Er hat gerade die Kamele von ihrem morgendlichen Fressgang zurückgeholt und eines davon aussortiert, das er im Schlepptau hinterherführt. Es ist das große weiße Kamel, das die schönsten Augen hat. Aber an diesem Morgen scheint es schlecht gelaunt, wehrt sich, fletscht die Zähne und spuckt einen übel riechenden

Schleim auf Jemens langen Mantel, als er versucht, es in die Hockstellung zu bringen. Dann deutet er auf die Höcker, während sein Gesicht einen schmerzverzerrten Ausdruck annimmt. Zwischen den beiden Höckern klafft eine große eiternde Wunde. Das Tier muss ziemliche Schmerzen haben, kein Wunder also, dass es jeden Menschen, der sich ihm nähert, angeifert. Es darf auf keinen Fall gesattelt und beladen werden, mache ich Jemen deutlich, und es muss verarztet werden. Wie auf Kommando richten sich alle Blicke auf Peter. Zugegeben, Peter ist nicht unbedingt auf Kamele spezialisiert, aber er ist Arzt, genauer gesagt Röntgenarzt. Aber da in der Wildnis jeder Arzt für alles, was anfällt, da sein muss, hat er nun den »Schwarzen Peter«. Er ist zwar willig zu helfen, aber das Kamel scheint wenig Vertrauen in seine heilerischen Fähigkeiten zu besitzen. Es wehrt sich nach Leibeskräften und würde ihn beißen oder gar niedertrampeln, wenn nicht alle fünf Uiguren es mit Stricken am Boden hielten. Die Wunde wird gereinigt, dann fachmännisch versorgt. Schließlich kommt der schwierigste Teil des Unterfangens. Der Verband muss, damit er hält, um den ganzen Körper gelegt werden. Auch das gelingt, wenngleich das Tier dabei unentwegt nach Peter spuckt und ihm böse Blicke und unflätige Schreie entgegenschleudert. Endlich ist die Prozedur vorbei. Das Kamel springt auf, läuft ein Stück davon, beruhigt sich aber gleich wieder. Kamele haben so viele wunderbare Eigenschaften, aber Helden sind sie keine.

Durch die Verzögerung ist es fast Mittag, als wir endlich losmarschieren. Ich laufe wie immer voraus. Ab jetzt gibt es nur noch eine Richtung. Sie heißt Westen. Als ich auf dem ersten hohen Dünenkamm stehe, verschlägt es mir den Atem. Nun ist die Takla Makan da, so wie ich sie mir vorgestellt habe. Kein Baum, kein Strauch mehr, nichts als Sand – eine Welt, in der es nichts mehr Größeres als ein Sandkorn gibt. Der Blick nach Westen erinnert an ein Meer, und der hundert Kilometer entfernte Khotan-darja ist nun für uns die Küste, die es zu erreichen gilt.

Das Buch der tausend Sandgebilde

In dem Bedürfnis, mit mir und der Wüste allein zu sein, laufe ich wieder weit voraus. Zwar könnte ich genauso gut der Karawane folgen oder mich neben ihr her bewegen, aber diese Frage stellt sich nicht. Ich bewege mich so schnell oder so langsam, wie es meinem eigenen Rhythmus entspricht. Wenn ich so gehe, empfinde ich kaum Anstrengung, und es füllt mich ganz aus. Selbst gegen die Weite kommt kein Widerstand mehr auf. Kein sehnsüchtiger Blick nach vorn mehr, nicht mehr weiter sein wollen, als ich bin. Alles ist Gegenwärtigkeit, Wachheit. Mein Gehtempo ist schneller als das der anderen. Das hat den Vorteil, dass ich mit niemandem reden muss. Ich kann schweigen, mich ganz auf die Umgebung konzentrieren. Mein Erleben ist deshalb nicht flüchtiger, sondern intensiver. Ich führe nie ein Tagebuch, mache mir so gut wie keine Notizen, dennoch kann ich mich später an jede Einzelheit erinnern. Jetzt habe ich begonnen, ein faszinierendes Buch zu lesen. Es ist ein Buch, das man während des Gehens lesen kann. Der Autor ist der Wind. Die Tinte, mit der es geschrieben wurde, ist der Sand, und die einzelnen Seiten sind die Dünen. Es ist das Buch der tausend Wind-Sand-Strukturen. Dieses Buch ist einmalig, denn es wird immer weiter fortgeschrieben, es scheint ohne Anfang und ohne Ende, und mit jeder Seite glaubt man es bereits zu kennen – und entdeckt doch stets wieder etwas Neues. Das Strickmuster, die Dramaturgie, ist simpel, aber die Ergebnisse sind äußerst erstaunlich. Keine einzige Düne gleicht der anderen, weder in der Form noch in der Größe, geschweige denn in ihrer Oberfläche. Dünen entstehen, wenn der sandbeladene Wind auf Hindernisse trifft. Eine einziger Stein kann eine Düne, ja sogar eine ganze Kette von Dünen hervorbringen. In seinem Windschatten sammelt sich Sand, wächst zu einer Düne heran, diese bildet selbst wieder ein neues Hindernis, in dessen Windschatten die nächste Düne entsteht, und so weiter und so fort. Wäre der Sand so gleichmäßig schwer wie Wasser und käme der Wind konstant aus einer Richtung, entstünde ein gleichmäßiges Wellenmeer. Aber Sandkörner haben verschiedene Größen, Gewichte und Aggregatzustände. Außerdem bläst der Wind nicht immer aus derselben Richtung und mit der gleichen Stärke. Auch weht er nicht geradlinig, sondern ebenfalls wellenartig, wodurch die Düne eine »Gänsehaut« bekommt.

Grundmuster einer Düne ist immer die Sichelform. Sie entsteht aus einer einfachen Sandablagerung im Windschatten eines Hindernisses; die Sichelform ergibt sich aus der eigenen Aerodynamik. Barchans sind die jüngsten Kinder der Wüste, man trifft sie am häufigsten. Sie füllen die weiten Räume zwischen den hohen Dünenketten. Sicheldüne reiht sich an Sicheldüne, und je mehr Sand abgelagert wird, desto stärker wird die ursprünglich eher kantige Sichelform abgeschliffen, und es entsteht ein Wellenmeer. Da der Wind aber häufig in die Gegenrichtung dreht, brechen die Wellen auf der einen Seite ab. Sie besitzen scharfe Kanten mit steilen Abhängen aus Fließsand, deren Überwindung ziemlich mühsam ist. Variiert der Wind hingegen nur leicht seine Richtung, kippt die Sichel lediglich nach einer Seite ab, und es bilden sich zungenförmige Strichdünen, aus ihnen entstehen schließlich lange Ketten mit großer Regelmäßigkeit. Die schönsten, zugleich am schwierigsten zu überwindenden Sandgebilde sind Sterndünen. Sie entwickeln sich aus einfachen linsenförmigen Sandablagerungen, wenn der Wind häufig im rechten Winkel wechselt. Sterndünen besitzen scharfe Grate und spitze Gipfel und können beachtliche Höhen erreichen. Je älter das Dünengebiet, desto mehr herrscht die Tendenz vor, Sterndünen zu bilden. Oft formieren sie sich in Gruppen, wobei sich dazwischen kraterähnliche runde Senken bilden, deren Grund durch die Wirbelwinde blank gefegt ist. Das Gehen in solchen Formationen hat beinahe alpinen Charakter. Hier in der Takla Makan jedoch treten sie meistens einzeln auf und stehen so isoliert da, dass ich sie leicht umgehen kann. Überhaupt sind die Dünen in diesem Teil der Takla Makan nicht besonders hoch. Sie erreichen kaum Höhen von 50 Metern, die Barchans sind sogar noch viel niedriger.

Das macht die Navigation einfach. Ich orientiere mich am eigenen Schatten. Zwar ändert sich dieser mit dem Sonnenstand, aber indem ich den Gehwinkel zum Schatten entsprechend korrigiere, kann ich die Richtung gut halten. Mit der Zeit ist mir der wandernde Schatten so vertraut, dass ich weder eine Uhr brauche, um zu wissen, wie spät es ist, noch den Kompass, der mir die Richtung weist. Ihn nehme ich nur noch zur Hand, wenn ich auf einem hohen Dünenzug stehe, um aus der Rückschau zu überprüfen, wie viel oder wenig ich von der Ideallinie abgewichen bin. Diese Dünengebirge liegen in großer Regelmäßigkeit in Abständen von drei Kilometern auseinander, eine Strecke, die ich in etwa einer Stunde bewältige.

In den ersten Stunden lege ich kaum Pausen ein und trinke wenig. Die Erfahrung der ersten Tage hat mich gelehrt, am Vormittag mit dem Wasser zu knausern. Später dann, während der größten Hitze, ist es wichtig, regelmäßig kleine Mengen Flüssigkeit zu sich zu nehmen, Mund und Schleimhäute damit zu benetzen, um dem Durstgefühl zu begegnen, das einen leicht dazu verführt, unkontrolliert zu trinken. Das würde die Reserven vorzeitig erschöpfen. Die »Durststrecke« kommt aber erst nach der Zeit der gröbsten Hitze, in den späten Nachmittagsstunden, wenn die Dehydration des Körpers am größten ist.

Zu meiner Überraschung ist die Wüste bei Weitem nicht so bar allen Lebens, wie der erste Eindruck vermuten ließ. Selbst im unfruchtbarsten Sand entdecke ich immer noch einzelne Tamarisken. Manche wachsen sogar oben auf den Dünen, und ich frage mich, wie sie dort überleben können. Ihre Wurzeln müssen ungeheuer lang sein und bis tief unter die Düne reichen, um an Wasser heranzukommen. Verglichen mit den Tamarisken am Keriya-darja sind sie hier in der Wüste von kümmerlicher Größe. Sie bilden auch keine Hügel mehr, sondern stehen entweder einzeln da oder in einer Linie aufgereiht nebeneinander. Ihre Stämme bleiben dünn und äußerst biegsam. Das müssen sie auch sein, sonst würde sie der Sturmwind einfach abknicken. Man kann ihre Spitzen niederdrücken, bis sie den Sand berühren, und wenn man sie loslässt, richten sie sich sofort wieder auf. Der Wind benutzt sie wie einen Pinsel und zeichnet damit geometrische Figuren in den Sand, die aus Halbkreisen und Ringen bestehen.

Jetzt um die Mittagszeit halte ich nach ihnen Ausschau. Ich erhoffe mir etwas Schatten. Ohne aufzublicken, weiß ich, dass die Sonne genau über mir steht, denn ich werfe keinen Schatten mehr. Bei den Tamarisken ist es kaum anders. Sie sind entweder zu filigran und zu wenig verzweigt, um Schatten zu spenden, oder sie stehen in einer Senke, wo sich die Hitze wie in einem Brutkasten staut. Es dauert lange, bis ich auf einer höheren Düne eine Gruppe von Tamarisken entdecke, die so dicht beieinander auf dem Osthang einer Sterndüne stehen, dass sie einen Minimalschatten geben. Mit der bewährten Methode, noch meine Jacke darüberzubreiten und so weit wie möglich darunterzukriechen, lässt es sich aushalten. Vor allem kann ich von hier aus ein gutes Stück des Terrains überblicken, aus dem ich gekommen bin und von wo auch die anderen auftauchen müssen. Mit dem Erscheinen der Karawane allerdings rechne ich so schnell nicht. Nach einer Weile kommt eine leichte Brise auf und erzeugt ein Rauschen in den Tamarisken. Es löst angenehme Gefühle aus, und ich versinke in einen Halbschlaf, aus dem mich erst eine laute chinesische Stimme weckt.

»*Jiantian xiu xi, hao ma?* Lagern wir heute hier?«, fragt mich Wang.

Mit ihm hätte ich am wenigsten gerechnet. Bisher saß er immer oben auf dem Kamel. Mein erster Gedanke: Lu hat ihn zu mir geschickt.

»*Hao bou hao?* Ist alles in Ordnung?«, entgegne ich, ohne auf seine Frage einzugehen.

Er bejaht mit einem knappen »*Hao*«.

Indessen hat er sich neben mich in den Sand gesetzt und fingert am Verschluss seiner Aluflasche herum. Sie hat denselben grünen Military-Look wie seine Kleidung und die Turnschuhe Marke »Krieger«, die er mit Plastikfolie oben zugeklebt hat, damit sie nicht ständig mit Sand volllaufen. Sie sind so ungeeignet für die Wüste wie Schwimmflossen. Billige Massenware, die man überall in China findet. Unser Taxifahrer in Peking trug genau das gleiche Modell.

Ich bin nicht sicher, ob ich Wang bewundern oder bemitleiden soll. Aber der Gewaltmarsch hat ihn ziemlich mitgenommen. Als habe er meine Gedanken erraten, streckt er mir die Füße entgegen. Sie sind voller Blasen. Damit ihm morgen eine ähnliche »Via Dolorosa« erspart bleibt, schlage ich ihm vor, dass wir nach Ersatzschuhen suchen. Jeder von uns hat Reserveschuhe dabei, da wird sich bestimmt eine passende Größe finden lassen. Fürs Erste pflastere ich ihm die lädierten Stellen zu. Mehr kann ich im Augenblick nicht tun.

»Lagern wir heute hier?«, fragt er nochmals.

Ich gebe ihm zu verstehen, dass dies von der Ankunft der Karawane abhängt. Noch ist nichts von ihr zu sehen. Die einzigen Zeichen von Leben sind einzelne sich bewegende Punkte am letzten hohen Dünenkamm. Sie sind noch zu weit weg, als dass man die Personen identifizieren könnte. Aus dieser Entfernung gleichen sie Ameisen, die gegen die Unendlichkeit anlaufen. Die ersten von ihnen haben gerade die Senke erreicht, da taucht am Horizont die Karawane auf. Die Alukisten mit der Foto- und Filmausrüstung leuchten wie Blitzlichter auf, wenn sie das Sonnenlicht reflektieren. Ich überlege, ob es sinnvoll ist, noch weiterzumarschieren. Wenn sie keinen Stopp einlegt, kann die Karawane in einer Stunde hier sein. Nach dem Stand der Sonne aber ist es noch gut drei Stunden hell.

»*Women zhou heio ji tien.* Wir laufen noch eine Stunde weiter«, sage ich zu Wang.

Doch ich bin außerstande, mich von der Stelle zu rühren. Das Bild ist viel zu schön, um ihm den Rücken zu kehren. Noch dazu befinden wir uns auf einem Logenplatz. Abermals verwandelt sich die Takla Makan. Sie ist nicht länger blasse, konturlose Masse, sondern wird zu einer Wüste wie aus dem Bilderbuch. Die Formen der Dünen gewinnen an Plastizität und Farbe. Licht und Schatten brechen sich an den Dünenkanten, als wären sie mit einem Stift gezogen, und die Karawane scheint diese Linien nachzuzeichnen, der Choreografie folgend, die der Wind entworfen hat. Mal zieht sie ein Dünental entlang, mal geht es über die Düne hinüber. Im nächsten Augenblick ist die Karawane ganz verschwunden, nur um bald darauf an anderer Stelle wieder aufzutauchen.

Am eindrucksvollsten ist es, wenn die Kamele dicht hintereinander über die geschwungenen Dünenkämme ziehen. Das weiße Kamel läuft ganz am Schluss. Mit der Bauchbinde sieht es sehr komisch aus. Dafür braucht es nur den leeren Sattel zu tragen; seine ganze Last wurde auf die anderen Tiere verteilt. Darum kann heute niemand reiten, nicht einmal die Kamelführer, und deswegen ist Wang zu Fuß gekommen. Wenn ich schon laufen muss, wird er sich gedacht haben, dann werde ich es den Langnasen wenigstens mal zeigen. Das ist ihm auch gelungen, wenngleich er jetzt dafür leiden muss. Seine Landsleute sind noch weit zurück, ein gutes Stück hinter der Karawane, und ich bezweifle, dass es ihnen mit dem Schuhwerk besser ergeht. Dem weißen Kamel hingegen geht es prächtig. Es genießt sichtlich die neue Rückenfreiheit und ist im Gegensatz zu gestern besser gelaunt, auch uns Zweibeinern gegenüber. Jedenfalls können wir uns ihm nähern, ohne bespuckt und getreten zu werden. Nur Peter ist weiterhin Persona non grata. Wann immer er nur in die Nähe seiner Patientin kommt, wird er mit einem ganzen Stakkato bösartiger Schreie bedacht.

Nach einer kurzen Rast geht es weiter. Ich habe Abudullah aufgefordert, die Führung zu übernehmen. Er soll den Lagerplatz bestimmen. Das verschafft mir den Freiraum, mich wieder ganz auf das Mysterium der Wüste zu konzentrieren.

Die Sonne steht nun direkt über dem Horizont, und wir bewegen uns auf sie zu. Immer länger werden die Schatten, die die massigen Körper der Kamele auf die Sandoberfläche werfen. Mit jedem Augenblick verändern sich die Farben, wechseln Licht und Schatten, sodass die Dünen wie lebende Organismen wirken, deren Ästhetik mehr den Gesetzen der Biologie als der Physik zu folgen scheint.

Jede kleinste Rippel im Sand hat nun Kontur, ist Teil eines Gesamtkunstwerks, so filigran und schön, dass ich zögere, darüberzulaufen. Bei näherem Hinsehen erkennt man einen enormen Formenreichtum. Manche Flächen tragen gleichmäßige Maserungen, auf anderen hat der Wind Kräuselmuster angelegt. Die Kämme tragen Schnurornamente, wie von einem Modellrad geprägt. Dann plötzlich verlöschen die grellen Farben, lösen sich die Gegensätze zwischen Licht und Schatten auf, verwischen in ein kaltes gleichmäßiges Blau. Die Wüstennacht kündigt sich an, und die Kälte wird körperlich spürbar.

Abudullah hat die Karawane in einer Senke zum Stillstand gebracht. Sobald die Kamele von ihren Lasten befreit sind, machen sie sich über die kümmerlichen Tamarisken her, die hier noch dem Sand trotzen.

Abdramak und Ismail haben unterwegs trockenes Holz gesammelt. Jetzt lodert ein großes Feuer, an dem wir alle sitzen, um der beißenden Kälte zu entkommen. Die Gespräche drehen sich zunehmend um das, was es hier nicht gibt. Der eine vermisst das Schwimmbad, der andere den Biergarten oder ein gutes Restaurant. Da wird über Lokalpolitik zu Hause geredet, über Erlebnisse aus vergangenen Reisen, und für zukünftige werden Pläne geschmiedet. Von der Wüste aber spricht niemand, weil sie im Überfluss vorhanden ist.

Ich hingegen möchte lieber über das reden, was es hier gibt, jetzt und nicht erst, wenn ich wieder zu Hause bin oder anderswo auf der Welt. Ich vermisse hier nichts, und die Reduktion auf die wenigen lebensnotwendigen Dinge bedeutet nicht Verzicht, sondern Freiheit. Ich habe das Gefühl, im falschen Film zu sein, und setze mich zu den Kameltreibern ans Feuer. Sie geben nicht vor, wegen der Wüste hier zu sein, und sind deshalb auch nicht auf der Flucht vor ihr. Das ist ehrlicher.

Sie sind nicht hier, um die Wüstenlandschaft zu bewundern, auch nicht um einer Selbsterfahrung willen. Für sie ist die Wüste Lebensraum, ihre Existenzgrundlage. Ihr Leben ist kein Kampf mit der Wüste, sondern bedeutet, sich mit ihr zu arrangieren, ihre Gesetzmäßigkeiten zu verstehen und davon zu profitieren. Obwohl sie in der Oase leben, sind sie mit der Wüste vertraut. Jeder Handgriff ist effizient, darauf ausgerichtet, mit geringstem Aufwand die größtmöglichen Resultate zu erzielen. Ein gutes Beispiel ist das von Abdramak und Ismail unterwegs gesammelte Feuerholz. Wir dachten zunächst, die beiden hätten es mitgenommen, damit wir uns abends an einem prächtigen Lagerfeuer wärmen können. Weit gefehlt.

Es erfüllt die Funktion eines Backofens. Während wir am Feuer saßen, hat Jemen einen Brotteig geknetet und daraus zwei große Laibe geformt. Kaum ist das Feuer niedergebrannt, hebt Abudullah daneben eine Kuhle aus und verteilt die Glut gleichmäßig darin. Dann schaufelt er eine dünne Lage Sand darauf, legt die beiden Brotteige hinein, deckt sie mit Sand zu, packt noch einmal eine Lage Glut drauf. Zuletzt wird alles mit Sand zugeschaufelt. Eine halbe Stunde später kann das frisch gebackene Brot dem Sandofen entnommen werden. Mit der größten Selbstverständlichkeit wird geteilt. Wir bekommen sogar einen ganzen Laib davon ab. Es schmeckt vorzüglich, vor allem solange es noch warm ist. Selbst der von der Glut erwärmte Sand bleibt nicht ungenutzt. Die Uiguren breiten ihre Decken zum Schlafen darüber aus. So einfach wird aus dem Sandofen ein beheiztes Sandbett.

In der Nacht kommt ein eisiger Wind auf, der böenartig über die Dünen streicht und mich mit Sand überschüttet, der wie Hagelkörner auf den Schlafsack prasselt. Der Himmel ist pechschwarz, kein Mond und keine Sterne sind mehr zu sehen. Ganz in meinem Mumienschlafsack verkrochen, liege ich wach in Erwartung des Sturmes. Ich überlege, was ich tun könnte, um mich zu schützen, wenn es losginge. Hier jedenfalls wäre ich zu sehr ausgesetzt. Das Zelt aufstellen? Dafür ist es nun zu spät. Als einzig sinnvoll erscheint mir, ins Lager zu laufen und hinter einem Kamel Schutz zu suchen. Aber das kann ich immer noch tun, wenn der Sturm losbricht. Bis dahin will ich hier ausharren. Doch es bleibt bei der Drohung, der gefürchtete Buran kommt nicht. Am Morgen ist der Himmel wieder klar, und die Haut der Dünen glitzert im Gegenlicht wie nasse Seide. Sie hat sich erneuert, ihre Jungfräulichkeit wiedererlangt, denn alle unsere Spuren sind ausgelöscht.

An diesem Tag plane ich ein Experiment. Unsere Kamelführer haben schon lange gerätselt, was sich wohl in diesen seltsamen langen Säcken befinden mag, die ihre Tiere bis dahin scheinbar nutzlos durch die Wüste befördert haben. Es gibt allgemeine Erheiterung, als nun mehrere schmale dünne Bretter zum Vorschein kommen, die wir uns noch dazu unter die Füße schnallen. Es ist nicht schwer zu erraten, was die Uiguren nun von uns denken. Sie glauben entweder, wir hätten endgültig einen Sonnenstich, oder aber, es genüge uns nicht mehr, nur zu Fuß zu laufen – was in ihren Augen schon verrückt genug ist, wenn es doch Kamele zum Reiten gibt –, und wir schnallten uns die sperrigen Bretter unter, damit es noch anstrengender werde. Doch der milde Spott, mit dem sie uns belächeln, verwandelt sich bald in ungläubiges Staunen, als sie sehen, wofür diese Bretter in der Wüste taugen. Die Verwendung von Skiern ist kein absurder Neuheitsspleen wie etwa das Vorhaben, den Mount Everest mit Schwimmflossen zu besteigen. Es ist durchaus sinnvoll, denn mit Skiern lässt sich schneller und kraftsparender laufen als zu Fuß. Außerdem sind wir nicht mehr gezwungen, wie die Karawane den Kämmen der Wanderdünen zu folgen, sondern können eine direkte Linie gehen. Und es macht Spaß, über die steilen Leeseiten der Wanderdünen abzufahren, wenngleich das anfänglich gewöhnungsbedürftig ist, denn der Sand bietet viel mehr Widerstand als Schnee. Weil die Dünenhänge abrupt ins Flache übergehen, ist es notwendig, bei der Abfahrt das Gewicht so weit als möglich nach hinten zu verlagern, ansonsten stürzt man unten Hals über Kopf vornüber.

Ich gewöhne mich schnell an diese neue Form der Fortbewegung. Sie bietet noch mehr Freiheit und Unabhängigkeit. Kein weicher Sand braucht mehr gemieden, keine
noch so hohe Düne umgangen zu werden. Im Gegenteil:
Ich suche die höchsten Dünen, denn sie bieten die besten
Abfahrten. Obwohl es keine Gleitphase gibt wie im Schnee,
sind die Aufstiege viel weniger mühsam als zu Fuß. Wie
berauscht vom Gefühl unbegrenzter Freiheit, laufe ich
weiter, immer weiter, inmitten einer in Himmel und Sand
zweigeteilten Welt. Mehr Wüste kann es nicht mehr geben.
Wohin ich auch blicke, nach jeder Richtung, ist nur Sand.
Keine Menschenseele, auch kein anderes Lebewesen, ist
zu sehen. In diesen Augenblicken glaube ich erahnen zu
können, wie es ist, allein in der Wüste zu sein. Die Vorstellung, ohne Karawane, ganz auf mich allein gestellt, eine
Sandwüste zu durchqueren, erscheint mir nicht nur verlockend, sondern auch realistisch. Bisher hielt ich Derarti-
ges für undurchführbar, sodass ich keinen Gedanken daran verschwendete. Aber mit den Skiern sieht es nun
anders aus. Damit würde ich doppelt so schnell sein wie
zu Fuß, und die wasserlose Distanz zwischen dem Keriya-
darja und dem Khotan-darja wäre in vier Tagen überwind-
bar. Wenn ich vorwiegend nachts laufen würde, so meine
Überlegung, was in diesem Dünengelände möglich ist,
könnte ich mit drei bis vier Litern Wasser pro Tag auskommen. Dann käme ich auf ein Gesamtgewicht, das noch
tragbar ist.

Als ich jetzt mit diesen Gedanken spiele, ahne ich noch
nicht, dass ich diese Vision, die hier entstanden ist, 15 Jahre
später umsetzen werde, in einer ganz anderen Wüste, auf
einer viel längeren Strecke und über zehnmal so hohe
Sandberge.

An diesem Tag ist mein Vorsprung so groß, dass mehr als eine Stunde vergeht, bis die Karawane eintrifft. Neugierig begutachten die Kamelführer unsere Skier und können sich nicht genug darüber wundern, dass man damit überhaupt laufen kann, noch dazu so schnell. Schließlich will es Jemen selbst einmal probieren. Weil seine Schuhe nicht in die Bindung passen und er auch auf Stöcke verzichtet, gleicht seine Fahrt mehr einem Rodeoritt, und bereits nach wenigen Sekunden fliegt er von den Brettern. Davon lässt er sich nicht entmutigen. Unter den Anfeuerungsrufen seiner Gefährten versucht er es weiter. Die Düne bergauf geht es besser als hinunter. Doch das Geschrei und die unkontrollierten Bewegungen irritieren die Kamele. Sie werden unruhig, und bevor sie in Panik ausbrechen, marschieren wir weiter.

Nicht jeder von uns hat Skier dabei. Außer mir nur noch Alois, ein Alpinist aus Österreich, und Uschi, die ebenfalls eine passionierte Skiläuferin ist. Peter, Hans und Patricia machten kein Hehl daraus, dass sie davon nicht viel halten, und verzichteten darauf, es überhaupt auszuprobieren.

Wie gewohnt laufe ich voraus, um die Richtung vorzugeben. Doch ich bleibe dabei stets in Sichtkontakt zur Karawane. Ich habe mit Abudullah vereinbart, dass ich die Aufgabe des Pfadfinders übernehme, er aber die Lagerplätze ausfindig macht. Das kommt unseren Wünschen sehr entgegen. Abudullah kann sich eine Stelle suchen, wo seine Tiere noch etwas Fressbares finden, und ich bin frei, zur schönsten Zeit des Tages meiner Passion – dem Fotografieren – nachzugehen. Mit den Skiern bin ich noch flexibler, um mit der Kamera zum richtigen Zeitpunkt an der richtigen Stelle zu sein. Die Leica, die ich dabeihabe, wiegt schwer, denn sie ist voller Erinnerungen. Sie begleitete

oben: Karawane in der Badain Jaran Shamo, wie der südliche Sandbereich der Gobi heißt. Im Licht der untergehenden Sonne werden die Dünenschatten immer länger.

rechts oben: Wie Wellen eines aufgewühlten Meeres präsentiert sich die Flugsandwüste Takla Makan. Der Wind hat die Oberfläche der Dünen in ein Muster aus feinen Rippeln gelegt.

rechts Mitte: Der Wanderer im Sandmeer der Badain Jaran Shamo wirkt wie ein Schiffbrüchiger, der gegen die Unendlichkeit ankämpft.

rechts unten: An der Grenze zwischen Licht und Schatten bewegt sich ein Mitglied unserer Expedition im Zickzackkurs durch das Gewirr quer liegender Mondsicheldünen.

vorhergehende Seite: Sowohl in der Takla Makan als auch in der Gobi setzen wir Langlaufskier als Fortbewegungshilfen ein. Insbesondere in der Flugsandwüste Takla Makan mit ihren relativ niedrigen Dünen erweist sich dies als vorteilhaft.

vorhergehende Doppelseite: Im ersten Licht der Morgensonne erscheint das buddhistische Alashan-Kloster doppelt – einmal real und dann gespiegelt auf der glatten Oberfläche des Salzsees. Das abgelegene Heiligtum wird nur von zwei Mönchen dauerhaft bewohnt.

oben: Lagerplatz im Schatten einer Mondsicheldüne bei meiner ersten Karawanenreise durch die Badain Jaran Shamo im Oktober 1994.

links oben: Auf einem Dünengrat setze ich im Sandsturm Schritt um Schritt. Während man gewöhnlich beim Gehen in der Wüste den Dünentälern folgt und die scharfen Kämme meidet, ist es im Sandsturm umgekehrt.

links unten: Als wir im April 2000 mit zwei einheimischen Begleitern und sechs Kamelen in die Takla Makan ziehen, um die Überreste der tragisch verlaufenen Expedition des schwedischen Asienforschers Sven Hedin zu suchen, ahnen wir nicht, dass uns ein ähnliches Wüstendrama bevorsteht.

nächste Doppelseite: Geht man mit der Karawane und kommt ein Sandsturm auf, legen sich die Kamele sofort nieder. Auch wir Menschen folgen ihrem Beispiel, suchen Schutz hinter ihren massigen Körpern.

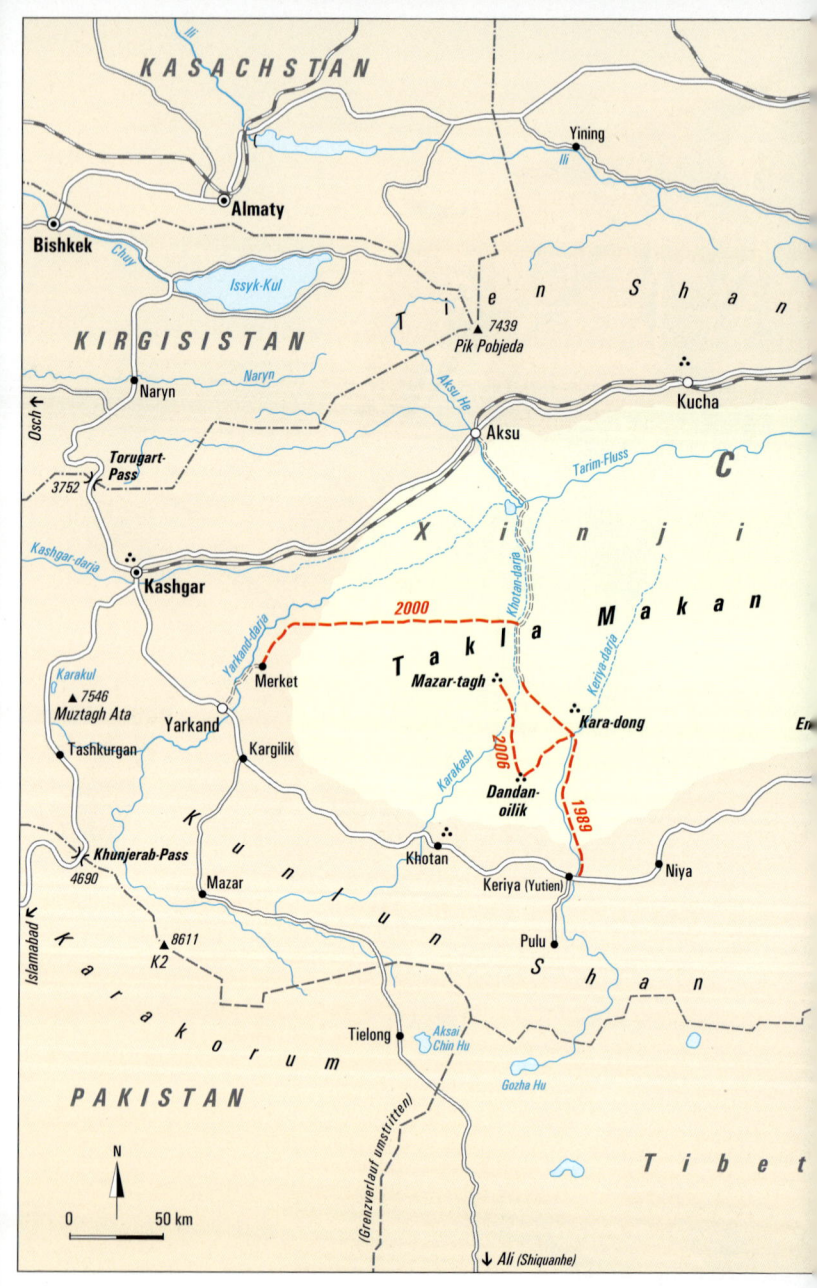

Meine Karawanenrouten durch die Takla Makan.

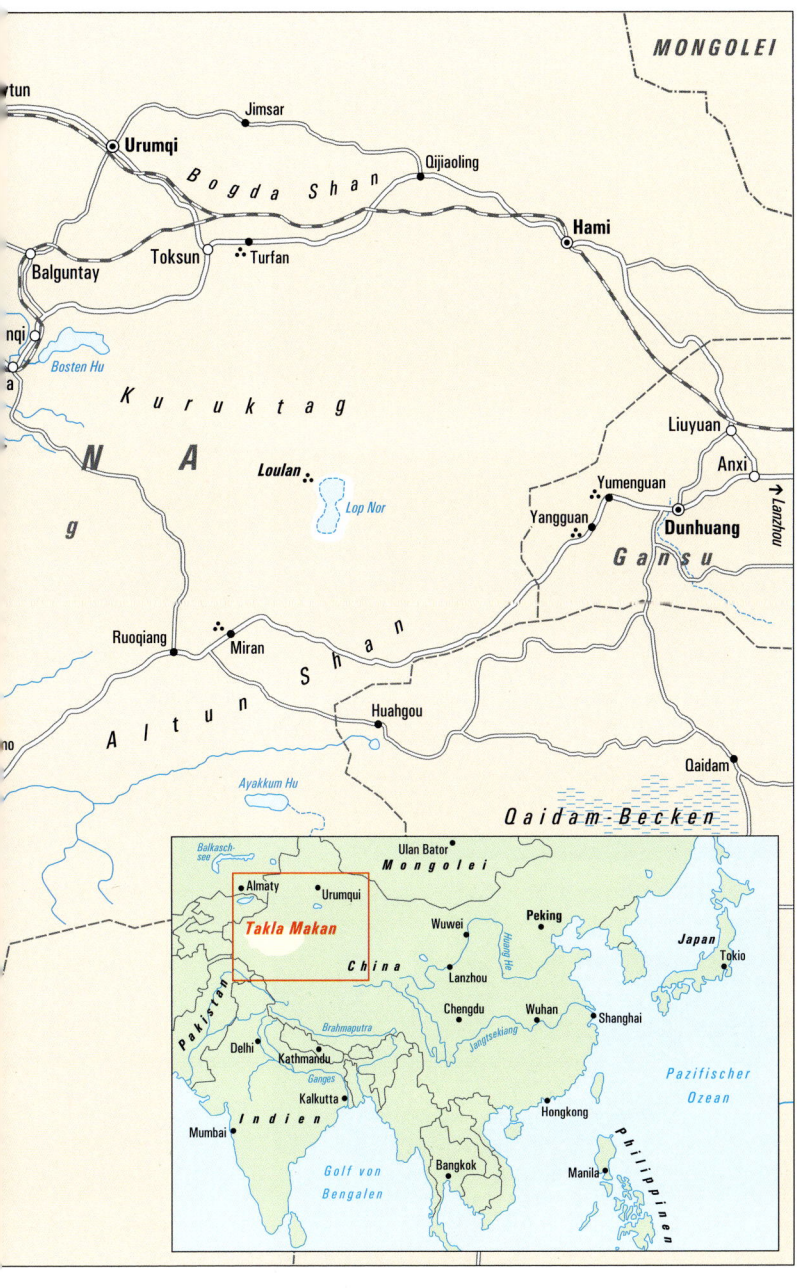

oben: Das Wasser des Keriya-darja versiegt mitten in der Takla Makan in einem riesigen versandeten Delta. Die Karawane schlägt noch einmal ihr Lager im Schutz von wilden Pappeln und Tamarisken auf. Dahinter lauert bereits die Sandwüste.

links oben: Lagerplatz meiner Karawane, mit der ich mich 2006 auf die Suche nach Dandan-oilik begebe, den exponiertesten der weit über tausend Jahre alten Ruinen, die im Sand der Takla Makan begraben liegen.

links Mitte: Die Karawane rüstet zum Aufbruch in die Wüste. In Daheyen, der letzten Hirtensiedlung im ausgetrockneten Delta des Keriya-darja, werden die Tiere gesattelt und bepackt.

links unten: Das Leitkamel der Karawane wird prächtiger als alle anderen Tiere aufgezäumt und bekommt noch eine Bronzeglocke um den Hals gebunden.

rechts oben: Bei den Ruinen von Dandan-oilik, das Sven Hedin 1896 entdeckte und als ein »Pompeji der Wüste« bezeichnete. Er sollte damit recht behalten, denn wenige Jahre später machte der ungarisch-britische Archäologe Aurel Stein dort reiche Funde.

links oben: Uigurische Karawanenführer graben einen Brunnen in der Takla Makan, um die durstigen Kamele zu tränken. Der Platz ist gut gewählt. Die grünen Nadeln der Tamariske zeigen an, dass ihre Wurzeln an Wasser gekommen sein müssen.

links unten: Die Überreste von Kara-dong bestehen in erster Linie aus Mauerresten einstiger Gebäude und jahrhundertealten Tonfragmenten, die wie ausgebleichte Knochen herumliegen.

rechts: Über dem mehr als zwei Kilometer breiten ausgetrockneten Flussbett des Khotandarja erhebt sich das dunkle Felsgebirge Mazar-tagh mit den Überresten einer Festung aus dem achten Jahrhundert darauf.

Die Expeditionsroute durch die Sahara.

mich schon in den Regenwäldern Neuguineas, in Tibet, in der Kälte des Mount McKinley – und jetzt im Wüstensand. Sie ist robust und verlässlich, weil noch viel Mechanik und wenig Elektronik drin ist, und über die optische Qualität der Linsen braucht man nicht zu reden. Sie ist brillant. Ich steige auf die Dünen, die die beste Aussicht versprechen, und warte auf das beste Licht.

Wie schon am Tag zuvor hat Abudullah, ohne lange suchen zu müssen, eine mit Tamarisken bewachsene Senke gefunden. Abdramak läuft mit der Schaufel von einer Pflanze zur anderen und gräbt Löcher, um zu prüfen, wie tief unter der Oberfläche der Sand feucht wird. Doch er gibt bald auf. Offensichtlich ist hier ein Grabungsversuch nach Wasser nicht lohnenswert.

Die Festung am Mazar-tagh

Am nächsten Morgen kommt Abudullah mit Chen zu mir. Mir ist sofort klar, dass er etwas Wichtiges besprechen will, denn bisher hat er nie die Hilfe des Chinesen als Übersetzer in Anspruch genommen. Chen ist eigentlich unnütz, denn das radebrechende Chinesisch des Uiguren kann ich ebenso gut verstehen, vielleicht sogar besser. Abudullah möchte, dass wir heute alle in der Nähe der Karawane bleiben, denn er und die anderen Kamelführer wollen eine geeignete Stelle suchen, wo sie einen Brunnen graben können. Das bedeutet, schon am frühen Nachmittag zu lagern oder vielleicht sogar früher, sobald sich eine Möglichkeit ergibt.

Mich wundert es, dass die Tiere bereits jetzt Wasser brauchen, denn es ist erst vier Tage her, seit wir von

Toldama aufgebrochen sind. Sicher war es in den letzten Tagen sehr heiß und die Dehydration macht selbst diesen wüstentauglichen Geschöpfen zu schaffen, aber ich dachte immer, Kamele könnten länger ohne Flüssigkeit auskommen. Vielleicht ist auch das nur eine Mär, wie so manch anderes, was man von diesen Tieren behauptet. »Das Kamel ist ein ungewöhnliches Haustier«, heißt es in einem chinesischen Text aus dem dritten Jahrhundert. »Es trägt einen Fleischsattel auf dem Rücken ... es besitzt ein geheimes Wissen um die Quellen.« Der Fleischsattel ist immerhin nicht ganz falsch, denn die Höcker dienen als Fettspeicher, aber die Ansicht, ein Kamel könne Wasser schon aus großer Entfernung »riechen« und einen Brunnen in der Wüste finden, ist irrig, jedenfalls was die domestizierte Gattung betrifft. Bei Wildkamelen mag es vielleicht anders sein, doch diese sind nahezu ausgerottet. In alten Abenteuerberichten wird immer wieder kolportiert, das Kamel besitze einen geheimen Wasserspeicher irgendwo im Körper. Auch das stimmt nicht.

Trotzdem, die funktionale Übereinstimmung zwischen einem Lebewesen und seiner Umwelt ist beim Kamel so schlüssig, dass es außerhalb der Wüste deplatziert erscheint. Seine eigenartige Form erklärt sich, wenn man das Kamel unter den extremen Bedingungen der Wüste erlebt. Es ist ein Wunder an Anpassung, Inbegriff der Überlebensstrategie in der Wüste. Das Haar ist dick und wollig, im Sommer, wenn es warm wird, fällt es wieder aus. Die Nüstern können bei Sandstürmen verschlossen werden, zusätzlich befindet sich darin ein Filter, der die Luft beim Einatmen befeuchtet, aber die Feuchtigkeit der ausgeatmeten Luft zurückhält. Mithilfe dieses Nasenventils können zwei Drittel der Feuchtigkeit eingespart werden. Das weich wirkende Maul ist gut gepanzert, sodass es mühelos Dornen und Disteln mampfen kann. Die Oberlippe ist geteilt, und mit den sabbernden Lippen und dem ständig in Bewegung begriffenen Kauapparat sieht das Tier irgendwie lustig aus.

Das lebenswichtige Wasser wird nicht in einem Organ oder den Höckern gespeichert, sondern gleichmäßig im ganzen Körper verteilt. Während längerer Durststrecken deckt das Kamel seinen Flüssigkeitsbedarf aus dem Wasser, das im Körpergewebe wie auch in den roten Blutkörperchen gespeichert ist. Letztere können sich bis auf das 240-Fache ihres Volumens ausdehnen. Wassermangel führt deshalb bei Kamelen nicht zur Eindickung des Blutes wie bei anderen Säugetieren. Selbst Salzwasser ist für sie ein bekömmliches Getränk. Ihre Nieren verkraften bis zu sechs Prozent Natriumchlorid.

Erstaunlich ist auch ihr Kühlsystem. Die langen Beine heben den Körper über die heißeste Luftschicht in Bodennähe hinaus. Wenn man einen Hitzesee in der Wüste durchqueren muss, braucht man sich nur auf ein Kamel zu setzen und hat drei Meter über dem Boden frische Luft und eine immerwährende Brise. Selbst bei einem Sandsturm schaut der Kopf des Kamels über den Treibsand hinaus.

Das Fett ist nur in den Rückenhöckern gespeichert, sodass die Eigenwärme am übrigen Körper ungehindert abstrahlen kann. Aber bei mehr als 50 Grad Hitze kann auch das Kamel keine Eigenwärme mehr abgeben; trotzdem beginnt es noch nicht zu schwitzen, um den Körper zu kühlen. Denn es besitzt eine unter Säugetieren einmalige Eigenschaft: Die Körpertemperatur kann bis auf neun Grad über den Normalwert steigen. Erst dann setzt beim Kamel der letzte Kühlmechanismus ein: Es fängt an zu schwitzen.

Ein Perpetuum mobile der Wüste ist es deshalb nicht. Es hat seine Grenzen. Kein Kamel kann ohne Flüssigkeit und Nahrung viel länger als eine Woche durch die Wüste laufen. Dann aber kann es auf einmal bis zu 120 Liter Wasser trinken.

Unsere Wüstenschiffe könnten also durchaus noch ein, zwei, drei Tage mit ihrer gespeicherten Flüssigkeit auskommen, aber darauf wollen es ihre Besitzer nicht ankommen lassen. Erst am Nachmittag, nach etlichen vergeblichen Versuchen, gelingt es Abudullah und seinen Gefährten, eine Stelle zu finden, an der sie den Brunnen graben können. Der Platz ist gut gewählt. Am Fuße einer Mondsicheldüne wachsen junge grüne Tamarisken, deren Wurzeln das Grundwasser erreichen müssen. Unmittelbar daneben gibt es eine sandfreie Fläche. Dort soll gegraben werden. Aber die Männer warten noch, bis die Sonne so tief steht, dass der lange Schatten der Düne darauffällt. Was dann folgt, ist eine Knochenarbeit, die sich die fünf brüderlich teilen. In einem halben Meter Tiefe wird der Sand feucht, bei einem Meter ist der Grund schon schlammig, und in anderthalb Metern Tiefe steht Abdramak schweißtriefend in einer braunen Pfütze. Noch ein paar Zentimeter, dann ist das Loch hoffentlich tief genug, damit sich während der Nacht genügend Wasser darin sammelt.

Die Kamele indes wollen nicht länger warten. Sie belagern das Brunnenloch. Vergeblich. Erst am nächsten Morgen wird das eingesickerte Wasser geschöpft und auf eine mit Plastikplane ausgelegte Kuhle gekippt. Die Kameltränke ist fertig. Die Tiere werden herangeführt. Selbst jetzt nach der Durststrecke gibt es kein Gedränge, kein gieriges

Saufen. Kamele haben Anstand. Gemächlich, fast wie in Zeitlupe, gleiten abwechselnd die Köpfe nach unten. Es macht mir Freude, sie zu beobachten, und wir schulden ihnen Dank. Ohne ihre Hilfe wäre keiner von uns hier. Sie sind ausdauernd, gutmütig und verlässlich. Wir haben uns daran gewöhnt, dass sie jedes Mal jammern und schreien, wenn sie auf die Knie müssen, aber sich zum Weiden ohne Widerwillen die Vorderbeine zusammenbinden lassen. Und es gibt auch kein Murren, wenn ihnen abends die eingeknickten Vorderläufe zusammengeschnürt werden, damit sie nicht aufstehen können, denn sonst wären sie am nächsten Morgen irgendwo in der Wüste verschwunden.

Tag für Tag ziehen wir nun durch die Wüste, eine Karawane, die ständig ihr Lager aufschlägt, aber nirgendwo festen Fuß fasst. Alle äußeren Aktivitäten haben sich auf ein Minimum reduziert, auf das Lebensnotwendige. Die wenigen Handlungen, deren es dazu bedarf, sind längst Routine. Bepacken der Kamele, die Last wieder abladen, Aufstellen der Zelte, Kochen und vor allem Gehen. Da bleibt viel Raum für innere Aktivitäten, für sinnliche Erfahrungen, für Schauen, Beobachten und Hören. Die Stille draußen macht hellhörig. Jeder Atemzug wird bewusst wahrgenommen, jeder Gedanke, der aufkeimt, ist wie eine Botschaft, die mich die Wahrheit erahnen lässt, die zum Leben führt. Ich gehe fast immer allein, doch ich fühle mich nie einsam. Die Karawane, die Wüste und wir sind eins geworden, auch wenn jeder von uns seinem eigenen Weg folgt. Es gibt kein festes Ziel mehr, auf das ich zusteuere, es hat seine Macht verloren, es gibt nur noch eine Richtung, der ich folge. Der Weg selbst ist zum Ziel geworden. Und dieser Weg wird in jedem Augenblick neu erfunden.

»Was soll ich denn erstreben, da ja das Ziel ohne Bedeutung ist?«, fragt ein Bewohner in Saint-Exupérys »Stadt in der Wüste« den weisen und gestrengen Herrscher. Dieser erwidert: »Als Antwort kann ich dir jenes große Geheimnis mitteilen, das sich unter einfachen Worten verbirgt und das mich die Weisheit allmählich im Lauf des Lebens gelehrt hat: dass nämlich die Vorbereitung der Zukunft nur im Begründen der Gegenwart besteht.«

Das Hier und Jetzt schafft das Morgen. Geistesgegenwärtigkeit. Wann hatte ich das zu Hause gelebt? Selten, fast nie. In diesen Tagen ist es der Fall. Ich wünsche mir in diesem Zustand verweilen zu können, ihn so lange wie möglich halten zu können, vielleicht sogar mit aus der Wüste zu nehmen. Es kann doch nicht sein, dass er nur hier gedeiht. Was in der Wüste möglich ist, sollte auch im Alltagsleben gelingen, wenigstens teilweise.

Doch wie schwierig das sein wird, erfahre ich zwei Tage später. Ich stehe auf einem hohen Dünenkamm und blicke umher. Zuerst ist da nur ein Gefühl. Irgendetwas hat sich geändert, ist nicht mehr wie vorher. Offenbar hat sich mein Auge so an das Bild gewöhnt, dass es nichts anderes mehr zu sehen gibt als Sand, jedenfalls braucht es eine Weile, bis ich merke, was nun anders ist. Der Horizont im Westen zeigt nicht mehr wie bisher den gelben gezackten Kamm der Wanderdünen, sondern eine dunkle Masse. Das ist das Mazar-tagh-Gebirge, und davor, als waagerechter Streifen erkennbar, der Wald des Khotan-darja. Er zeigt das Ende des Sandmeeres an, die Küste, die wir erreichen wollten. Eigentlich sollte ich mich darüber freuen, aber ich empfinde es als Störung. Unwillkürlich richten sich die Blicke dorthin, konzentrieren sich die Gedanken darauf, erzeugen Projektionen und Assoziationen. Vorher war ich frei davon, jetzt gewinnen sie wieder an Macht. Ich möchte mich dagegen wehren, doch es ist zwecklos. Das Bild zu ignorieren versuchen würde nur bedeuten, ihm noch mehr Macht zu verleihen. Nun gibt es wieder ein festes Ziel im Visier. Es ist zwar noch winzig im Vergleich zur großen Wüste ringsum, aber es ist da, wird mit jedem Schritt größer und wirft mich aus diesem Zustand des Einsseins von Körper und Geist. Jetzt gehe ich nicht mehr, wohin mich die Flügel tragen.

Unsere Einheit zerbröckelt. Die Fixierung auf das Ziel macht uns blind, auch füreinander, im wahrsten Sinn des Wortes. Wir laufen aneinander vorbei, müssen uns gegenseitig suchen.

Wie das passiert? Ganz einfach. Alle von uns wissen, dass es dort am Mazar-tagh eine alte Festung gibt. Das ist der vereinbarte Treffpunkt mit den Fahrern, die uns mit ihren Wagen abholen. Das Gebirge ist hundert Kilometer lang und zieht sich vom Khotan-darja in Richtung Nordwesten. So jedenfalls ist es den einschlägigen Karten zu entnehmen. Aus der großen Entfernung jedoch hat es den Anschein, als wäre die gesamte Front jene Stirnseite des Gebirges, die am Khotan-darja endet. Nach meiner Einschätzung liegt die Festung auf der höchsten Erhebung. Das erscheint mir logisch. Ich bin allein weit voraus, als ich mich entscheide, die höchste Stelle im Gebirgswall anzusteuern. Ich ändere den Kurs und laufe nun leicht Nordwest. Die Nächsten, die hinter mir herkommen, folgen meiner Spur. Als Abudullah mit der Karawane an diese Stelle kommt und das Gebirge erblickt, ist er sich sicher, dass sich die gesuchte Festung an der Südspitze des Mazar-tagh befindet. Folglich ändert er den Kurs und führt die Karawane in Richtung Südwesten. Meine abweichende Spur interpretiert er als eine meiner Extratouren. Diejenigen, die im Dunstkreis der Karawane laufen, folgen ihr.

Als wir fast zwei Stunden vergeblich auf die Karawane gewartet haben, kehren wir um, laufen in unserer Spur zurück, bis wir auf Wang treffen, der mit seinen wunden Füßen als Nachzügler weit hinterherläuft. Er war sich unschlüssig, welcher Spur er folgen sollte, und entschied sich für unsere. Jetzt ist klar, dass die Karawane den anderen Weg gegangen ist. Wir schlagen sofort eine Süd-Süd-west-Richtung ein, und es dauert nicht lange, bis wir die Kamelspur kreuzen. Als wir auf die Karawane treffen, stehen die anderen bereits im Begriff, das Lager aufzuschlagen.

Abends am Feuer wird nur noch über das Morgen und Übermorgen gesprochen, als wäre das Heute bereits Gestern. Da werden Pläne über die Zeit danach geschmiedet, als wäre die Wüste ein Gefängnis, aus dem sich nun eine Fluchtgelegenheit abzeichnet. Ich flüchte vor den Flüchtenden. Zusammen mit Hans breche ich am nächsten Morgen noch bei Dunkelheit auf. Wir wollen die noch verbleibende Zeit in der Wüste auskosten, uns Freiraum verschaffen, und nicht, wie auf einer Leimrute festgeklebt, auf kürzester Strecke dem Ziel zueilen. Vor allem wollen wir Muße haben, das Gebirge ein wenig zu erkunden und die alte Festung zu suchen. Ich bin immer noch der Ansicht, dass sich die Burg auf jenem pyramidenförmigen Berg befindet, dessen Spitze so markant aus der Kette herausragt. Aber wir halten uns beide Optionen offen, indem wir weder Abudullahs Kurs noch meinem von gestern folgen, sondern eine Richtung einschlagen, die genau dazwischen liegt.

Ich brauche mich nicht mehr umzublicken, um zu wissen, dass jeden Moment die Sonne aufgehen wird. Die Farben zeigen es an. Sie sind die lebendige Sprache des Lichtes, und diese ist mir hier in der Wüste so vertraut geworden, dass ich jede Regung am Himmel daran ablesen kann. Nach und nach entzündet die Sonne die Bergspitzen des Mazar-tagh, dann ergießt sich ein goldener Strom über Gebirge und Wüste. Wir baden im Licht der Morgensonne, spüren die Wärme, die die Nachtkälte vertreibt.

Der Übergang von der Sandwüste zur Halbwüste vollzieht sich fließend. Zuerst kommen die Tamarisken, einzeln, dann häufiger, schließlich die ersten Blumen. Die bunten Farbtupfer ziehen das Auge magisch an. Mir ist, als würde ich von einem Ausflug auf einen fremden Planeten wieder in die vertraute Welt zurückkehren, die ich nun jedoch mit anderen Augen sehe. Wir halten immer noch auf die höchste Bergspitze zu, aber sie scheint zurückzuweichen, je näher wir dem Gebirge kommen. Die ersten wilden Pappeln tauchen auf. Gewunden und gekrümmt ragen ihre Stämme aus dem Sand. Von ihren Ästen beginnen die Blätter abzufallen, und der Wind verweht sie. Wir begrüßen sie als Sendboten des Lebens und suchen sie auf, um in ihrem Schatten zu rasten.

Mit dem Fernglas suchen wir den Bergkegel ab, auf dem wir die Festung vermuten. Ohne Erfolg. Dann tasten wir die gesamte Gebirgsfront ab, bis hin zur Südspitze, wo das Gebirge abrupt abbricht. Jetzt erst lässt sich erkennen, dass nur der Tafelberg mit der Südspitze unmittelbar an den Khotan-darja heranreicht, der Bergkegel hingegen, der die höchste Erhebung markiert, etliche Kilometer davon entfernt ist. Da entlang dem Khotan-darja ein uralter Karawanenweg führt, der früher die Oasenkönigreiche Kucha und Khotan verband, wäre es sinnlos gewesen, dort eine Festung zu errichten. Abudullah liegt als doch richtig. Unsere Suche konzentriert sich nun ganz auf die Südspitze. Allerdings verstellt die immer dichter werdende Vegetation bald jegliche Sicht. Wir tauchen förmlich in einen Dschungel aus Tamarisken und Pappeln ein. Zeitweise wird die Vegetation so dicht, dass wir wie vor einer Wand stehen. Mit dem Wald kommen auch die Geräusche. Das Summen und Surren von Insekten, der Schrei eines Vogels oder ein Hase, den wir aufscheuchen und der im Zickzack durch das Unterholz jagt. Tierspuren gibt es in Hülle und Fülle, von Haustieren wie Ziegen und Schafen, aber auch von Füchsen oder dem Luchs.

Plötzlich bricht der Pappelwald ab, als wäre er abgebrannt. Wir stehen am Ufer des Khotan-darja. Das riesige Bett ist staubtrocken wie die Wüste selbst. Die Entfernung von einem Ufer zum anderen schätzen wir auf anderthalb bis zwei Kilometer. Wir nutzen die freie Sicht, um das Gebirge noch einmal gründlich abzusuchen, da wir jetzt so nahe sind, dass sich Einzelheiten erkennen lassen. Unsere Aufmerksamkeit fällt auf zwei Türme, die wie Eselsohren an der Abbruchkante der Südspitze aufragen. Was wir bisher für natürliche Felsen gehalten haben, entpuppt sich nun als Mauerreste. Auf der anderen Seite des Flussbettes setzt sich der Pappelwald fort. Doch er ist nicht mehr so dicht wie zuvor, weil der Mensch bereits Hand an ihn legte. Zu unserer Überraschung kreuzen wir etliche parallel zueinander verlaufende Fahrzeugspuren. Das ist bislang die einzige Autopiste, die die Takla Makan durchschneidet. Wir haben sie bereits im Flussbett erwartet, aber offenbar fließt zu bestimmten Zeiten noch so viel Schmelzwasser in das Bett, dass es sich als »Straße« nicht eignet, noch nicht.

Abermals hört der Pappelwald jäh auf, und wir stehen unmittelbar am Fuße des Festungsberges. Es ist erst Mittag, wir wähnen uns dem nachfolgenden Tross weit voraus und freuen uns auf das exklusive Erlebnis, den Ort für uns allein zu haben. Doch die Vorfreude währt nicht lange. Wir sind erst auf halbe Höhe aufgestiegen, da blicken wir auf ein großes Zeltlager mit einem ganzen Fuhrpark abgestellter Autos. Es gleicht einem Heerlager, die uniformen grünen Zelte stehen in Reih und Glied angeordnet. In der Mitte gibt es ein paar größere Zelte, aus denen Rauch aufsteigt. Wir konnten das Camp von unten nicht sehen, weil es hinter einer Felsnase liegt. Oben auf der Festung sind Stimmen zu vernehmen. Sie werden durch das Echo der Felswände so verzerrt, dass ich kein Wort verstehen kann.

Die Stimmen kommen näher, und als wir um eine Geländekante biegen, stehen wir vor zwei grün uniformierten Chinesen. In ihren Gesichtern ist deutlich die Überraschung abzulesen, hier Langnasen zu treffen. Als ich sie mit einem freundlichen »ni hao« begrüße, werden sie schnell redselig. Im Irrglauben, ich wäre des Chinesischen mächtig, lassen sie einen ganzen Wortschwall auf mich los. Ich verstehe nur wenig davon und stelle klar, dass meine chinesischen Sprachkenntnisse nur sehr dürftig sind. Das bremst ihren Kommuniktionseifer keineswegs. Da einer von ihnen leidlich Englisch spricht und ich ihnen erzählt habe, auf welchem Weg wir hierhergekommen sind, können wir uns der Fragen kaum erwehren. Meine anfängliche Befürchtung, es wären wirklich Soldaten und sie könnten uns den Besuch der Festung verbieten, erweist sich als falsch. Die beiden gehören einer großen chinesischen wissenschaftlichen Expedition an, überwiegend Geologen, die die Takla Makan erforschen – mit freundlicher Unterstützung der chinesischen Petrochemie. Ihr wichtigstes Ziel: Aufschluss über mögliche Ressourcen gewinnen. »Wir werden diese öde nutzlose Wüste entwickeln«, tönt es unisono aus politischen Kreisen. Nur zu welchem Preis?

Das Wasser des Tarim-Flusses bewässert Staatsfarmen, auf denen Baumwolle gepflanzt wird, dafür ist der See Lop Nor, den der Tarim einstmals speiste, nur noch eine salzverkrustete, radioaktiv verseuchte Fläche. Das neue Zauberwort aber heißt Öl. Chinas boomende Wirtschaft und die Motorisierung seiner Menschenmassen braucht den Rohstoff. Im östlichen Teil der Takla Makan wurden bereits Ölvorkommen gefunden, und man hat mit dem Bau eines Trans-Takla-Makan-Highways begonnen, um sie zu erschließen. Es wäre unfair, den Wissenschaftlern dafür die Schuld in die Schuhe zu schieben. Sie machen bloß ihren Job als Forscher mit patriotischer Gesinnung. Sie liefern nicht nur wertvolle Informationen für die Rohstoff- und Energiewirtschaft des Landes, sondern auch für den Umweltschutz. Letzteres aber interessiert niemanden. Ihre Berichte über Wassermisswirtschaft, Abholzung und fortschreitende Desertifikation, wie der nüchterne Fachbegriff für Verwüstung lautet, bleiben genauso unbeachtet wie Vorschläge für Maßnahmen, die zu ergreifen wären, um dieser Entwicklung Einhalt zu gebieten. In der allgemeinen Wachstumseuphorie gehen solche Töne unter.

Die beiden Wüstenforscher verabschieden sich von uns mit der Einladung, sie am nächsten Morgen in ihrem Lager zu besuchen.

Nach kurzem Aufstieg erreichen wir einen Felsabsatz, auf dem sich eine Steinpyramide befindet, aus der ein ganzes Bündel mit Votivfahnen behangener Holzstangen ragt. Hier soll nach islamischer Überlieferung jener Heilige ruhen, der dem ganzen Gebirge wie auch der Festung den Namen gab. *Mazar* bedeutet »Heiligengrab«, und *Tagh* ist der Begriff für »Berg«. »Das Berggrab des Heiligen«, könnte man also sagen.

Dann folgen wir dem schmalen Saumpfad, der zur Burg hinaufführt. Ich bin überrascht, dass es überhaupt so etwas wie einen Weg hier gibt, denn wer sollte schon wegen ein paar Mauerruinen in diese gottverlassene Gegend reisen? Vielleicht ist das Heiligengrab der Grund dafür, indem es Wallfahrer anlockt.

Wie dem auch sei, jedenfalls scheint der Ort recht beliebt zu sein, das bezeugt nicht zuletzt der umfangreiche Abfall am Wegesrand. Mit Müll hatte bereits Aurel Stein zu tun, der Mazar-tagh 1908 und 1913 besuchte. Er bewies Spürsinn, als er sich entschloss, den Spaten nicht bei den Mauerresten anzusetzen, sondern unten, zu Füßen der Festung. Er vermutete nämlich, dass die ehemaligen Bewohner der Burg ihren Müll entsorgten, indem sie ihn einfach über die Felswand kippten. Damit lag er goldrichtig. Die antike Müllkippe beschäftigte seine Männer drei Tage lang. Sie bot, wie Stein vermerkte, geradezu ideale Bedingungen, um Altertümer zu konservieren. Weder Feuchtigkeit noch die Kräfte der Erosion konnten hier ihr zerstörerisches Werk entfalten. Steins Ausbeute war beträchtlich. Hunderte Schriften kamen zum Vorschein. Die meisten davon waren in tibetischer Sprache abgefasst, aber auch zahlreiche chinesische Dokumente fanden sich darunter, einige waren in der indischen Brahmi-Schrift geschrieben, andere in Uigurisch und in unbekannten Zeichen. Daraus zog Stein die Schlussfolgerung, dass die Festung zuletzt von Tibetern bewohnt wurde. Diese Annahme wird von anderen Fundstücken und von historischen Fakten gestützt. Das späteste hier gefundene chinesische Schriftstück ist auf das Jahr 786 datiert. Aus historischen Quellen ist bekannt, dass Khotan 790 und Kucha ein Jahr später von den Tibetern erobert wurde. Innerhalb dieser beiden Jahre muss auch Mazar-tagh den anstürmenden Invasoren in die Hände gefallen sein – nach Belagerung und heftigen Kämpfen, wie die von Feuer versengten Balken beweisen. Nach der Zerstörung bauten die Tibeter das Fort wieder auf und erweiterten es mit einer zusätzlichen Bastion und Stallungen. Doch sie konnten sich nicht länger als ein halbes Jahrhundert so fernab ihres Kernlandes halten. Um 850 verloren sie wieder die Kontrolle über das Tarim-Becken, die exponierte Festung wurde aufgelassen und verfiel.

Schon der äußere Eindruck der Ruine gibt zu erkennen, dass sich seit Aurel Steins letztem Besuch nicht viel geändert hat. Selbst der etwas abseitsstehende Turm ist noch genau so, wie von Stein abgelichtet. Er dürfte das älteste Bauwerk sein und könnte aus dem dritten oder vierten Jahrhundert stammen. Seine Bauweise ähnelt den Wachtürmen auf der Seidenstraße bei Dunhuang. Das Fort selbst besteht aus drei Räumen und zwei Wehrtürmen und dürfte in der Tang-Zeit errichtet worden sein, also im siebten oder achten Jahrhundert. Die Mauern aus Lehmziegeln und Mörtel, die durch regelmäßige Lagen aus Tamarisken- und Pappelholz verstärkt wurden, zeigen jene Technik, wie sie in der damaligen Zeit von den Chinesen in den westlichen Provinzen für den Festungsbau angewandt wurde.

Die Lage der Festung ist beherrschend. Von hier aus konnte die Nord-Süd-Transversale entlang dem Khotan-darja kontrolliert werden. Diese Wüstenroute dürfte in Zeiten kriegerischer Auseinandersetzungen den Handels-karawanen der Seidenstraße als Alternative gedient ha-ben. An drei Seiten fallen die Felswände senkrecht von der Festung zum Khotan-darja hinunter ab, und an der vierten wurde sie durch den einzelnen Wachturm geschützt. Die Aussicht ist überwältigend. Wir können über Kilometer hinweg die herannahende Karawane beobachten. Als sie das Flussbett erreicht hat, steigt Hans ab, um beim Auf-bau des Lagers mitzuhelfen. Ich bleibe noch sitzen und blicke wehmütig in die Wüste hinaus. Ein spektakulärer Sonnenuntergang kündigt sich an. Weit draußen am Ho-rizont leuchten die gerundeten Formen der Dünen wie pures Gold. Davor liegt eine kilometerbreite Pufferzone zwischen Sandwüste und Flusslandschaft, die mit gelb-roten Tamarisken übersät ist, während in unmittelbarer Nähe des Gebirges spätherbstliche Pappelwälder farben-prächtige Akzente setzen. Immer länger wird der Schat-ten, den das Mazar-tagh auf die Wüste wirft, immer dra-matischer werden die Farbstimmungen. Dann plötzlich erlischt alles, und der kalte Schatten der Nacht fällt auf Wüste und Gebirge.

Am nächsten Morgen bin ich schon früh unterwegs. Ich möchte den Anbruch des Tages von der Höhe des Wüsten-gebirges aus erleben und habe mir vorgenommen, auf den höchsten der umstehenden Aussichtsberge zu steigen. Je-der Schritt in diesem zerbröselnden Gebirge offenbart die Kraft der Wüste. Was aus der Ferne wie ein Fels in der Brandung des Sandmeeres aussah, ist in Wirklichkeit nur ein Haufen Schutt. Selbst härtestes Gestein kann den Temperaturschwankungen zwischen Tag und Nacht nicht standhalten, es zersplittert zu immer kleineren Teilen, zerfällt schließlich zu Sand und Staub, den der Wind fortbläst. Der sandbeladene Wind trägt seinerseits weiter zum Zerfallsprozess bei. Jedes Staubkorn, das er aufwirbelt, wird zum Schleifmaterial, das an noch so festem Gestein schmirgelt, bis es zerfällt. So wurden ganze Schneisen aus dem Gebirge gefräst, Gassen, in denen der Wind sich beschleunigt und horizontale Rillen in die Seitenwände schneidet, die wie geriffelt aussehen.

Welche Kräfte hier am Werk sind, lässt sich ermessen, wenn man weiß, dass das Mazar-tagh einstmals ein südlicher Ausläufer des mächtigen Tien Shan und mit diesem Gebirge verbunden war, das 270 Kilometer entfernt am nordwestlichen Rand der Takla Makan heute nur noch wie ein Kap in die Wüste hineinragt.

Indessen sind unsere Fahrzeuge eingetroffen, und ich bin gezwungen, zum Lager zurückzukehren. Die Fahrer sind missmutig und wollen noch an diesem Tag weiter. Binnen kürzester Zeit ist das Lager abgebaut, die Ausrüstung auf einem Lastwagen Marke »Befreiung« verstaut. Der idyllische Wassertümpel, an dem wir lagerten und auf dessen glatter Oberfläche sich bei unserer Ankunft noch die roten Felsen des Mazar-tagh spiegelten, ist nun mit Aludosen und Plastikmüll »dekoriert«. So etwas macht betroffen, raubt einem die Hoffnung. Die angekommenen Fahrer wie auch unsere chinesischen Begleiter haben einfach achtlos ihren Abfall weggeworfen. Ich mag nichts dazu sagen. Wem in der Wüste der Wert der Lebensgrundlage Wasser nicht bewusst wird, den werden Worte erst recht nicht überzeugen. Wir fischen den Abfall aus dem Wasser, sammeln den weggeworfenen Müll ein und packen ihn in unser Gepäck, sonst würden ihn die Fahrer bei nächster Gelegenheit einfach wieder irgendwo abladen.

Nun heißt es Abschied nehmen von den uigurischen Karawaniers. Sie sind ebenso traurig darüber wie wir. Die 23 gemeinsamen Tage in der Wüste waren auch für sie eine besondere Erfahrung. Am Ende gibt es kein Halten mehr. Über ihre wettergegerbten Gesichter kullern dicke Tränen.

Wie bequem ist es, im Auto zu sitzen – aber auch wie langweilig. Anfangs nehme ich noch die Umwelt wahr, links und rechts Pappelwälder, dazwischen huschen vereinzelt Dünen vorbei und nach vorne nur das breite trockene Bett des Khotan-darja wie eine in Bau befindliche Autobahn. Nach einiger Zeit stumpfen die Sinne ab, ich schließe die Augen und wühle in Erinnerungsbildern.

Nach knapp hundert Kilometern wird an einem Tümpel gelagert. Hier holt mich die Vergangenheit vollends ein. Es war der Reisebericht Sven Hedins, der mich zu dieser Wüstenreise inspirierte, und es war ein solcher Tümpel am Khotan-darja nördlich des Mazar-tagh, der dem Schweden zur Rettung vor dem sicher scheinenden Verdursten wurde. Es gibt nicht viele solcher Tümpel in dieser Gegend. Vielleicht ist es sogar dieser gewesen. Hedin hatte geglaubt, die Mazar-tagh-Berge bei Maralbashi würden mit dem Mazar-tagh am Khotan-darja zusammenhängen. Das taten sie ja auch, aber vor Jahrtausenden. Er dachte, er bräuchte nur am vermeintlich zusammenhängenden Gebirge, wo es genügend Wasser gäbe, entlangzumarschieren; stattdessen geriet er mit seiner Karawane in einen Teil der Takla Makan, den die Einheimischen wegen seiner völligen Wasserlosigkeit *Yaman kum*, »bösen Sand«, nennen. Hedins ganze Karawane ging darin zugrunde, und nur er selbst und einer seiner Gefährten erreichten den Khotan-darja.

Ich hätte diesen Tümpel noch mit ganz anderen Augen betrachtet, hätte ich nur geahnt, dass ich zehn Jahre später beim Versuch, die Überreste der hedinschen Todeskarawane zu finden und die Hintergründe seines Scheiterns aufzuklären, hier ein ähnliches Wüstendrama durchleben sollte.

Am nächsten Tag lassen wir die Wüste endgültig hinter uns. Aus dem Dunst tauchen die eisbedeckten Gipfel des Tien Shan auf. Der Tarim-Fluss wird noch wie zu Steins Zeiten mit einer Fähre überquert, wenngleich die neue Brücke daneben schon im Bau ist. Durch Pappelalleen führt der Weg schließlich in die Oase Aksu. Man karrt uns in ein Hotel aus Plattenbeton, das den Charme einer Bahnhofswartehalle versprüht. Die Ausrüstung wird abgeladen, die Hotelhalle füllt sich mit unserem Gepäck – und mit Sand. Das Personal sieht uns schief an. Für sie ist Wüstensand Schmutz, für mich ist er rein. Der Speisesaal ist grell beleuchtet und verraucht. Wir sitzen an einem runden Tisch mit Spitzendeckchen und Plastikblumen, auf dem man uns ein mehrgängiges Menü serviert. Doch mir fehlt der Appetit. Mir ist es zu laut, ich vermisse die Stille. Neonlichter machen die Nacht zum Tag, sie hängen von der Decke herab, die mich vom Mond und von den Sternen trennt. Mich überkommt das Bedürfnis, allein zu sein. Aber im Zimmer fällt mir erst recht die Decke auf den Kopf, ich fühle mich eingesperrt und fremd. Das Zimmermädchen tritt ein und schaltet den Fernseher an. Aber was ist das im Vergleich zur Wüste, wo ich wirklich in die Ferne sehen konnte?

Die Worte des in Kairo geborenen Schriftstellers Edmond Jabès kommen mir in den Sinn: »Die Wüste zwingt einen dazu, sich von allem zu lösen und alles abzuwerfen, was überflüssig ist. Und man stellt fest, dass so gut wie alles überflüssig ist.«

KAPITEL IV

Durch die Wüste
der Wüsten

Nun ist die Sahara in uns,
 und da erst zeigt sie sich.
Ihr nahekommen, das bedeutet nicht,
 eine Oase zu besuchen.
Vielmehr bedeutet es, an einen Brunnen
 tief und inbrünstig zu glauben.

Antoine de Saint-Exupéry

◀ Der britische Kletterer Jerry Moffatt an einem Felsturm bei Zouar
im Tibesti, dem höchsten Gebirge der Sahara

Tschad, im Jahre 1993. Ein verbeultes, von Kugeln durchlöchertes Schild kündigt N'Djamena an, die Hauptstadt des Landes. Auch entlang der Einfallstraße erwarten den Besucher »Sehenswürdigkeiten« besonderer Art: ausgebrannte Autowracks, zerschossene Häuserwände und massenhaft zersplittertes Glas »dekorieren« den Weg in die Stadt. Angesichts solch unverblümter Spuren von Gewalt überkommen mich Zweifel, ob es ratsam ist, die geplante Reise anzutreten. Dabei schien der Zeitpunkt günstiger denn je. Nach jahrelangem Bürgerkrieg, in den auch der nördliche Nachbar Libyen verwickelt war, herrscht Frieden im Land – offiziell jedenfalls. Zwar ist es erst gut zwei Jahre her, seit sich der siegreiche Armeechef Idriss Déby im Dezember 1990 an die Macht putschte, aber er hat sogar – einmalig in der Geschichte dieses zerrissenen Landes – freie Wahlen versprochen (die 1996 mehr oder weniger demokratisch ablaufen sollten). Von stabilen Verhältnissen kann trotzdem keine Rede sein. Dafür sorgt schon sein einstiger Widersacher Hissène Habré, der vom Exil aus die Rebellion schürt. Im Januar 1992 kam es am Ufer des Tschadsees zu heftigen Kämpfen mit Rebellen, die sogar die ehemalige Kolonialmacht Frankreich zum militärischen Eingreifen nötigten. N'Djamena – was so viel bedeutet wie »Lasst uns in Ruhe« – blieb zwar verschont, aber von Ruhe ist nicht viel zu spüren. Nächtliche Ausgangssperren, Schießereien, marodierende Banden gehören zum Alltag. Die Menschen haben sich mit der unsicheren Lage arrangiert – mussten es auch – und das Lachen nicht verlernt. Tagsüber pulsiert das Leben in den Einkaufsstraßen und auf den Märkten, nachts patrouillieren Uniformierte auf Toyota-Pick-ups. In der mit Arkaden gesäumten Avenue Charles de Gaulle, dem kolonialen Herzen der Stadt, zeigt sich das ethnisch-gesellschaftliche Kaleidoskop des Landes und zugleich dessen Problematik. Der Tschad ist eine Erfindung der Franzosen. Die Grenzen wurden am grünen Tisch festgelegt, durch straffe, willkürliche Striche auf der Landkarte. Der Kolonialismus ist zwar Geschichte, aber die Grenzen sind geblieben. Sie schweißen Völker zusammen, die nichts miteinander gemeinsam haben, und trennen solche, die zusammengehören. Der Norden des Landes ist arabisch-islamisch, der Süden schwarzafrikanisch-christlich geprägt. Ein permanenter Konfliktstoff. Hinzu kommt noch ein buntes Gemisch an Völkern, die der schrumpfende, heute durch eine absurde Grenzziehung unter vier Staaten aufgeteilte Tschadsee zusammengeführt hat. Auch N'Djamena selbst ist keine gewachsene Stadt, sondern genauso ein Kunstgebilde wie der ganze Staat. Der Ort entstand im Zuge französischer Militärexpeditionen. Mit dem arroganten Anspruch überlegener Kulturen beschlossen Europa, das Osmanische Reich und die USA auf der Berliner Konferenz 1884/85 ein koordinierteres Vorgehen der Großmächte im längst schon gestarteten Wettlauf um afrikanische Kolonien. Die Betroffenen wussten davon nichts, geschweige denn wurden sie gefragt.

Damit war auch das Ende der letzten unabhängigen Königreiche des Kontinents besiegelt. Wieder einmal führt sich die vorgefasste europäische Meinung vom »geschichtslosen Kontinent« ad absurdum. Denn lange vor der Ankunft der Franzosen existierten im Gebiet des heutigen Tschad bedeutende Reiche. Kanem, ein frühes Königreich, dessen Ursprünge sich im Dunkel der Geschichte verlieren, entstand am Nordufer des Tschadsees. Ende des 11. Jahrhunderts wurde es islamisiert. In Allianz mit dem Volk der Tubu aus dem Tibesti-Gebirge kontrollierte Kanem einen großen Teil der wichtigen transsaharischen Handelsroute, die von der Mittelmeerküste nach Zentralafrika führte. Im 13. Jahrhundert allerdings begann die Macht zu bröckeln, und Kanem wurde vom Bornu-Königreich abgelöst, dessen Zentrum am Westufer des Tschadsees lag. Es entwickelte große Strahlkraft und bestand bis ins 19. Jahrhundert hinein. Sultan Omar von Bornu empfing die großen deutschen Forscher Barth, Rohlfs und Nachtigal freundschaftlich an seinem Hof. Letzterer überbrachte dem Herrscher des Bornu-Reiches mehrere Kamellasten Geschenke des preußischen Königs Wilhelm I., darunter ein Thronsessel, ein Harmonium sowie lebensgroße Ölbildnisse der Herrscherfamilie. Die Befürchtung des Forschers, der original verpackte Thronsessel könnte auf der langen Wüstenreise so wie seine wollene Kleidung den Motten zum Opfer gefallen sein, erwies sich als unbegründet. »Nur das Harmonium hatte durch den langen Transport und die trockene Wüstenluft so gelitten, dass man ihm nur ganz vereinzelte, heisere Töne zu entlocken vermochte«, notierte Nachtigal nach der Übergabe und fügte süffisant hinzu, der Sultan habe am halb stummen Instrument nichts auszusetzen gehabt.

Die Deutschen durchstreiften Bornu am Vorabend seines Untergangs. Doch den Todesstoß versetzten dem alten Reich nicht europäische Kolonialherren, es war vielmehr ein ehemaliger Sklavenhändler und Kriegsherr aus dem heutigen Sudan namens Rabah. Nachdem er einige Jahre lang Raubzüge in der Region unternommen und kleinere Herrschaftsgebiete errichtet hatte, fiel er 1893 mit einem

Heer von mehreren Tausend Mann, die bereits mit Repetiergewehren ausgerüstet waren, in Bornu ein und zog eine blutige Spur durch das Land. Das schon länger im Niedergang begriffene Königreich konnte seinem Angriff nicht widerstehen. Nachdem er den glücklosen Herrscher getötet hatte, rief er sich selbst zum König aus. Trupps, die die französische Regierung aussandte, um die im Berliner Abkommen ergatterten Gebiete durch feierliches Flaggenhissen in Besitz zu nehmen, wurden von seinen Soldaten ebenso ausgelöscht wie das Reich Wadai, das heute nur noch im Namen einer Präfektur im Osten des Tschad fortlebt. Spätestens jetzt begriff Paris, dass Rabahs Heer ein ernst zu nehmender Gegner war. Die Antwort war eine generalstabsmäßig geplante Operation. Von drei Seiten wurden Trupps in Marsch gesetzt. Aus Frankreich rückte eine Abteilung unter Fernand Foureau und François Lamy an, aus Nigeria kam eine zweite Einheit, und die dritte näherte sich von Süden unter Émile Gentil. Sie hatte den schwierigsten Weg. Gentil ließ zunächst einen zerlegten Dampfer von Hunderten Trägern durch den Urwald zum Chari-Fluss schleppen, den er dann bis zu dessen Einmündung in den Tschadsee abwärtsfuhr. Dort vereinigten sich die drei Trupps und schlugen Rabah in einer verlustreichen Schlacht, bei der dieser und Lamy fielen. Ein kleines Fischerdorf am Zusammenfluss des Logone mit dem Chari unmittelbar an der Grenze zu Kamerun wurde in Fort Lamy umbenannt und zum Verwaltungszentrum des im September 1900 geschaffenen »Militärterritoriums der Länder und Protektorate des Tschad« ausgebaut. Erst 1973 wurde der Name durch N'Djamena ersetzt.

Die Franzosen brauchten noch mehr als ein Jahrzehnt, bis sie ihre Herrschaft auf Faya im Norden und Abéché im Osten ausdehnen konnten. Oberst Largeau, der den Befehl erhielt, die nördlichsten Regionen der Kolonie zu besetzen, vermochte zwar die radikal-islamischen senussischen Kalifen zu verjagen, aber nun sah er sich den Tubu im Tibesti gegenüber. Zahlenmäßig stellten sie einen lächerlichen Feind dar, aber beseelt von unbändigem Freiheitswillen und tief verwurzelt in ihrer Heimat, die einer Bergfestung gleichkam, waren sie auf Dauer nicht zu beherrschen. Die Tubu waren zwar gezwungen, die Anwesenheit der überlegenen Militärmacht zu ertragen – 1914 besetzten die Franzosen die Hauptoasen im Tibesti –, aber sie flohen in die Berge und agierten von dort aus mit einer »Nadelstichtaktik«. Abgeschnitten von ihrer sicheren Basis und umzingelt von einer Welt, von der sie nichts und ihre Gegner alles wussten, harrten die Franzosen in Barackenlagern aus, über denen sie die Trikolore hissten. Demoralisiert zogen die Truppen schließlich 1916 aus dem Tibesti ab – um 1929 wieder zurückzukehren. Während im Rest des Landes die Militärverwaltung durch eine zivile ersetzt wurde, blieb sie in der Provinz Borku, Ennedi, Tibesti – kurz B.E.T. genannt – bestehen und existiert sogar bis heute noch.

Nachdem die Franzosen 1960 den Tschad in die Unabhängigkeit entlassen hatten, gelang es der Regierung in N'Djamena von Anfang an nicht, die Tubu in den Griff zu bekommen. Auf die Besatzungskräfte und Steuereintreiber, die Tschads erster Präsident Tombalbaye schickte, antworteten die Tubu mit Rebellion. Sie organisierten sich in der Befreiungsbewegung FROLINAT (*Front de Libération Nationale du Tchad*). Trotz zahlen- und waffenmäßiger Unterlegenheit eroberten sie 1968 den wichtigen Militärposten von Aozou. Tombalbaye rief daraufhin die Schutzmacht Frankreich zu Hilfe, die in einer groß angelegten militärischen Aktion die Tubu aus den größeren Oasen wieder vertrieb. In bewährter Manier zogen sich die Tubu in den Schutz der Berge zurück und bekämpften die überlegene Militärmacht mit Guerillataktik und tatkräftiger Unterstützung Libyens. Dort hatte sich indessen Oberst Gaddafi an die Macht geputscht. Ohne Aussicht, den Widerstandswillen der Tubu zu brechen, beendete Frankreich das verlustreiche und kostspielige Militärabenteuer und überließ das Gebiet dem freien Spiel der Kräfte. Nach dem Abzug der Franzosen waren die Tubu wieder Herren im Norden. In der Hoffnung, die Rebellen zu isolieren, schloss Tombalbaye mit Gaddafi ein Geheimabkommen, in dem er den von Libyen begehrten Aozou-Streifen abtreten wollte, wenn Gaddafi im Gegenzug die Unterstützung der Rebellen einstellte. Der Plan ging nicht auf. Mit der Geiselnahme des deutschen Arztes Christoph Staewen sowie der Franzosen Marc Combe und Françoise Claustre, eines Entwicklungshelfers und einer Archäologin, gerieten die Tubu sogar in die Weltpresse. Persönliche Machtkämpfe zwischen dem Rebellenführer Hissène Habré und Gukuni Weddeye, dem Sohn des letzten Tubu-Oberhauptes, spalteten die FROLINAT. Dennoch unterstützte Habré weiterhin den bewaffneten Kampf gegen die Tschad-Armee. 1979 wurde N'Djamena erobert. Unter Gukuni als Präsidenten und Habré als Verteidigungsminister beherrschten die Tubu den ganzen Tschad. Doch schon ein Jahr später kam es zum Bruderzwist. Der Krieg flammte wieder auf. Habré gelang es, Gukuni zu vertreiben und sich zum alleinigen Präsidenten auszurufen. Doch Gukuni operierte weiterhin vom Tibesti aus gegen die »Zentralregierung« in N'Djamena. Wieder mischte sich Libyen in den Konflikt ein und provozierte damit ein Eingreifen der Franzosen zugunsten Habrés, obwohl dieser für die Entführung der französischen Archäologin verantwortlich war und die französische Regierung mit Lösegeldforderungen erpresste. Paris hielt ihn offenbar für das kleinere Übel. 1990 jedoch ließ man ihn für Idriss Déby fallen.

Nun, 1993, zum Zeitpunkt meiner Reisevorbereitungen in N'Djamena, gilt das Tibesti immer noch als unverwaltbar und nur mit starker Hand zu beherrschen. Ein »Ausflug« für Ausländer dorthin ist – wenn überhaupt – nur mit einem Militärbegleiter möglich. Die bürokratischen Hürden sind enorm. Es scheint, als hätten die Tschader von ihren ehemaligen Kolonialherren vor allem eines gelernt: die Bürokratie in ein kaum vorstellbares Maß aufzublähen. Für eine simple Wüstenreise ins Tibesti sind die Unterschriften mehrerer Minister, des ranghöchsten Militärs und des Präsidenten selbst notwendig. Mit einer Verbalnote der deutschen Botschaft und einem Empfehlungsschreiben des Konzernchefs von Daimler-Benz in der Tasche mache ich mich auf den beschwerlichen Weg durch die Amtsstuben. Vorsorglich hat mir die Botschaft auch noch einen vertrauenswürdigen »Guide« vermittelt, der mich durch die Untiefen der tschadischen Behörden lotsen soll. Der Mann erweist sich als Segen für mich. In rekordverdächtiger Schnelligkeit, nach einer guten Woche, ist der Papierkram erledigt – glaube ich jedenfalls. Aber in der Zwischenzeit hat der Präsident einen seiner Minister »in die Wüste geschickt«, dessen Autogramm ausgerechnet eines der Dokumente ziert. Das Papier ist damit Makulatur. Also ein neues Ansuchen stellen, wieder warten, und wieder ist ein angemessenes »Geschenk« fällig. Dann endlich steht das Tor zum Tibesti offen, jedenfalls der Papierform nach.

Seit ich den Reisebericht von Gustav Nachtigal gelesen habe, der im Jahre 1869 unter dramatischen Umständen das Bergland des Tibesti erkundete, träumte ich von einer Reise dorthin. Aufgrund der isolierten Lage inmitten der Sahara – das Gebirge ist zu allen Seiten von ausgedehnten Sandzonen umgeben –, vor allem aber wegen der kriegerischen Ereignisse schien es schwieriger erreichbar zu sein als der Mond. Nun aber hat sich eine Chance eröffnet. Der logistische Aufwand allerdings ist enorm. Zwei gut ausgerüstete Geländefahrzeuge wurden Monate zuvor von Deutschland aus in den Kamerun verschifft und von der Hafenstadt Douala nach N'Djamena überführt. In Faya, einer Oase tausend Kilometer nördlich von N'Djamena, musste vorab ein Treibstoffdepot eingerichtet werden, da die Versorgungslage dort zu unsicher ist. Den Sprit brauchen wir, um mit unseren Fahrzeugen das Tibesti in einer Schleife zu durchqueren, nach Faya zurück- und von dort wieder wegzukommen. Im Anschluss daran, so mein Plan, soll die Sahara nach Norden bis zum Mittelmeer durchquert werden – und zwar über die Seen von Ounianga, das Ennedi-Massiv, dann durch den Sudan zum Jebel Uweinat und schließlich über die libyschen Kufra-Oasen nach Tripolis.

Anfang November kommt das gesamte Team in N'Djamena zusammen. Wenige Tage später brechen wir zu einer in jeder Hinsicht denkwürdigen Reise auf. »Wir«, das ist ein bunter Haufen Individualisten, die das gemeinsame Ziel Tibesti verbindet, wenngleich aus unterschiedlichen Interessenslagen. Da ist Klaus Därr, ein Experte in Sachen Sahara, besonders wenn es um Fahrzeugtouren geht. Er ist einer aus der ersten Garde deutscher Globetrotter, dem es gelungen ist, seine Leidenschaft zum Beruf zu machen.

Für Klaus gibt es nur noch einen weißen Fleck auf seiner persönlichen Saharakarte: das Tibesti. Als er erfuhr, dass ich eine Reise dorthin plante, war er sofort Feuer und Flamme und bot sich an, die Fahrzeuge auszurüsten. Die beiden Mercedes der G-Klasse wurden nach seinen Vorgaben gebaut und mit allerlei zusätzlichen Raffinessen ausgestattet. Als wir dann in München zum ADAC fuhren, um ein Carnet de Passages für den Tschad zu holen, schlug der Angestellte die Hände über dem Kopf zusammen. Er hielt uns für verrückt, mit so teuren, nagelneuen Wagen in ein unsicheres Land wie den Tschad zu reisen. »Wisst ihr denn, was passiert«, fragte er uns, »wenn sich jemand eure Fahrzeuge dort ›ausleiht‹ und vergisst, sie wieder zurückzugeben?« Wussten wir. Dann wären wir nicht nur die Fahrzeuge samt Ausrüstung los, sondern müssten obendrein noch einen saftigen Zoll berappen.

Da wir Tausende Kilometer, in den Autos sitzend, in der Horizontalen zurücklegen werden, will ich wenigstens hin und wieder in die Vertikale. Deshalb habe ich zwei Kletterer eingeladen, den Tiroler Heinz Zak und den Briten Jerry Moffatt. Sie erwarten sich bergsteigerisches Neuland im Tibesti und im Ennedi. Mit dabei ist noch der Australier Mike McDowell, der als Reiseunternehmer Expeditionen in die Antarktis organisiert, sowie ein Kamerateam. In N'Djamena haben wir zusätzlich zwei Toyota-Land-Cruiser mit tschadischen Fahrern gemietet, die mit einem Teil des Teams wieder dorthin zurückkehren werden, während Klaus und ich mit unseren beiden Mercedes G auf der oben genannten Route nach Tripolis weiterfahren wollen.

Der sterbende See

Es wird Mittag, bis Verpflegung eingekauft ist, die Wasserbehältnisse aufgefüllt und alle Fahrzeuge betankt sind und wir endlich losfahren. Schon nach wenigen Kilometern stehen wir vor der ersten Militärsperre. Da erweist sich eine unscheinbare Kritzelei als »Sesam, öffne dich!«. Nur die beiden Buchstaben »o. k.« hat Tschads Präsident Idriss Déby eigenhändig mit Bleistift auf eines unserer Papiere geschrieben und mit seiner Unterschrift versehen. Als der Soldat diese erkennt, salutiert er, reißt die Schranke hoch und winkt uns durch. Wir folgen dem Lauf des Chari-Flusses, der irgendwo vor uns in den Tschadsee mündet. Den See selbst freilich können wir nur erahnen, nicht aber sehen. Das Land ist flach und trocken, eine mit Akazien gesprenkelte Grassavanne, aus der sich nach ein paar Stunden Fahrt eine Ansammlung bizarrer Felsgebilde reckt. Der Anblick der Felsen weckt Heinz und Jerry aus ihrer Lethargie. Nach der monotonen Fahrerei, meinen sie, sei es an der Zeit, sich die Beine zu vertreten. Was die beiden Felsakrobaten darunter verstehen, erleben wir kurze Zeit später hautnah mit. Heinz wendet sich gleich der markantesten Gestalt der Felsgruppe zu; sie wird von den Einheimischen Hadjer el Hamis, »Elefantenfelsen«, genannt. Sie ist von vulkanischem Ursprung, und die Kräfte der Erosion – Wind und Wasser – haben aus dem Klotz einen riesigen Elefanten modelliert, mit Rüssel, Beinen und Rücken. Die kühnste Aufstiegsroute führt direkt am Rüssel hoch. Mit eleganten und flüssigen Bewegungen klettert der Tiroler nach oben. Alles sieht dabei so leicht und spielerisch aus, als ob er tanzen würde – ein Tanz in der Senkrechten. Mehr noch bewundere ich, dass es ihm gelingt, auch uns Nichtkletterer durch gutes Zureden, Beharrlichkeit und professionelle Sicherung hinaufzubringen. Derweil müht sich Jerry an einem Nachbarfelsen ab, der wie Orgelpfeifen strukturiert ist. Der glatte, steile Fels erweist sich als harte Nuss, der erst nach mehreren Versuchen beizukommen ist. Die Suche nach Felszeichnungen, die angeblich in der Nähe zu finden sind, verläuft enttäuschend. Alles, was wir entdecken, ist ein Steinbruch. Dafür versöhnt uns Hadjer el Hamis mit einem zauberhaften Lagerplatz.

Am nächsten Tag wird das Terrain feuchter, erste Tümpel mit Seerosen tauchen auf und kündigen die »Ungeheure Lache« an, wie Heinrich Barth wenig schmeichelhaft den Tschadsee nannte. Der Forscher wollte 1852 das riesige Binnengewässer zu Pferd erkunden, blieb aber in den endlosen Sümpfen stecken, die dessen Ufer umgeben. Enttäuscht stellte er fest, dass sich die Umrisse des Sees nicht kartografieren lassen, weil sie sich ständig ändern, je nach Jahreszeit und Niederschlagsmengen. Wo Barth noch offenes Wasser vorfand, erstreckt sich heute nur mehr staubige Weite. Einstmalige Fischerdörfer liegen in den Dünen. Großtiere wie Elefanten sind abgewandert oder wurden – wie Nilpferde und Krokodile – ausgerottet. Als die Kolonialherren den See Ende des 19. Jahrhunderts auf vier Staaten aufteilten – Nigeria, Niger, Kamerun und Tschad – hatte jedes Land Anteil am Wasser. Heute befindet sich der geschrumpfte See nur noch auf dem Territorium des Tschad. Wir unternehmen gar nicht erst den Versuch, auf dem »Landweg« an das offene Wasser heranzukommen, sondern benutzen den bequemsten Zugang: den Wasserweg. Zu diesem Zweck chartern wir in Douguia ein motorisiertes Boot und fahren den Chari-Fluss abwärts. Vögel tummeln sich an den Ufern und auf kleinen Inseln, die sich im träge dahinfließenden Strom gebildet haben. Die Großtiere sind zwar verschwunden, aber ein Vogelparadies sind der See und seine Umgebung bis heute geblieben. Viele uns bekannte Zugvögel überwintern hier oder finden einen Rastplatz auf ihrem langen Weg von Süd- und Zentralafrika nach Europa. Dazu zählen bedrohte Arten wie der Kampfläufer, aber auch Störche, Reiher und Enten. Hinzu kommen noch ständig hier lebende Arten wie Marabu, Ibis oder Webervogel.

Dann gleiten wir in eine braune, trübe Wasserfläche hinaus. Der Fluss ist zum See geworden. Papyrus und ganze Bündel Schilfgras treiben vorbei. Fischer vom alteingesessenen Volk der Buduma staken ihre Boote mit langen Stangen über den See, den man sogar zu Fuß durchqueren könnte, denn seine durchschnittliche Tiefe beträgt kaum mehr als einen Meter. Buduma bedeutet »Volk der Gräser«, vielleicht in Anspielung auf ihre halb amphibische Lebensweise. Der eine Teil einer Buduma-Familie fischt auf treibenden Papyrusinseln, während der andere sich um die Tierhaltung und den Feldbau kümmert. Die Buduma sind auch die Erbauer jener Papyrusboote, die vor kurzer Zeit noch den See prägten. Das Papyrusboot diente bereits den alten Ägyptern und Sumerern als Fortbewegungsmittel, aber auch den Bewohnern des südamerikanischen Titicacasees ist es bekannt. Viel früher dürften damit die Fischer auf den urzeitlichen Tschadsee hinausgefahren sein. Im Tassili-Gebirge der Zentralsahara gibt es Darstellungen, die Menschen auf Papyrusbooten bei der Flusspferdjagd zeigen. Forscher datieren diese Bilder in die Zeit zwischen dem siebten und dritten Jahrtausend vor Christus – also noch vor der ersten ägyptischen Dynastie. Damals war der Tschadsee noch ein Binnenmeer, das sich vom heutigen Kamerun bis zum Tibesti erstreckte. Vieles spricht dafür, dass der Einfluss der steinzeitlichen Jägerkulturen, die mit zunehmender Trockenheit zu Hirten wurden, in das Niltal ausstrahlte. Inwieweit solche Errungenschaften wie das Papyrusboot als Folge gegenseitiger Beeinflussung oder unabhängig durch ähnliche Umweltbedingungen und Herausforderungen entstanden sind, lässt sich heute kaum mehr belegen. Als Thor Heyerdahl seine Theorie, dass sogar ein transozeanischer Kulturtransfer stattgefunden habe, durch eine spektakuläre Bootsfahrt untermauern wollte, ließ er sein Papyrusboot *Ra I* von Buduma-Fischern bauen. Die *Ra* sank nach 5000 Kilometern vor der Küste Amerikas; Ursache war aber nicht mangelnde Bootsbaukunst der Buduma, sondern ein Fehler in der Takelung, der die Hochseetauglichkeit beeinträchtigte. Der Schweizer Reiseschriftsteller René Gardi, der den Tschadsee 1951 besuchte, erlebte ihn noch, als die Papyrusboote im Gebrauch standen. Heute sind sie längst von Plankenbooten abgelöst, die zwar teuer sind, weil das Holz importiert werden muss, aber mit einem Außenbordmotor ausgerüstet werden können und eine viel längere Lebensdauer als die früheren Papyrusboote haben. Papyrus gibt es zwar umsonst in Hülle und Fülle, doch er hat den Nachteil, dass er sich mit Wasser vollsaugt und rasch verfault. Auf unserer Suche nach einem letzten Papyrusboot führt unser »Kapitän«, ein Angehöriger des am Chari beheimateten Flussfischervolkes der Kotoko, uns in sein Dorf. Dort liegt ein altertümlich aussehendes verfallendes Boot, dessen Holzstücke mit Papyrus zusammengenäht sind. Es trägt noch Überreste von Netzen, die – beidseitig ausgestellt – dem Boot »Flügel verliehen«. Ein ganz aus Papyrus gefertigtes Boot, so versichert uns der Kotoko, gebe es noch in Bol. Die mühsame Fahrt dorthin können wir uns allerdings sparen, denn wir wissen, dass dort schon andere vor uns danach gesucht haben – vergeblich.

Lebendig sind noch die überlieferten Sagen und Mythen. So sind die Kotoko stolz darauf, ihre Herkunft von einem Volk der Riesen herzuleiten – den Sao. Was sie aber nicht daran hinderte, diese zu verfolgen und auszurotten. Den Urzeitriesen wurden zwar ungeheure Kräfte zugeschrieben, aber man hielt sie für gutgläubig und einfältig. So wird überliefert, dass die Riesen begeistert waren, als sie sahen, dass sich die Menschen die Hände mit Henna rot färbten. Auf ihren Wunsch hin, sich auf gleiche Weise zu schmücken, brachten die listigen Menschen sie dazu, sich selbst die Hände zu fesseln. Anschließend erschlugen sie die wehrlosen Riesen. Die Kotoko behaupten, die Kraftprotze seien aus dem Norden gekommen, »nachdem sie auf einem Meer gefahren sind, das so schwarz war, dass man sogar am helllichten Tag ein Feuer anzünden musste«. Sie sollen Ton und Bronze bearbeitet und befestigte Siedlungen errichtet haben. Ihrem Wirken werden auch jene riesigen Tonkrüge zugeschrieben, in denen die Menschen früher ihre Toten bestatteten. Selbstverständlich hatten die Sao auch bei den bizarren Felsen von Hadjer el Hamis ihre Hände im Spiel. Es seien fünf Steine, so erzählen die Kotoko, die ein Sao-Jäger verärgert flüchtenden Elefanten nachgeschleudert habe.

Auch andere Völker des saharischen Raumes kennen riesenhafte Ureinwohner. Bei den Tuareg heißen sie Isebeten und bei den Mauren Bafur. Das führte den Ethnologen Peter Fuchs, einen profunden Kenner der Sahara und des

Sahel, zu der Vermutung, die übergroßen Darstellungen von Menschen und Tieren, wie sie auf vielen Felsbildern zu sehen sind, seien für die Legendenbildung verantwortlich. Mag sein, dass bald eine neue Legende entsteht, jene vom »großen Wasser«, das sich in eine Wüste verwandelte. Der größte Teil der Saga ist bereits geschrieben. Sie erzählt vom Meer, auf dem die ersten Schiffe fuhren und das zum Meer ohne Wasser wurde, durch das die »Wüstenschiffe« kreuzen. Vor 15 000 Jahren war der »Tschadsee«, wie gesagt, noch ein Binnenmeer mit einer Fläche von einer Million Quadratkilometern. Wo heute einige der lebensfeindlichsten Sandgebiete der Sahara liegen – wie die Ténéré oder der Erg von Djurab –, dehnte sich eine geschlossene Wasserfläche aus, die von den regenreichen Bergen Nordkameruns bis zum Tibesti-Gebirge reichte. Dann begann das urzeitliche Binnenmeer zu schrumpfen. Vor 7000 Jahren war es immerhin noch so groß wie ganz Deutschland. Mit zunehmender Austrocknung, also Entstehung der Sahara, zogen sich die Ufer weiter zusammen, und die Menschen folgten dem Wasser. Das Meer teilte sich und wurde zu zwei Seen – einem nördlichen und einem südlichen, die durch Bahr el Ghazal, den »Gazellenfluss«, miteinander verbunden waren. Doch mit der Zeit konnte der südliche See den nördlichen nicht mehr mit genügend Wasser versorgen, um seine Austrocknung zu verhindern. Jetzt ist der letzte Akt des Dramas angebrochen. Es geht um die Frage, wie lange der letzte Rest des südlichen Sees der Austrocknung widerstehen wird. Zum Höhepunkt der großen Saheldürre Mitte der Achtzigerjahre schien unweigerlich sein Ende gekommen. Doch ergiebige Regenfälle in den folgenden Jahren erweckten den »Kadaver« wieder zum Leben. Heute weiß man, dass diese Erholung das Siechtum nur verlängerte, aber keine Heilung brachte. Seit meinem Besuch des Sees sind nun knapp zwei Jahrzehnte vergangen, aber die Situation hat sich indessen dramatisch verschlechtert. Satellitenbilder lassen das Ausmaß der Veränderungen erkennen. Während der schlimmsten Saheldürre hatte der See eine Ausdehnung von 2700 Quadratkilometern, heute beträgt sie nur noch die Hälfte, wovon fünfzig Prozent noch dazu mit Gras, Schilf und Papyrus bedeckt sind. Der See ist damit auf die Größe von Berlin geschrumpft. Zu Faktoren wie Klimaveränderungen – größere Trockenheit – kommt eine verstärkte Nutzung des Wassers des Sees und seiner Zuflüsse. Die Bevölkerung in seinem Einzugsgebiet hat sich vervielfacht. Wie sich schon in der Takla Makan zeigte, brauchen mehr Menschen auch mehr Wasser, nicht nur zum Trinken, sondern vor allem für die Bewässerung landwirtschaftlicher Nutzflächen. Verschärft wird die Situation noch dadurch, dass der geschrumpfte See den traditionell von der Fischerei lebenden Menschen keine Lebensgrundlage mehr bietet, sodass auch sie notgedrungen zu Ackerbauern werden. Auf dem ausgetrockneten Seegrund sind in den letzten Jahrzehnten mehr als 25 neue Siedlungen entstanden. Manche der Bewässerungsprojekte, die gestartet wurden, waren Entwicklungsruinen, ehe sie überhaupt in Betrieb gingen, weil ihnen der Zugang zum Wasser entzogen wurde, nachdem der See während der Bauphase weiter geschrumpft war. Auch dem Chari, dem wichtigsten Zufluss des Sees, wird zunehmend mehr Wasser für ehrgeizige Bewässerungsprojekte entnommen, sodass er immer weniger in den See trägt, um dessen Austrocknen zu verhindern. Die Vision der vier Anrainerstaaten, in einem Megaprojekt den Oubangi, einen Nebenfluss des Kongo, durch einen Kanal mit dem Chari zu verbinden, scheint wenig Erfolg versprechend. Wenn überhaupt finanzierbar, würde es nur einen weiteren künstlichen Eingriff in das Ökogefüge zentralafrikanischer Flusssysteme bedeuten, mit unkalkulierbaren Folgen. Gelingt es nicht, durch besseres Wassermanagement den Verbrauch zu drosseln, aber auch auf globaler Ebene den Ausstoß von Treibhausgasen drastisch zu reduzieren, wird das »Herz Afrikas« bald aufhören zu schlagen. Nach Prognosen der US-Weltraumbehörde NASA soll der Tschadsee schon in zwanzig Jahren von der Landkarte Afrikas verschwunden sein. Auf die ökologische Katastrophe folgte dann die menschliche. Der schon heute herrschende Wettbewerb um Nahrung und Wasser würde sich drastisch verschärfen. Migration und bewaffnete Konflikte wären die Konsequenzen.

Im Meer ohne Wasser

Bahr bela ma nannten arabische Karawanenführer die Sahara, »Meer ohne Wasser«. Sie verglichen ihre Handelszüge mit Seefahrten, und der Sahel, der südliche Rand der Sahara, war für sie die Küste, die es zu erreichen galt. Entlang dieser »Küste« mahlen sich unsere Fahrzeuge seit Stunden durch den weichen Sand. Und als ob dies noch nicht ausreicht, gesellt sich ein starker Wind dazu, der die Luft mit Staub schwängert. Dabei bewegen wir uns inmitten eines Flussbettes, aber der Gedanke, dass hier einmal Wasser floss, erscheint abwegig. Nur noch der Name – Bahr el Ghazal, »Gazellenfluss« – erinnert an bessere Zeiten. Die sind noch gar nicht so lange her. Vor 300 Jahren fuhren die Menschen noch mit Pirogen auf dem Fluss, waren seine Ufer von üppigen Galeriewäldern gesäumt, in denen Gazellen umherstreiften. Die Lebensbedingungen im Sahel haben sich kontinuierlich verschlechtert. Die große Dürre in den Achtzigerjahren trieb nomadisierende Hirten auf der Suche nach Futter für ihre Tiere und Wasser aus der Sahara hierher. Die Folge war fortschreitende Erosion durch Überweidung. Mehr Menschen brauchen auch mehr Holz. Auf ganzen Flächen wurden die Bäume von durchziehenden Nomaden abgehackt; diese Gebiete sind nun mit Stummeln übersät, die das düstere Bild von Friedhöfen heraufbeschwören.

Aus dem Dunstschleier tauchen Menschen auf, die, bis auf die Augenschlitze vermummt, dem Sandsturm trotzen. Die Frauen in ihren farbenprächtigen Kleidern wirken wie eine Kampfansage an die Wüste. Karawanen mit bepackten Eseln und Dromedaren ziehen auf der Suche nach neuen Weideplätzen vorbei. Mittlerweile unterscheidet sich der Sahel kaum noch von der »offiziellen« Wüste, der Sahara. Das Leben hat sich auf wenige Wasserstellen reduziert. Die Menschen sind gezwungen, immer weitere Wege zurückzulegen, um zum nächsten Brunnen zu kommen.

Gegen Abend tauchen die Lehmwürfel von Moussoro auf. Etwas abseits stehen ein paar mit Wellblech überdachte Baracken. Darin harren französische Soldaten aus und langweilen sich ihrer Ablösung entgegen. Unser Besuch ist sichtlich eine willkommene Abwechslung. Besonders freundlich empfängt uns der Kommandant. Er gehe morgen in den Heimaturlaub, erzählt er uns freudestrahlend und ist sogar bereit, unser belichtetes Filmmaterial mitzunehmen. Warum sie überhaupt noch hier seien?, wollen wir wissen. Um Tschads territoriale Integrität zu gewährleisten, lautet die Antwort.

Wie gefährdet diese noch vor Kurzem war, erleben wir am nächsten Tag. Ein Haufen Schrott, das einmal ein Fahrzeug war, markiert den 17. Breitengrad. Der ist eigentlich nur eine fiktive Linie auf dem Globus, die keinerlei Bedeutung hat, aber hier stellt sie eine Grenze dar: Am 17. Breitengrad trat Frankreich den Expansionsgelüsten von Oberst Muammar al Gaddafi militärisch entgegen. Im Klartext: Mit Überschreiten dieser Grenze bewegen wir uns durch ehemaliges Kriegsgebiet. Aber was heißt »ehemalig«? Der offizielle Krieg ist zwar zu Ende, aber für die Menschen, die hier leben, geht er bis auf den heutigen Tag weiter. Denn im Sand steckt eine tödliche Saat: Panzerminen, die jedes Fahrzeug zerfetzen, und Antipersonenminen, eine der tückischsten Waffen, die der Mensch zur Bekämpfung der eigenen Art ersonnen hat. Sie machen das Leben hier zur Hölle und treffen die Ärmsten und Schwächsten – Hirten, die mit ihren Tieren umherziehen müssen, um zu überleben; Frauen, die zum Brunnen oder Markt unterwegs sind; und Kinder, die im Freien spielen. Kein Mensch weiß, wo genau das Teufelszeug vergraben liegt. Indessen hat sich die Weltgemeinschaft dazu durchgerungen, die Antipersonenminen zu ächten, aber die größten Hersteller dieser Waffen – Großbritannien, Russland und China – haben diese Vereinbarung nicht unterzeichnet. Die Warnung auf dem Schild, das man am Wrack angebracht hat, könnte deutlicher nicht sein: eine explodierende Mine und darüber ein Totenkopf. »Der Krieg verwandelt die Wüste in ein Schlangennest«, schrieb Saint-Exupéry, der selbst als Flieger im Kriegseinsatz war. »Jeder Sandhügel schwillt dann durch eine Macht, die über Leben und Tod gebietet.« Ein solches Schlangennest liegt nun vor uns. Wir wissen, dass wir ab nun höllisch aufpassen müssen. Genauso wissen wir, dass alle auf unseren Karten eingezeichneten Routen, die ins Tibesti führen, vermint sind und dass es inzwischen neue Routen gibt, die wir aber erst suchen und finden müssen.

Trotz der Informationen, die uns die französischen Soldaten gegeben haben, finden wir nicht die richtige Route und bleiben im Sand stecken. Der Umweg kostet uns mehrere Stunden und jede Menge Angstschweiß. Endlich tauchen vor uns Mattenzelte auf, dann ein Brunnen. Wir sind wieder auf dem richtigen Weg. Eine Gruppe junger Mädchen schöpft Wasser, um ihre Tiere zu tränken, die das Brunnenloch belagern. Frauen kommen und gehen, wobei sie Eimer und Schüsseln auf ihrem Kopf balancieren. Ein Mann, der auf seinem Kamel angeritten kommt, fragt nach einem »Geschenk« in Form von Zigaretten. Sein Wunsch ist mehr Befehl als Bitte. Die Zeltbewohner gehören der Volksgruppe der Daza an, die mit den Tubu im Tibesti eng verwandt sind. Trotz verschiedener Sprachen verbindet sie ein gemeinsamer Ursprung. Diese südlichen Tubu nomadisieren mit ihren Kamelen und Ziegen durch die gesamte Sahelzone nördlich des Tschadsees.

Wieder erfüllt Staub die Luft und lässt alle Konturen der Landschaft in einem milchig-weißen Schleier verschwinden. Nach einiger Zeit tauchen daraus graue Lehmwürfel auf, die mit ihren aufgesetzten Zacken wie kleine Festungen aussehen. Wir sind in Koro-Toro angekommen. Vor uns liegt nun der Erg von Djurab, eine riesige sandgefüllte Wanne, mit gestaffelten Sicheldünen und Treibsand dazwischen, einst Teil des urzeitlichen Tschadmeeres. Die alte, einstmals mit Balisen bezeichnete Route ist vermint. In der

Polizeistation erfahren wir, wo die neue unverminte Route verläuft, die ebenfalls mit Balisen markiert sein soll, verrosteten schwarzen Fässern, in denen Holzstangen stecken. Da die Sandstürme der vergangenen Tage alle Spuren ausgelöscht haben, gilt es, besonders vorsichtig zu sein. Die Angst fährt mit, als ich mein Fahrzeug in die ersten Dünen hineinsteuere. Ich versuche zentimetergenau der Spur des vor mir fahrenden Wagens zu folgen, den Klaus lenkt. Vor uns fahren die beiden Toyotas; im vordersten, den er fatalistisch als »Minenräumfahrzeug« tituliert, sitzt Mike. Zweifellos ist dort das Risiko am höchsten. Wir können nur darauf vertrauen, dass sich unser südtschadischer Fahrer Suleyman, der hier genauso ortsunkundig ist wie wir, die Angaben der Polizisten gut eingeprägt hat. Zuweilen hält er an, um sich mit Abaker zu beraten, der ihm im zweiten Toyota folgt. Wir navigieren von einer Balise zur nächsten, die oft kilometerweit voneinander entfernt sind. Dazwischen gibt es keine alten Spuren mehr, an denen sich Suleyman orientieren könnte. Die Balisen sind unsere Lebensversicherung. Es ist ein mulmiges Gefühl, wenn keines dieser Zeichen zu sehen ist. Taucht nach Minuten voller Anspannung endlich das nächste aus dem Dunstschleier auf, wissen wir: Wir sind auf dem richtigen Weg. Man mag es nicht glauben, aber nach einiger Zeit stellt sich so etwas wie Gewohnheit ein. Die latente Minengefahr tritt in den Hintergrund. Bei mir ist es jedenfalls so, denn das Befahren der Dünen nimmt meine ganze Aufmerksamkeit in Anspruch. Als Neuling in dieser Disziplin mache ich die typischen Anfängerfehler. Falscher Gang, zu wenig Geschwindigkeit im entscheidenden Moment, beim Anhalten bremsen – schon ist das Fahrzeug eingesandet. Aber mit der Zeit habe ich mir die

richtige Fahrtechnik von Klaus abgeschaut, und die unge-
planten Stopps werden seltener. Dafür sanden nun immer
häufiger die beiden Toyotas ein. Einmal schießt Abaker, ein
übermütiger Hitzkopf, mit seinem Fahrzeug über einen
scharfen Dünenabbruch hinaus, fliegt durch die Luft und
knallt in den Sand. Folge: Die Blattfedern sind im Eimer.

Schließlich wird das Gelände nach Norden zu leichter,
die Dünen flachen ab. Dafür ist die Wüste nun mit anderen
»Souvenirs« des Krieges dekoriert. Schwere Geschütze
und Panzer stehen mitten im Nichts. Manche sind ausgebrannt, aber andere scheinbar völlig unversehrt, als hätten sie die Soldaten mitten im Kampf einfach abgestellt.
Ringsum liegt tonnenweise Munition im Sand verstreut –
Granaten, Panzerfäuste und großkalibrige Geschosse. Das
Waffenarsenal russischer Fabrikation wurde von flüchtenden libyschen Soldaten zurückgelassen. Hier lerne ich nun
ein anderes Gesicht der Wüste kennen: als Schauplatz
menschlichen Machtstrebens und menschlicher Gier. Aus-
nahmsweise ging es in diesem Fall nicht um Öl, sondern um Uran. Libyens Revolutionsführer Gaddafi – den
die Revolution nun selbst überholt hat – begehrte die Uran-
vorkommen des Tschad. Folglich schickte er als »Freund
und Helfer« sowie Verfechter der panarabischen Vision
seine Soldaten. Aber er hatte wohl nicht damit gerechnet, dass sich die verfeindeten Rebellen vorübergehend
einigen und gemeinsam gegen die libyschen Eindringlinge
vorgehen würden. Trotz der überlegenen Waffenkraft der
mit Panzern und Kampfflugzeugen operierenden Libyer,
denen die Tschader mit wendigen Toyota-Pick-ups und
weitaus besserer Ortskenntnis begegneten, gelang es den
Hausherren, die Invasoren zu besiegen, freilich erst mit
französischer Luftunterstützung. Die Libyer flohen Hals

über Kopf und hinterließen in der Wüste einen Selbstbedienungsladen für Waffen.

Schließlich wird die Wüste flach wie ein Billardtisch. Ich fühle mich in einem Raum ozeangleicher Weite, in der die gewohnten Maßstäbe nicht mehr gelten. Die aufgeheizte Luft gaukelt einem Trugbilder vor. Selbst kleine Steine sind kilometerweit zu sehen. Man hält sie für Inselberge, die aus Wasserflächen ragen. Doch diese verflüchtigen sich, je näher man kommt. Dann tauchen die ersten Dum-Palmen auf und kündigen die Oase Faya an. Vom Sturmwind gekrümmt und zerzaust, ragen sie aus dem Sand. Das satte Grün wirkt wohltuend für die Augen und auf die geplagten Sinne. Die kriegerischen Auseinandersetzungen der jüngsten Vergangenheit haben auch in der einstigen »Perle des Nordens« deutliche Spuren hinterlassen. Zerbombte Häuser und verwüstete Gärten säumen die Einfallstrasse. Neben dem Airstrip liegt ein ausgeschlachteter Flugzeugtorso. Überall in die Lücken und Schneisen zwängt sich die Wüste. Oasen sind fragile Gebilde. Gärten und Bewässerungskanäle bedürfen ständiger Pflege, sonst fallen sie bald der Wüste anheim. In Kriegszeiten, wenn ein großer Teil der männlichen Bevölkerung unter Waffen steht, ist die Instandhaltung kaum möglich.

Der Krieg hat vor allem in den Menschen seine Spuren hinterlassen. Nie zuvor bin ich solch offener Feindseligkeit begegnet. Unsere bloße Anwesenheit provoziert schon aggressives Verhalten. Halbwüchsige stellen sich uns in den Weg und fordern »Geschenke«. Wenn wir nicht schnell genug geben, fliegen Steine gegen die Windschutzscheibe. Für den Besuch des Marktes gibt uns der lokale Polizeichef vorsorglich einen bewaffneten Begleiter mit. Nachdem wir unsere Treibstoff- und Wasserbehältnisse aufgefüllt haben, machen wir dem Militärkommandanten unsere Aufwartung. Er ist längst über unser Kommen informiert und empfängt uns im gefleckten Tarnanzug, umgeben von einer Schar bis zu den Zähnen bewaffneter Kämpfer. Er sei gerade im Begriff, zu einer Inspektionstour in den Norden aufzubrechen, entschuldigt er sich für das martialische Auftreten und beeilt sich zu versichern, dass wir uns in seinem Gebiet so sicher fühlen könnten wie zu Hause in Deutschland.

An diese Worte werden wir später nicht nur einmal denken. Diesem kleinen, freundlich lächelnden Mann untersteht die gesamte Provinz B.E.T., ein Gebiet so groß wie Bayern und Baden-Württemberg zusammen, in dem aber nur 80 000 Menschen leben. Nach wie vor wird diese Provinz von einem Militär regiert, daher ist uns die Weiterreise nur mit einem Militärbegleiter gestattet, den der Kommandant höchstpersönlich für uns ausgesucht hat. Unser Beschützer heißt Togoi, ein Tubu selbstverständlich. Der beste Mann für diese Mission, wie der Kommandant stolz verkündet, einer, der im Bergland des Tibesti Einfluss und Ansehen genieße. Entgegen aller Erwartung tritt uns Togoi im blütenweißen Kaftan gegenüber, die spiegelnde Sonnenbrille lässig in den Kopfschleier gesteckt. Er hat sogar einen eigenen Diener dabei, einen dunkelhäutigen Südtschader, der Togois Gewehr trägt. Undenkbar für einen Tubu seines Standes, »Lakaiendienste« wie Kochen oder Gepäckschleppen selbst zu verrichten. In früheren Zeiten hielten sich die Tubu schwarzafrikanische Sklaven, die sie bei ihren Raubzügen erbeuteten. Deren Nachkommen, die Kamadjer, repräsentieren heute die unterste Stufe in der Tubu-Gesellschaft.

Fortan nimmt Togoi auf dem Beifahrersitz von Suley-
mans Toyota Platz und dirigiert den Fahrer mit knappen
Handbewegungen in die Richtung, die er einzuschlagen
hat. Sie weicht nun weit von dem auf unseren Karten eingezeichneten Weg ab. Grund: die Minen. Das heißt aber
nicht, dass die neue »sichere« Route keine Gefahren birgt.
Ein freies, unbeschwertes Betreten der Wüste ist unmöglich. Immer wieder kommen wir an Panzern und anderen
Überresten des Wüstenkrieges vorbei. Einmal entschärft
Togoi eine Mine mit einem gezielten Gewehrschuss. Mit
Munition braucht er dabei nicht zu sparen. Die kann er
einfach im Sand auflesen.

Die Sonne senkt sich auf die waagrechte Linie des Hori-
zonts herab, als wir Ain Galakka erreichen. Himmel und
Wüste verschmelzen zu einem Rot, das den Eindruck er-
weckt, als stünde die ganze Landschaft in Flammen. Zwischen Akazien schießt ein meterhoher Wasserstrahl aus
dem Boden. Ein artesischer Brunnen. Er entsteht, wenn in
einer Senke das Grundwasser durch undurchlässige Ge-
steinsschichten so unter Druck ist, dass es durch ein Bohr-
loch von selbst, also ohne Pumpen, an die Oberfläche
kommt. Der Ort verwöhnt uns mit einem zauberhaften
Lagerplatz samt Duschgelegenheit. Davon abgesehen,
wirkt es hier gespenstisch leer. Kaum zu glauben, dass Ain
Galakka einstmals die wichtigste Oase der Region war
und Faya nur ein Brunnen. Heute ist es genau umgekehrt.

Ab nun bewegen wir uns wieder auf der »alten« Piste
nach Zouar. »Kein Problem«, sagt Togoi, »die Minen sind
längst geräumt« und deutet dabei auf einen zerfetzten
Lastwagen modernerer Bauart. Alles klar! Wir müssen
wieder Spur fahren. Wenigstens ist die Route gut markiert.
Vier Metallstangen pro Kilometer und alle fünf Kilometer

sogar ein Schild mit Entfernungsangaben nach Zouar. Klaus geht einer seiner Lieblingsbeschäftigungen nach – Wüstenfuchs-Aufkleber an die Markierungsstangen pappen. Die libyschen »Souvenirs« sind verschwunden. Wir deuten es als gutes Zeichen, aber nur so lange, bis auch die Balisen weg sind. Wir entfalten eine Karte, um unsere Position festzustellen. Togoi wischt sie zur Seite und weist mit einer resoluten Geste in Richtung Nordwesten, in ein Land des Nichts. Nichts als eine gigantische Ebene, die sich am Horizont verliert. Weite ist hier noch weiter, Leere noch leerer. Unwillkürlich suchen die Augen nach Halt, nach irgendetwas Greifbarem. Sie finden es im Ehi Atroun, einem völlig allein stehenden Felsen, der abseits unserer Route liegt und den wir eigentlich nicht anfahren wollten. Jetzt aber zieht er uns magisch an, und wir beschließen, ihm einen Besuch abzustatten.

Es dauert noch eine gute Stunde, bis wir vor dem trapezförmigen Felsen stehen. Was aus der Ferne wie ein großer Berg wirkte, entpuppt sich als ein kaum mehr als 50 Meter hoher Sandsteinfelsen. Die Passatwinde haben horizontale Rillen hineingefräst, über die wir mühelos wie auf den Sprossen einer Leiter hochsteigen. Oben angekommen, eröffnet sich uns ein beherrschender Rundblick. Im Nordwesten steigt, wie ein Unterseeboot aus dem Meer, der dunkle gezackte Kamm des Tibesti-Gebirges auf. Aus der Entfernung sieht es wie eine abweisende Festung aus. Doch als wir uns ihm nach dem Abstieg vom Felsen in unseren Fahrzeugen nähern, öffnen sich Wadis, ausgetrocknete Flussläufe, und Enneris, von den Passatwinden aus dem Gebirge geschliffene Gassen, die einen Zugang ermöglichen. Immer wieder bleibt einer der Toyotas in den Sandflüssen stecken, die wir durchqueren müssen. Außerdem verliert einer von ihnen, »der Weiße«, Dieselöl. Höchste Zeit also, dass wir nach Zouar kommen. Ein versandetes Tal führt uns in die westlichen Ausläufer des Tibesti hinein. Ein paar letzte Dum-Palmen trotzen der Dürre. Wie aus dem Nichts taucht ein Tubu-Mädchen in einem knallroten Kleid auf und treibt zwei mit Holz beladene Esel vor sich her. Dann verschwindet sie genauso schnell, wie sie aufgetaucht ist, im Nirgendwo. Wir fahren weiter durch eine Welt aus Sand und Stein, in der sich nicht einmal mehr die widerstandsfähigen Akazien behaupten können. Endlich öffnet sich ein Tal, das halbkreisförmig von schroffen, zerborstenen Sandsteinfelsen eingefasst ist. Im Vergleich zur monumentalen Bergarchitektur nehmen sich die menschlichen Bauten kümmerlich aus. Zouar besteht aus einer Ansammlung von Stroh- und Lehmhütten auf sandigem Grund. Immerhin gibt es Akazien, die dem Ort so etwas wie Leben einhauchen. Um lästige Formalitäten brauchen wir uns nicht zu kümmern. Das erledigt Togoi souverän, der hier zu Hause ist und dessen Ansehen mehr gilt als unsere Papiere aus N'Djamena. So können wir uns um notwendige Einkäufe und die Reparatur der Toyotas kümmern. Brot gibt es keines, dafür aber Blattfedern. Wir tauschen einen Reifen gegen zwei neue Blattfedern. Auch das Problem mit dem weißen Toyota wird gelöst. Was nicht an Originalteilen vorrätig ist, wird manuell angefertigt. An Material herrscht kein Mangel. Die Wüste ringsum bietet dafür eine unerschöpfliche »Rohstoffquelle«.

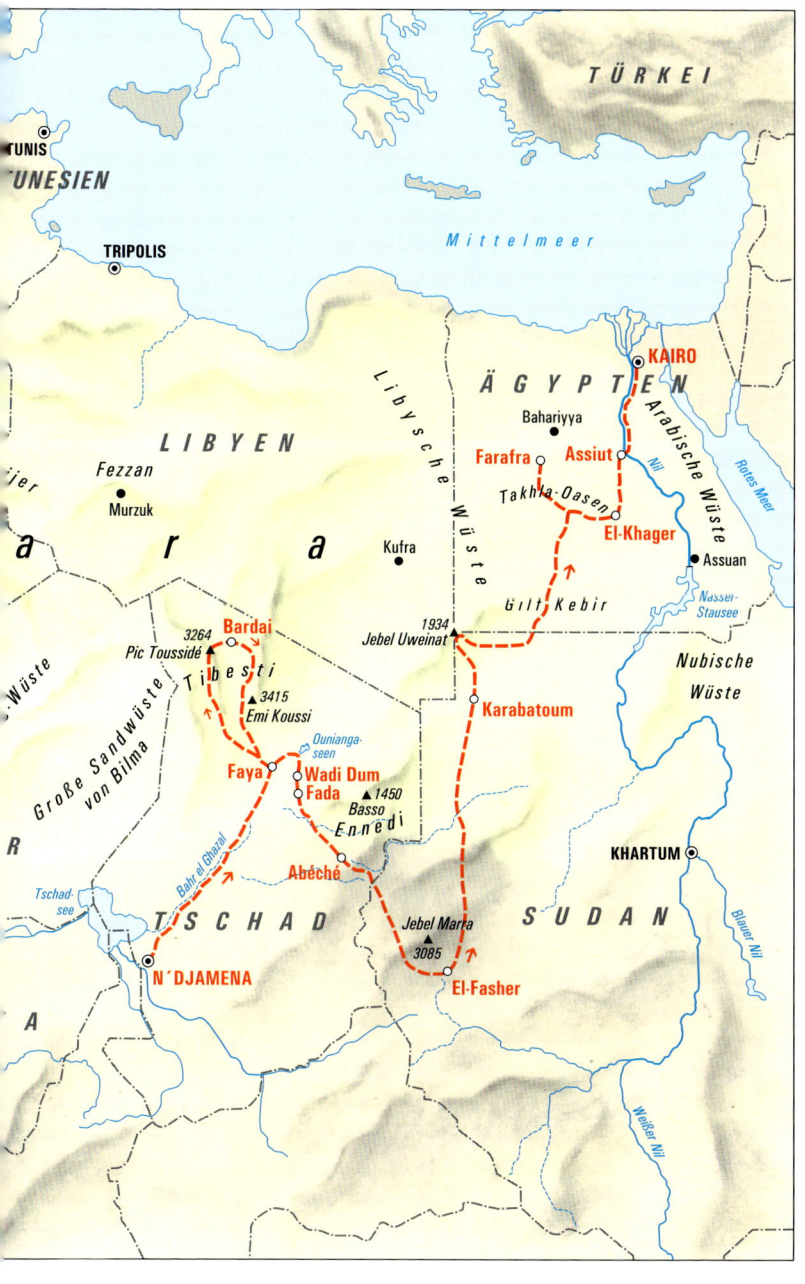

Ein Tubu auf seinem Kamel auf dem Weg von Fada nach Bardai. Diese uralte transsaharische Nord-Süd-Verbindung ist bis heute in Gebrauch.

Daza, nomadisierende
Hirten des Sahel, die
mit den Tubu im Tibesti
verwandt sind, haben
ihre Mattenzelte am
Bahr el Ghazal aufge-
schlagen.

Brunnen am Bahr el
Ghazal. Die Lebens-
bedingungen im Sahel
haben sich kontinuier-
lich verschlechtert.
Die Menschen müssen
immer weitere Wege
zurücklegen, um an
das lebensnotwendige
Wasser zu kommen.

Begegnung mit heim-
kehrenden tschadischen
Gastarbeitern aus
Libyen zwischen Faya
und Wadi Dum. Trotz
der tödlichen Saat von
Minen, die im Sand
stecken, floriert der
Handel beziehungs-
weise Schmuggel.

oben: Der Tiroler Heinz Zak beim Erklettern eines bunten Felsens bei Bardai im zentralen Tibesti. Der französische Künstler Jean Vérame hat hier Dutzende zerborstener Sandsteinfelsen mit Farbe bemalt.

rechts oben: Trou au Natron, das »Natronloch«, gilt als eines der großen Naturwunder der Sahara, ein Krater von sieben Kilometern Durchmesser und einem Kilometer Tiefe. Dahinter ragt der 3264 Meter hohe, ebenmäßig geformte Vulkankegel des Pic Toussidé auf, der zweithöchste Berg des Tibesti und somit der gesamten Sahara.

rechts Mitte: Kunst oder Kitsch? Diese Frage stellt sich, als wir uns den bunten Felsen von Bardai nähern.

vorhergehende Doppelseite: Ein Bild unwirklicher Schönheit vermitteln die Seen von Ounianga. Obwohl inmitten einer Extremwüste gelegen und mit einer Wasserverdunstung von mehreren Metern pro Jahr, trocknen diese Seen nicht aus, weil sie von fossilen unterirdischen Wasserreservoirs genährt werden.

rechts unten: Auf rie-
sigen Sandsteinfelsen
haben steinzeitliche
Jäger ihre Spuren
hinterlassen. Zumeist
wurden Jagdtiere
dargestellt – bis auf
diese Ausnahme. Mit
dynamischem Schritt,
die Keule zum Schlag
bereit, tritt uns der
»Mann von Gonoa«
entgegen, ein Meister-
werk neolithischer
Kunst.

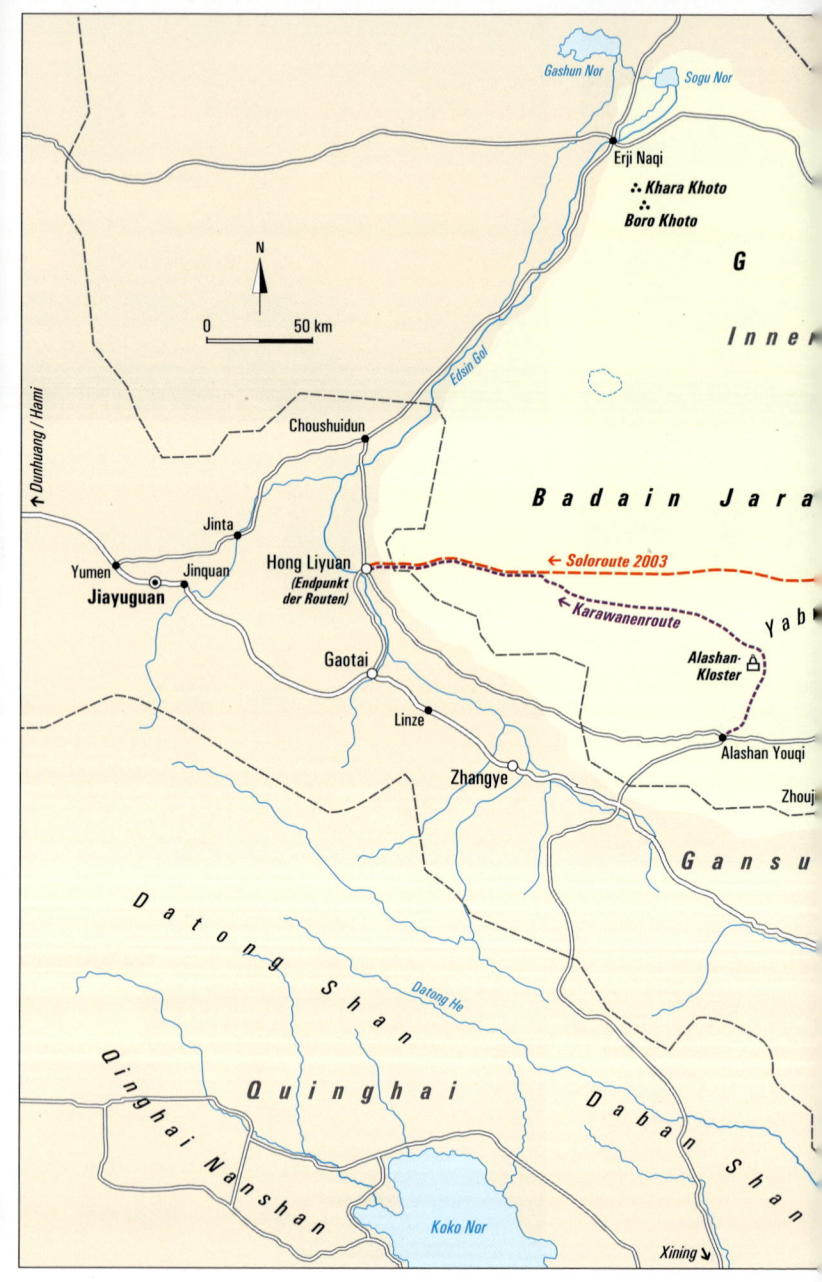

Karawanenroute und Soloroute durch den höchsten Sandbereich der Gobi.

ONGOLEI

i

ongolei

amo

an

Balkasch-
see

Almaty

Urumqi

Ulan Bator

Mongolei

Gobi

Wuhai

Huang He

Peking

Japan

Tokio

China

Lanzhou

Pakistan

Delhi

Kathmandu

Brahmaputra

Chengdu

Wuhan

Shanghai

Ganges

Jangtsekiang

Kalkutta

Indien

Mumbai

Pazifischer
Ozean

Golf von
Bengalen

Bangkok

Hongkong

Manila

Philippinen

↗ Baotou

Shar Burd

Monggon
Bulag

Wuhai

Huang He

Shiyang He

Bayan Hot

C H I N A

W ü s t e

Yinchuan

T e n g r i

Wuwei

Huang He (Gelber Fluss)

N i n g x i a

Zhuangliang He

↓ Lanzhou

links oben: Karawanen-
lager bei der Suche nach
dem Brunnen in der
Wüste.

links Mitte: Ein schmaler,
nur 40 Kilometer breiter
Seen-Korridor dient den
Karawanen als Zugang.

links unten: Karawanen-
lager im südlichen
Randbereich der Badain
Jaran Shamo.

oben: Diese Momentaufnahme lässt die innige Verbindung zwischen dem Karawanenführer und seinem weißen Leitkamel erkennen.

rechts unten: Beim Abschied nach der letzten Karawanenreise erzähle ich Lao Chao von meinem Vorhaben, die Wüste im Alleingang zu durchqueren – er ermuntert mich dazu.

oben: Unmittelbar vor dem Aufbruch zu meinem Alleingang im Oktober 2003. Der prall gefüllte Rucksack wiegt über 30 Kilogramm, knapp die Hälfte des Gewichts sind Wasserreserven.

rechts oben und Mitte: Diese beiden Bilder wurden mit einer kleinen Videokamera aufgenommen, die am Rucksack montiert oder auf ein Ministativ geschraubt eingesetzt werden konnte und einzelne Passagen des Weges dokumentierte.

rechts unten: Bei meinen Vorbereitungen für den Aufbruch zum Alleingang außerhalb der mongolischen Hirtensiedlung Monggon Bulag.

vorhergehende Doppelseite: In den riesigen Falten einer Megadüne, die über 400 Meter hoch wächst, wirkt die stattliche Karawane wie ein kleiner »Tausendfüßler«, der sich über den Boden windet.

oben: Die Badain Jaran Shamo gilt zu Recht als das sandige Herzstück der Gobi. Die Sandberge sind wie ein Gebirge aufgeschichtet, im Durchschnitt 300 bis 400 Meter hoch und in ihren Kammverläufen in Nord-Süd-Richtung geschichtet. Für eine schwer beladene Karawane bilden sie unüberwindliche Hindernisse, aber auch für den Wüstengänger sind sie nur mit großer Kraftanstrengung zu nehmen.

unten: Am 14. Tag bleibt der hohe Sand zurück und ich betrete die flache Kameldornsteppe. Mit schwindenden Kräften laufe ich gegen den hereinbrechenden Winter auf mein Ziel zu.

Tibesti –
das große Wunder der Sahara

Unsere Fahrzeuge stehen vor dem Sitz des Souspräfekten zur Weiterfahrt bereit, lediglich die Entscheidung über das Wohin ist noch offen. Klaus hat eine Karte auf der Kühlerhaube ausgebreitet. Sie ist allerdings von beschränkter Tauglichkeit. Die eingezeichneten Routen zeigen uns nur an, wo wir nicht entlangfahren dürfen. Denn alle Enneris, durch die die alten Routen ins Tibesti führen, sind vermint. Unser *Permis de circulation*, die von den Behörden in N'Djamena genehmigte Reiseroute, weist als nächstes Ziel Aiguilles de Sisse aus. Dahinter verbirgt sich eine zusammengehörende Gruppe bizarrer Felsnadeln westlich des Tibesti, die völlig isoliert aus der Sandwüste aufragt. Die bis zu 300 Meter hohen Inselberge unmittelbar an der Grenze zum Niger locken als bergsteigerisches Neuland. Klar, dass da die beiden Kletterer Feuer und Flamme sind. Aber auch diese auf unserer Karte eingezeichnete Route ist vermint. Der einzige vertretbare Weg dorthin umgeht die Minenfelder weiträumig, ist schwierig und zeitraubend. Die Mehrheit in der Gruppe ist dafür, auf den Abstecher zu verzichten und stattdessen gleich den zentralen Teil des Tibesti anzusteuern. Damit ist die Entscheidung gefallen. Doch die Enttäuschung der Kletterer über die entgangene Herausforderung währt nicht lange.

Bald nach Zouar kommen wir in ein Amphitheater aus senkrecht aufragenden Felsnadeln und -türmen. Hier haben die Passatwinde eine ganze Felstafel zu einzelnen Zeugenbergen aufgelöst – ein zu Stein gewordener Klettertraum. Das Sandstrahlgebläse des Windes hat den Nadeln und Türmen phantastische Formen verliehen, die zuweilen an Fabelwesen erinnern. Einer der Felsen sieht wie ein riesiger Drachenkopf aus, ein anderer besitzt die Gestalt eines aufgerichteten Bären. Jerry nimmt sich einen pilzförmigen Felsen vor. Die Gesetze der Schwerkraft scheinen aufgehoben, als er über die Kappe des Pilzes »free solo« hinausklettert. Die Finger klammern sich wie Saugnäpfe an den kleingriffigen Fels, die Beine baumeln frei in der Luft. Dann nimmt er Schwung, ein Klimmzug, mit einem Arm greift er über die Kante, zieht die Beine nach – und steht oben. Hinaufklettern ist jedoch eine Sache, herunterkommen eine ganz andere. Jerry sitzt in der Falle. Wir lassen ihn ein wenig zappeln, ehe eines der Fahrzeuge unter die Pilzkappe rollt, damit er sich auf den Dachgepäckträger »retten« kann. »Das war nicht *by fair means*«, kommentiert Heinz lakonisch den unsportlichen Abgang des Briten.

Das Enneri, dem wir folgen, wird immer düsterer und enger. In mehreren Stufen geht es steil bergauf. Die schwer geforderten Fahrzeuge holpern über kopfgroße Steintrümmer, zum Teil künstlich aus dem Fels gesprengte Treppen. Schließlich stehen wir am Rande eines Hochplateaus, Tarso genannt, aus dem Riesenvulkane herausragen, allen voran der 3264 Meter hohe Toussidé, der zweithöchste Berg des Tibesti und damit der gesamten Sahara. Manche Vulkankegel sind schon so erodiert, dass der gesamte Mantel verschwunden ist und nur noch die Seele des Vulkans, die erstarrte Magmasäule, übrig ist, die wie ein gewaltiger Zahn aus der Oberfläche ragt. Der Tarso besteht nur aus Steinen; scharfe, zersprungene Splitter, die wie Glimmer leuchten. Die Trockenheit ist noch unerträglicher als in der Sandwüste. Die Gegenwart des Menschen in dieser Mondlandschaft scheint unangemessen.

Kaum haben wir unser Lager aufgeschlagen, taucht eine Gestalt zwischen den Felsen auf. Mit federndem Gang bewegt sich der Tubu über ein Terrain, das einem fast unbegehbar erscheint. Nur Togoi hat ihn kommen sehen, sein Gewehr geschultert und ist ihm ein paar Schritte entgegengelaufen. Die beiden begrüßen sich wie gute alte Freunde. Minutenlang werden stereotype Begrüßungsformeln ausgetauscht, unterbrochen durch das immer wiederkehrende *Kellaha*. Was bei uns eine grobe Unhöflichkeit wäre – dem Gegenüber nicht in die Augen zu schauen –, gilt bei den Tubu als respektvoll. Kaum ist das Begrüßungsritual beendet, kommt der Tubu ins Lager, um uns und unser Gepäck unverhohlen zu mustern. Der Mann, der sich als Sougui vorstellt, imponiert mir. Mit einer Handvoll Datteln und einer *Guerba* – einem Ziegenledersack voll Wasser – ist er auf der Suche nach essbaren Samen von Wildgräsern und legt dabei bis zu 50 Kilometer am Tag zurück. Wir stellen ihm eine Kanne voll Tee auf den Klapptisch. Obwohl er einen langen Marschtag in sengender Sonne hinter sich hat, rührt er den Tee nicht an und tauscht stattdessen mit Togoi die Neuigkeiten aus. Dann endlich nippt er an einer Tasse, als ob es sich um Höflichkeit und nicht um eine Notwendigkeit handele. »Niemals wird ein Tubu sagen: ›Ich habe Hunger, ich habe Durst, ich bin müde‹«, berichtet der französische Ethnologe Jean Chapelle, einer der ganz wenigen Forscher, der es ertrug, das harte Leben der Tubu für längere Zeit zu teilen.

Irgendwann steht Sougui auf, schultert seine Kalaschnikow, die längst Wurfeisen und Speer ersetzt hat, und bedeutet uns, ihm zu folgen. Mit seinen Beinen, die dürr wie eine Akazie sind, läuft die kleine, zerbrechlich wirkende Gestalt in einem Tempo voraus, mit dem wir kaum Schritt halten können. Dann geht es hinunter in eines der vielen verborgenen Enneris, die alle hier am Tarso ihren Anfang nehmen.

Allmählich gewinne ich eine Ahnung davon, aus welchem Holz dieser Tubu geschnitzt ist. Er findet den Weg, als wäre dieser gekennzeichnet, das Wasser, an dem wir einfach vorbeigegangen wären, das Stück Holz, um abends ein Feuer anzumachen, die Behausung, die nur dem Eingeweihten erkennbar ist. Sie besteht aus lose zusammengelegten Holzprügeln. Nie wäre ich auf die Idee gekommen, dass darin ein Mensch lebt. Jetzt begreife ich, warum sich die Tubu hier bis heute eine gewisse Unabhängigkeit bewahren konnten. Sie haben die Fähigkeit entwickelt, sich unsichtbar zu machen. Die Kolonialgeschichte legt davon ein beredtes Zeugnis ab. Als im Jahre 1913 die französische »Kolonne Löfler« im Tibesti eintraf, um das Bergland zu erobern, meldete der Kommandant zwei Monate später: »Fünfzig Tubu-Familien sind unterworfen.« Doch mit dieser Nachricht bemäntelte er allenfalls das militärische Scheitern der Franzosen. Denn die Tubu flohen in die Berge und versteckten sich dort wie Viper und Gazelle, schufen für den Gegner ein Vakuum.

»Die Tubu haben dank ihres ausgeprägten Sinnes für Unabhängigkeit und des anarchischen Charakters ihrer Clans überlebt und ihre Freiheit bewahrt«, schreibt Jean Chapelle. »Sie fühlen sich nicht berührt durch den Tod oder die Bestrafung eines Oberhauptes, den Verlust einiger Kämpfer oder durch die Zerstörung einiger Zelte … Um sie zu unterwerfen, müsste man nacheinander jedes Zelt zerreißen und jeden Tubu einzeln bezwingen.« Es gab niemals auch nur eine französische Niederlassung im Tibesti, in der Frauen und Kinder lebten.

Sougui verschwindet in seinem primitiven Unterstand, um Augenblicke später mit einem Topf voll zerstampftem Getreide wieder zu erscheinen. Damit bereitet er *Tibi*, einen äußerst nahrhaften Brei, der, gekocht und mit Ziegenmilch versetzt, das Hauptnahrungsmittel der Tubu bildet. Aus der Ferne ist der gequälte Schrei von Ziegen zu hören. Souguis halbwüchsiger Sohn treibt die Tiere von den Weiden heim. Das Wort »Weide« ist allerdings eine freundliche Beschönigung. Jeder Hirte anderswo auf der Welt würde kein anderes Wort als »Wüste« dafür verwenden. Die einzigen für das Auge erkennbaren Pflanzen sind vereinzelte kümmerliche Akazien, die aus Wassermangel nur noch die Größe von Büschen erreichen, stellenweise finden sich Tamarisken und Kameldorn. Der Genügsamkeit der Tiere steht die Anspruchslosigkeit des Hirten um nichts nach. Kaum hat der Junge die Ziegen in einen aus losen Steinen aufgeschichteten Mauerring getrieben und mit dornenbewehrten Ästen verschlossen, greift er sich mehrere Ziegenlederschläuche und macht sich auf den Weg zum Brunnen. Welch Mut und Zähigkeit in einem Tubu-Jungen stecken, verdeutlicht eine fast unglaubliche Geschichte, die Chapelle zugetragen wurde: Ein Vater schickte seinen gerade zwölfjährigen Sohn zu Fuß allein in die 650 Kilometer entfernte Oase Murzuk im heutigen Libyen, um ein Kamel zu suchen, das ein fremder Händler »entliehen« hatte. Dort angekommen, erfuhr der Junge, dass das gesuchte Tier inzwischen in Madama – weitere 600 Kilometer entfernt – in Niger gesichtet worden war. Als er mit einer Karawane, der er sich angeschlossen hatte, dort eintraf, wurde ihm berichtet, dass das gestohlene Tier von französischen Soldaten requiriert worden war und sich nun auf dem Weg zum Markt nach Bilma befand. Mit

einer halb vollen *Guerba* und ein paar Datteln machte er
sich an die Verfolgung – allein, durch 450 Kilometer unbekannte Wüste – und legte dabei solch ein Tempo vor,
dass er die Franzosen einholte und sein Kamel zurück-
bekam. Der französische Kommandant war vom Mut und
der Leistung des Tubu so angetan, dass er ihm 120 Francs
als Entschädigung gab. Bis dahin hatte der Junge bereits
eine Wegstrecke von 1600 Kilometern zurückgelegt, nach
Hause ins Tibesti war es fast noch einmal so weit. Nun
besaß er zwar ein Reittier und etwas Geld, dachte aber gar
nicht daran, auf kürzester Strecke in seine Heimat zurückzukehren, sondern legte noch einen »Schlenker« nach
Norden ein, um in einer Oase Datteln einzukaufen.

Für den Außenstehenden ist es schwer zu begreifen, was
die bedingungslose Treue dieser Menschen zu dieser kar-
gen Landschaft rechtfertigt. »Jeder Mensch muss sterben«,
sagen die Tubu, »doch nicht jeder Tod ist gleich … Für die
Heimat zu sterben gibt dem Tod mehr Gewicht als dem
Berg Emi Koussi.« Eher ist ihr Stolz zu verstehen, denn er
resultiert aus dem Bewusstsein, dass nur ein Tubu hier
überleben kann. Denn genötigt, mit fast nichts zu überleben, haben sie einen radikalen Pragmatismus entwickelt,
dem die Natur scheinbar nichts mehr anzuhaben vermag.
Es wird behauptet, ein Tubu könne von einer einzigen Dat-
tel drei Tage lang leben. Am ersten Tag schält er sie und isst
die Haut, am zweiten das Fleisch, und am dritten schließlich verzehrt er den zerstampften Kern. Nach all dem,
was ich gesehen habe, bin ich geneigt, auch das zu glauben Es ist der härteste Menschenschlag, dem ich je in
irgendeiner der Wüsten der Erde begegnet bin. Der französische Schriftsteller Albert Camus, der in Nordafrika ge-
boren wurde, schrieb einmal, es sei die Tragik des Men-

schen, dass er sich nicht zu Stein verwandeln könne, um dadurch unverwundbar zu werden. Er kannte offenbar die Tubu nicht. *Tu* heißt »Felsen«, und *bu* ist die Entsprechung für »Mensch«. Der Begriff stammt aus der Kanuri-Sprache, die am Tschadsee heimisch ist. Die Tubu nennen sich selbst Teda, was dasselbe bedeutet, »Felsenmenschen«. Doch zunehmende Trockenheit, Hunger und kriegerische Auseinandersetzungen haben auch den Tubu hart zugesetzt. Nur noch 3000 bis 4000, so wird geschätzt, beträgt ihre Zahl im Tibesti. Starre Lebensformen können nicht mehr aufrechterhalten werden. Die Tubu müssen jede Nische nutzen, sowohl Bauern als auch Nomaden sein. Wenn es keinen Regen gibt, dann müssen sie ihn suchen gehen. Auch die sozialen Bindungen werden dem Überlebensdruck untergeordnet. Fast das ganze Jahr über ist die Tubu-Familie getrennt, so wie jene von Sougui. Während er und sein Sohn mit den Tieren auf dem Tarso umherziehen und nur eine notdürftige Unterkunft aus Prügeln errichten, bewirtschaftet seine Frau mit den übrigen Familienangehörigen die Felder auf dem Grund eines der großen Enneris. Dort wird die Dattelpalme kultiviert, die wichtigste Nutzpflanze der Tubu. Nur einmal im Jahr, zur Zeit der Datttelernte, kommen auch die männlichen Familienmitglieder vom Tarso herunter. Dann werden auch die großen Feste gefeiert. Über die Herkunft der Tubu gibt es fast so viele Theorien wie Tubu selbst. Einige Ethnologen sehen in ihnen Reste saharischer Urbevölkerung, die in endlosen Kämpfen um Ackerland und Weidegründe auf dem seit Jahrtausenden austrocknenden afrikanischen Kontinent ins Tibesti abgedrängt wurden. Andere glauben, dass die Ur-Tubu zu jenen von Herodot »Äthiopier« genannten Gruppen zählten, die vor rund 4000 Jahren aus dem Osten ins Tibesti einwanderten. Die meisten wundern sich, dass es dieses Volk überhaupt noch gibt, denn nach den Gesetzen der Logik müsste es längst aufgerieben und vernichtet sein.

Schon vom frühen Morgen an rumpeln die Fahrzeuge im Schritttempo über den Tarso, der bis zum Horizont mit Vulkanruinen angefüllt ist. Trost für das Auge bietet der Blick nach Westen, wo die schlanken Felsmonumente der Arkafiéra-Ebene im Sonnenlicht baden. Dann bricht der Tarso plötzlich ab, tausend Meter tiefer erstreckt sich der Grund eines Kraters. Wir stehen am Trou au Natron, einem Krater von sieben Kilometern Durchmesser. Dahinter steigt der ebenmäßig geformte Vulkan Pic Toussidé auf. Am Grunde des Riesenkraters schimmern silberfarbene Natronsümpfe, und kleine Explosionskrater sitzen wie Warzen auf der Oberfläche. Während Jerry an der Abbruchkante in der Senkrechten tanzt, suche ich einen gangbaren Weg, der zum Kratergrund hinunterführt. An einer tiefen Falte setzt ein schmaler Saumpfad an. Zuweilen steigen auch Tubu in den Krater hinab, um Natron für ihre Tiere zu holen oder Hautkrankheiten und Wunden in den Salzlaugen zu behandeln. Nach zwei Stunden bin ich unten. Das Zusammenwirken von Wind und Sand hat Furchen und Rillen in die Natronschicht gefräst, sodass sie wie Büßerschnee aussieht. Ich wähne mich auf einem fremden Planeten. Kein vertrautes Zeichen findet sich mehr in dieser Landschaft, nichts Lebendiges, nur absolute Stille.

Der Weiterweg nach Bardai lässt sich so zusammenfassen: Entweder holpern wir über düstere ausgeglühte Lavafelder oder zwängen uns durch enge versandete Schluchten. Unwillkürlich muss ich an Gustav Nachtigal denken, der zu Fuß dieses Gebiet durchquerte, auf der Flucht vor den Tubu, die seinen Kopf wollten. Noch dazu im Sommer, als die Hitze am erdrückendsten war, gepeinigt von Durst und ausgezehrt von Hunger und den Strapazen. Er besaß keine modernen Hilfsmittel wie wir, keine Landkarten, die jede Bodenunebenheit ausweisen, und schon gar nicht Satellitennavigation. Er war ganz auf sich allein gestellt. Jetzt, wo ich diese Landschaft mit eigenen Augen sehe, zolle ich seiner Leistung allerhöchsten Respekt. Als Nachtigal Anfang Juni 1896 von der Oase Murzuk zu seinem »Ausflug ins Tibesti« – wie er den lebensgefährlichen Trip nannte – aufbrach, hatte er als einzige Orientierungshilfe eine Kartenskizze dabei, die Heinrich Barth nach dem Hörensagen vom Bergland angefertigt hatte. Mit dabei waren ein lokaler Diener, der bereits Rohlfs und Barth begleitet hatte, sowie ein Tubu namens Kolokomi, der sich als Führer angedient hatte und vorgab, im Tibesti großen Einfluss zu besitzen. In salbungsvollen Worten versprach er, den Forscher und seine Begleiter sicher wieder nach Murzuk zurückzubringen. Vergeblich beschworen die Bewohner der Oase Nachtigal, von seinem Vorhaben Abstand zu nehmen. Sein Forscherdrang war stärker.

Bereits in Al Gatrun, der letzten Oase vor der großen Wüste, bekam er einen Vorgeschmack dessen, was ihn im Tibesti erwartete. Er erlitt – wie er schreibt – seine erste Niederlage: Kolokomi gelang es, ihm unter wüsten Drohungen ein erstes »Geschenk« abzupressen, einen der roten Burnusse, die Nachtigal auf Geheiß des Tubu als Gastgeschenke für die »Edlen« im Tibesti eingekauft hatte. Als Kolokomi dreist auch noch die zweite Hälfte seines Führerlohns forderte, die er laut Abmachung erst nach sicherer Rückkehr erhalten sollte, blieb Nachtigal jedoch standhaft. Der Forscher bemerkte aber, dass sich nun bei den

Tubu eine deutliche Wandlung vollzog. Plötzlich trugen alle ihre Waffen offen zur Schau, hatten die Gesichter bis auf die Sehschlitze verschleiert und begegneten seinen einheimischen Begleitern mit Verachtung. Dennoch zog er mit seiner Karawane weiter, »in den sicheren Tod«, wie ihm die Bewohner am letzten Dorf im Fezzan hinterherriefen. Unterwegs begegneten sie immer häufiger Tubu, die allein aufgrund der Tatsache, dass der Fremde beabsichtigte, ins Tibesti zu reisen, Ansprüche stellten. Bei sengender Hitze durchquerten sie die Sandwüste und erreichten Bir Meshru, den »Brunnen der Gebeine«. Ein grausiger Ort. Die ganze Umgebung, so schreibt Nachtigal, »war bedeckt mit gebleichten menschlichen Gebeinen und Kamelskeletten«. Der Brunnen lag auf der berüchtigten Sklavenroute, die einstmals quer durch die Sahara von Bornu nach Tripolis führte. Von den Strapazen gezeichnet, das traurige Schicksal der Versklavung vor Augen, starben die Unglücklichen hier an Erschöpfung.

Danach galt es wieder eine wasserlose Wüstenstrecke zu durchmessen, Sand und Stein wechselten einander ab. Um der mörderischen Hitze zu entgehen, marschierten Nachtigal und seine Begleiter nachts. Trotzdem schwanden die Wasservorräte, und die Kamele magerten zusehends ab. Dann erreichten sie die Tümmo-Berge, wo Nachtigal lapidar feststellte, dass das Gebirge seinem arabischen Namen El War, »das Schwierige«, voll gerecht werde. Trotz der schwierigen Orientierung in diesem Trümmergebirge fand der Führer auf Anhieb den lebenswichtigen Brunnen. Vor ihnen lag nun das schwierigste Stück Wüste, eine menschenleere endlose Einöde aus grauschwarzen Steinplatten, hellem Sand und ausgeglühten Felstafeln. Doch der Tubu-Führer versicherte, dass es dazwischen noch einen

Brunnen gebe, irgendwo in den – heute im Niger gelegenen – Afafi-Bergen, die sie bereits nach zwei Tagen erreichen würden. Kolokomi ritt voraus, bestimmte das Tempo und trieb die Karawane unerbittlich zur Eile an. Doch anstatt auf den angekündigten Brunnen zu stoßen, wurde ihnen nach zwei Tagen der Weg durch ein Felsmassiv verstellt. Der Tubu verirrte sich, das Wasser ging zur Neige, der letzte Rest wurde verteilt. »Gierig zogen wir, mit schmerzlichem Bedauern, dass es nicht mehr sei, die letzten Tropfen ein«, erinnert sich Nachtigal an den dramatischen Moment. Kolokomi hingegen nahm nur einen Schluck, um sich den Mund zu befeuchten, und »spritzte es in langem Strahle durch eine Zahnlücke von sich … den Rest reichte er mir mit dem Bemerken, dass er noch keinen Durst habe, aber wohl begreife, dass wir als Leute des Wassers sogar den erst beginnenden Mangel nicht ertragen konnten.« Bald darauf brachen die ersten Kamele zusammen. Nachtigal und seine Männer schleppten sich noch ein Stück weiter, dann blieben sie erschöpft unter einer Akazie liegen und erwarteten den Tod. Der Tubu-Führer schwang sich auf sein Tibesti-Kamel, das den arabischen an Ausdauer überlegen war, und ritt davon, ohne sich umzublicken. Buchstäblich in letzter Minute kehrte er mit wassergefüllten Ziegenschläuchen zurück.

Einen Monat nach dem Aufbruch von Murzuk erreichten sie schließlich die westlichen Ausläufer des Tibesti. Die Kunde von der Ankunft des Fremden hatte sich schnell verbreitet, und bald erschien eine Gruppe sogenannter »Tubu-Edler«, die in den Augen Nachtigals »mehr einer Bande verhungerter und zerlumpter Banditen ähnelten als einer Versammlung der Vornehmsten ihres Stammes.« Die »Gäste« hielten sich an den Verpflegungsreserven

Nachtigals schadlos, verlangten »Zölle« und zahlreiche »Geschenke«. Der Forscher machte nun die bittere Erfahrung, dass Kolokomi ihn getäuscht hatte. Der vorgebliche »Tubu-Noble« hatte in Wahrheit nicht viel zu melden. Wirklichen Einfluss besaß Arami, in dessen Fängen sich Nachtigal nun befand und der ihn systematisch ausplünderte. Immer wieder wurde die Weiterreise des Deutschen hinausgezögert, um weitere »Geschenke« zu erpressen. Kurzzeitig überlegte er, den Rückweg anzutreten, doch die Neugier des Forschers war stärker. Unter dem Schutz von Arami und dessen Entourage wagte er den Gang in die »Höhle des Löwen«, nach Bardai, der Hauptoase im Tibesti. Dabei kam er auch unmittelbar am Kraterrand des Trou au Natron vorbei, aber erschöpft von der Kletterei, mit leerem Magen und voll banger Gedanken lassen sich die großartigsten Naturwunder nicht genießen.

Endlich kam die Palmerie von Bardai in Sicht. Freude stellte sich aber trotzdem nicht ein, denn die Tubu tobten, als sie den Fremden sahen. Aramis Einfluss reichte nicht aus, um dem Forscher ein freies Bewegen zu ermöglichen. So verbrachte Nachtigal peinigende Wochen mehr als Gefangener denn als Gast in einem winzigen Zelt, das sich wie ein Backofen aufheizte. Wann immer er es verlassen wollte, trieben ihn Halbwüchsige mit Steinwürfen zurück. Seine Situation wurde immer brenzliger. Als die Kunde vom Tod der reichen niederländischen Amateurforscherin Alexandrine Tinné, die von den Tuareg ermordet worden war, nach Bardai drang, forderte man unverhohlen den Kopf des Fremden. Bei Nacht und Nebel gelang Nachtigal und seinen Begleitern die Flucht mithilfe Aramis, dem sie dafür die letzten »Geschenke« überlassen mussten. Wie gehetztes Wild, von den Nachstellungen der Tubu hart bedrängt, ging es für sie auf dem langen und entbehrungsreichen Weg, den sie durch das Gebirge hingewandert waren, wieder zurück. In der Ebene angekommen, plünderten ihre »Fluchthelfer« noch ihre letzten Habseligkeiten mit der zynischen Bemerkung:»Viel Besitz tötet seinen Herrn.« Mit nichts mehr, als sie am Leibe trugen, traten Nachtigal und seine Gefährten den Rückmarsch nach Murzuk an. Der Forscher besaß immerhin noch sein Gewehr. Es spricht für ihn, dass er der Versuchung widerstand, es zu gebrauchen, um es seinen Peinigern heimzuzahlen. Der Rückmarsch wurde zu einem Wettlauf mit dem Tod. Auf halber Strecke mussten sie die verdurstenden Kamele zurücklassen. Am Schluss schleppten sie sich mit letzter Willensanstrengung nachts voran, während sie sich tagsüber vor der sengenden Sonne verkrochen. Abgemagert, halb verdurstet, die Kleider in Fetzen vom Leibe hängend, erreichten die längst Totgeglaubten schließlich den Fezzan.

Unmittelbar vor Bardai war Nachtigal durch ein Tal mit gigantischen Sandsteinblöcken gekommen, auf denen neolithische Jäger Hunderte Felsgravuren hinterlassen hatten. Er hatte keine Zeit, das Tal zu erforschen, und en passant entdeckte er nur Darstellungen von Rindern. Fast genau hundert Jahre später hielt sich wieder ein deutscher Forscher dort auf: der Arzt Christoph Staewen. Abermals waren die Umstände alles andere als günstig. Tubu-Rebellen machten die Gegend unsicher. Immerhin gelang es Staewen, etwa 800 Felsbilder zu dokumentieren. Für eine genaue Datierung wären systematische Grabungen notwendig gewesen, doch dafür blieb Staewen keine Zeit. Wenig später wurde er von Tubu-Rebellen unter dem Kommando von Hissène Habré gekidnappt und erst gegen ein hohes Lösegeld wieder freigelassen.

Uns wird die Gnade Spätgekommener zuteil, und wir können ohne Zeitdruck und Gefahr das Tal von Gonoa erkunden. Wie von Kyklopenhand hingeschleudert, liegen zum Teil haushohe Felstrümmer aus weichem vulkanischem Gestein herum. Das »Freilichtmuseum« von Gonoa beherbergt die bedeutendste Felsbildersammlung der Sahara aus der sogenannten Jäger-Periode. Diese frühe Epoche menschlicher Besiedelung in der Sahara wird von 9000 bis 4000 vor Christus datiert. Die neolithischen Jäger stellten bevorzugt Großtiere dar, die zu jagen ein schwieriges und gefährliches Unterfangen war. An einem runden Felsen, der auf einer Seite wie abgespalten wirkt, entdecke ich die Abbildung eines riesigen Elefanten, naturalistisch dargestellt. An einem anderen Felsen finden sich zwei Giraffen und gleich daneben ein Nashorn. Selbstverständlich sind die Gravuren nicht aus einem Mitteilungsbedürfnis heraus entstanden, sondern haben magische Bedeutung. Mit der Abbildung versuchte der Jäger, das Tier in seine geistige Gewalt zu bringen. Nicht zufällig herrscht bei vielen Stammesvölkern der Glaube vor, dass derjenige, der eine Abbildung von einer Person besitzt, auch Macht über sie ausüben kann. Aufgrund der Topografie – das Tal ist eine Sackgasse – und der verhältnismäßig vielen Gravuren, die Elefanten darstellen, schlussfolgerte Staewen, dass es eine Elefantenfalle gewesen sein könnte. Die ungewöhnlichste Darstellung aber zeigt nicht die Gejagten, sondern den Jäger selbst. Überlebensgroß, mit raumgreifendem Schritt, die Keule auf der Schulter, bereit, den Schlag zu führen, tritt uns der berühmte »Mann von Gonoa« entgegen. Der Jäger ist nackt, nur sein Kopf ist verhüllt. Trägt er eine Maske, um die Jagdtiere zu täuschen? Hat der Künstler ihn absichtlich unkenntlich gemacht, um ihn vor den Geistern der getöteten Tiere zu schützen? Erich von Däniken würde ihn wohl als Außerirdischen interpretieren.

Nach kurzer Fahrt eröffnet sich der Blick auf die »Perle des Tibesti«. Bardai liegt wirklich wie eine Perle in einem Enneri eingebettet, auf drei Seiten von schroffen, verwitterten Sandsteinfelsen umgeben. Im schrägen Licht der Sonne wirkt der umklammernde Fels wuchtig und mächtig, die Oase hingegen geduckt, von Bergen und Schatten gleichermaßen bedroht. Der Kern des Ortes ist winzig. Zwischen Palmen verstecken sich eine Handvoll Lehmbauten. Ein etwas abseitsstehendes Gebäude mit markanten Spitzbögen sticht hervor. Es ist die ehemalige Geomorphologische Forschungsstation der Freien Universität Berlin. Zwischen 1964 und 1974 wurde hier intensiv geforscht, der Bürgerkrieg bedeutete das Aus für die Station. Seitdem wird das Gebäude, dessen weiße Tünche längst verblasst ist, als Quartier für Soldaten benutzt. Im vorauseilenden Gehorsam – es besteht für uns Meldepflicht – führt unser erster Weg zum Büro des Souspräfekten. Wir wollen tunlichst vermeiden, einen »Fehler« zu begehen, der Komplikationen provozieren könnte. Der mächtigste Mann im Tibesti empfängt uns in einem kahlen Raum in einem der heruntergekommenen Gebäude, die das Zentrum des Ortes bilden. Er sitzt hinter einem leeren klapprigen Holztisch, an der Wand hängt ein verstaubtes Bild des Präsidenten Déby. Der aber sitzt in N'Djamena, und das ist weit weg. Der Mann weiß um seine Macht. Selbstbewusst verlangt er unsere Reisepässe und setzt dann den Stempel seiner Unterpräfektur neben die vielen internationalen Visa. Leider drückt er uns auch noch einen neuen Führer aufs Auge, der den souveränen Togoi ablöst.

Nachdem wir beim öffentlichen Brunnen unsere Wasservorräte aufgefüllt haben, statten wir den Franzosen einen Besuch ab, die hier auf ihre Abberufung warten. »Achtung, Minen!«, warnen uns die Soldaten, als wir die Absicht äußern, zu den Sandsteinfelsen zu fahren, um die Felsgravuren zu besichtigen. »Warum besucht ihr nicht die bunten Felsen? Da ist es sicher.« Natürlich wissen wir von den grell mit Farbe bepinselten Felsen am Rande der Oase und haben auch schon darüber diskutiert. Die Meinungen drifteten weit auseinander. »Was soll denn das für eine Kunst sein, tonnenweise Chemiefarben auf Naturfelsen zu kippen? Ist die Natur nicht schon Kunstwerk genug?«, fragten die einen. »Das ist doch originell, künstlerische Freiheit«, hielten die anderen dagegen und plädierten dafür, einfach hinzufahren und erst hinterher ein Urteil zu fällen. Wir entschieden schließlich, lieber die alten Felsbilder anzuschauen als die moderne Felskunst, aber nachdem sich herausstellt, dass diese unzugänglich sind, fahren wir nun doch hin. Schon aus der Entfernung leuchten uns Felsen in grellem Lila, Rot und Blau entgegen. Ein blütenweiß gefärbter Felsturm ragt wie ein Riesenzahn in den stählern blauen Himmel. Im Sand liegen bemalte Ziegel zu einem kosmischen Symbol aus Kreisen und Quadraten angeordnet. Die Farborgie ist das Werk des französischen Künstlers Jean Vérame, der sich als Mittler zwischen Natur und Kunst versteht. Drei Monate lang sprühte und arbeitete der Franzose im Jahre 1988 hier. Er verbrauchte mehr als drei Tonnen Farbe, und das Unternehmen verschlang drei Millionen Francs. Geblieben ist das wohl einsamste Kunstwerk der Welt. Die wenigen Besucher lassen sich an den Fingern einer Hand abzählen. Die einheimischen Tubu schenken ihm keine Beachtung.

Für sie ist das Werk nur eine unbegreifliche Laune eines Fremden und bringt keinerlei Nutzen. Meine anfänglichen inneren Widerstände schwinden mit jedem Schritt, den ich in diesem bunten Steingarten zurücklege. Sie weichen einem Gefühl tiefen Friedens, der von diesem Ort ausströmt, inmitten einer Bühne, auf der seit Jahrzehnten nur ein Stück aufgeführt wird: der Krieg. Die beiden Kletterer Moffatt und Zak fügen der Felskunst des Franzosen ihre eigene Kunst hinzu, die der Körperbeherrschung. Mit der Ausdruckskraft ihrer Bewegungen, dem Wechselspiel von Balance und Kraft, legen sie Routen auf Vérames bunte Felsen.

Die französischen Soldaten haben uns vorgeschwärmt, dass der östliche Teil des Tibesti lebensfreundlicher und landschaftlich abwechslungsreicher sei. Davon allerdings ist zunächst nichts zu merken. Der Tarso, über den wir holpern, ist genauso trocken und steinig wie vor Bardai. Wir verlassen die Fahrzeuge und machen uns auf die Suche nach vorislamischen Gräbern, die etwas abseits der Piste liegen.

Nach halbstündigem Aufstieg kommen kreisrunde flache Steinhügel in Sicht, die wie Warzen einen schuttbedeckten Hang überziehen. Die Tubu behaupten, das seien Gräber der Nazarah, eines hellhäutigen Volkes, über das sie so gut wie nichts mehr wissen. Fest steht, dass es über einen langen Zeitraum hinweg Einwanderungswellen aus dem Norden gegeben hat. Zu den bekanntesten dieser hellhäutigen Eroberer zählen die Garamanten, die um 500 vor Christus mit ihren Pferdegespannen die heutige Sahara durchquerten. Auf Felsbildern sind sie zu sehen, und Herodot, der »Vater der Geschichtsschreibung«, hat einen lebhaften Bericht über sie hinterlassen.

Nach wie vor zwingen die Minen zu höchster Vorsicht. Bei der Durchquerung eines engen Wadis ermahnt uns der Führer, exakt der Spur seines Fahrzeuges zu folgen. Dann gibt es vorübergehend Entwarnung, denn wir sind von der alten Piste abgebogen und folgen einer neuen, das heißt unverminten Route. Die Wasserstelle, an der wir an diesem Abend lagern, heißt Torontoron. Die Quelle ist nicht sehr ergiebig; das Wasser tröpfelt über Steine herab.

Am nächsten Tag begegnen wir der ersten Karawane, seit wir im Tibesti unterwegs sind. Ein auf seinem Reitkamel sitzender Tubu führt sie an. Die »Ware« sind die Kamele selbst, die, an Stricken zusammengebunden, folgen. Noch immer, so erfahren wir, ist der alte Karawanenweg zwischen dem Tibesti und dem südlich gelegenen Ennedi in Gebrauch, trotz der langen Wegstrecke von 800 Kilometern, den versiegenden Brunnen, den Minen. Weiterhin führt die Piste, die nun erstaunlich gut zu befahren ist, über gewellte, zerrissene Hochplateaus aus dunklem Lavagestein. Der Eindruck einer Mondlandschaft wird durch verwitterte Vulkanruinen verstärkt, so wie die des Tarso Voon, dessen Caldera einen Durchmesser von fast 20 Kilometern hat. Glühende Magma, die einstmals aus dem Krater floss, ist zu Basalt erstarrt, der durch die enormen Kräfte der Erosion zersplitterte. In der Nähe eines kleinen Dorfes, dessen Hütten wie verschreckte Herdentiere eng zusammenstehen, von Schilfmatten und ausgeschlachtetem Fahrzeugblech umzäunt, erhebt sich eine gewaltige Basaltwand. Die über- und nebeneinander aufgetürmten Quader und Säulen sehen wie überdimensionale Orgelpfeifen aus. Nach den stundenlangen Autofahrten klettern wir im Bedürfnis nach körperlicher Bewegung vergnügt wie Kinder auf einem Spielplatz darin herum.

Danach geht es wieder durch eine Schlucht, an deren Ende das Tal von Yebbi-Souma liegt. Tief unten am Grund der Schlucht drängen sich Palmen, dazwischen gibt es gut bewässerte Felder. Hoch oben auf dem Plateau krallen sich die Häuser des Dorfes auf einer Trümmerhalde fest, damit kein Quadratmeter nutzbaren Bodens unten in der Schlucht verloren geht. Die schilfgedeckten Rundbauten mit den bis zum Boden reichenden Dächern gleichen Pilzen, die aus dem Boden wachsen. Nach wie vor ist das Kegeldachhaus die typische Wohnform der Tubu in den Tibesti-Oasen. Es besteht aus einer kreisrunden Mauer aus Bruchsteinen von einem Meter Höhe. Im günstigsten Fall werden die Fugen zwischen den Steinen mit Lehm verfüllt. Dieser Mauer wird ein freitragendes Gerüst aus gebogenen Palmzweigrippen übergestülpt, das am Boden mit Faserstricken verankert wird. Bedeckt wird die ganze Konstruktion mit Schilfrohr, dem *Gashi*, das die Frauen an den Quellen der Oasen schneiden, trocknen und anschließend zu Matten flechten. Vor dem Haus steht der Dattelspeicher. Er ist fest versiegelt und ruht auf Stelzen, damit keine hungrigen Tiere an die Vorräte kommen. Ungewöhnlich ist die Arbeitsteilung bei den Tubu. Während der Hausbau ausschließlich Frauensache ist, nähen die Männer die Kleidung. Obwohl die Tubu-Gesellschaft auf den ersten Blick patriarchalisch geprägt scheint, spielt die Frau keine untergeordnete Rolle. Daran konnte auch der Islam nichts ändern. Tubu-Frauen tragen keine Gesichtsschleier. Will sich ein Mann eine zweite Frau nehmen, scheitert es meist am Widerstand der ersten. Schönheit und Treue dieser Frauen werden ebenso gerühmt wie ihr Stolz und ihre Streitbarkeit. Dem jungen Bräutigam, der sich mit dem Kamel auf den Weg zum Haus seiner Angetrauten macht, um sie zu holen, wünscht man zuerst Mut, dann Glück.

Im »Niemandsland« zwischen Yebbi-Souma und der nächsten Oase kommen wir auch an Mattenzelten nomadisierender Tubu vorbei. Wenn man sie aus der Ferne sieht, erscheinen sie wie umgestülpte Boote. In Wirklichkeit ist solch ein Zelt ein Meisterwerk an Funktionalität und aerodynamischer Form. Ein ovaler Käfig aus gebogenen Akazienzweigen bildet das Skelett. Die Äste werden vorher entrindet, mit Harz bestrichen oder auch mit Kamelurin imprägniert. Das schützt vor Termiten und Ameisen. Eine derartige Bleibe ist in einem Tag fertig und kann genauso schnell abgebaut werden, um anderswo wieder errichtet zu werden. Es genügt, die Matten zusammenzurollen, sie mit den Teppichen, die als Schlafunterlage dienen, und dem angemalten Metallkoffer, der die Habseligkeiten enthält, auf Kamele zu laden. Das tragende Gerippe bleibt stehen. Immer wieder sieht man solche Zeltskelette in der Landschaft stehen. Dann weiß man, die »Weide« für die Tiere ist erschöpft und der Nomade war gezwungen, weiterzuziehen. Irgendwann, wenn es einmal geregnet und das Leben sich erneuert haben wird, kehrt er wieder zurück.

Im Südosten taucht nun ein breiter, oben abgeflachter Berg auf, der alle anderen überragt. Der Emi Koussi ist mit seinen 3415 Metern nicht nur der höchste Berg des Tibesti, sondern der gesamten Sahara. Wir sind mit der festen Absicht ins Tibesti gekommen, ihn zu besteigen. Doch als wir ihn jetzt zum ersten Mal vor uns haben, kann sich keiner mehr so richtig begeistern. »Der Berg ist langweilig«, so die einhellige Meinung. Wir beschließen stattdessen, ein paar Tage in der Oase Yebbi-Bou zu bleiben, um das Leben der Menschen besser kennenzulernen. Auch diese Oase ist zweigeteilt: Oben auf dem Plateau stehen die pilzförmigen Hütten, und unten am Grunde einer Basaltschlucht liegen die Gärten und Palmenhaine. Zwei verschiedene Welten. Oben nackte schwarze Trümmerwüste, unten rauscht Wasser, zwitschern Vögel, wachsen Datteln, Hirse, Weizen und sogar Weintrauben. Wir haben die Fahrzeuge in der Dorfmitte abgestellt und werden sofort von Schaulustigen umringt. Eine Gruppe junger Männer interessiert sich für unsere Ersatzreifen. Wohl wissend, dass es nicht ratsam ist, Tubu Bitten abzuschlagen, versuchen wir ihnen zu erklären, dass wir noch eine sehr weite Strecke vor uns haben und auf die Reifen angewiesen sind. Derweil verhandelt unser Führer mit einer Familie um die Erlaubnis, in ihrem Haus zu filmen. Als Gebühr werden 10 000 CFA-Francs vereinbart, wovon die eine Hälfte sofort und die andere nach Ende der Filmaufnahmen zu bezahlen ist. Nachdem dies geschehen ist, werden wir in den Innenhof geführt. Die Filmcrew ist gerade dabei, ein Mädchen beim Mörsern von Dattelkernen zu drehen, da erscheint einer aus der Gruppe der jungen Männer und verbietet das Filmen. Gleichzeitig fordert er die restliche Hälfte der vereinbarten Drehgebühr. Unser Führer steht mit verschränkten Armen vor der Brust abseits und erklärt uns, dass ihn die ganze Sache nichts angehe und wir die Angelegenheit selbst regeln müssten. »Der Kopf ist kostbarer als Geld und Gut«, an diesen Tubu-Spruch muss ich denken, als wir der dreisten Forderung nachkommen. Draußen werden wir von der ganzen Gruppe junger Tubu umringt, die alle möglichen Forderungen stellen. Ich spüre instinktiv, dass es nun gefährlich werden könnte, und sage zu Heinz, er solle schon mal ins Auto steigen und den Schlüssel ins Zündschloss stecken. Augenblicke später zieht einer der Männer sein Gewehr unter dem Kaftan hervor. Ich renne los, springe ins Fahrzeug und starte durch. Nur weg hier!, ist mein einziger Gedanke. Im Rückspiegel sehe ich, dass auch die anderen zu den Fahrzeugen laufen. Dann fällt ein Schuss.

Nach einigen Kilometern begegne ich einer Militärstreife. Mehrere Toyota-Pick-ups, auf denen verwegen aussehende Soldaten sitzen, die Kalaschnikow in der Hand. An den Seiten hängen Panzerfäuste wie Pfeile in einem Köcher, und an einem der Fahrzeuge ist ein Flugabwehrgeschütz montiert. Nach und nach treffen unsere Wagen ein. Aus dem weißen Toyota steigt die Filmcrew, kreidebleich und zitternd vor Angst. Sie sind als Letzte weggekommen und wurden getroffen. Im Kotflügel klafft ein Einschussloch. Glück gehabt! Aber die Gefahr ist noch nicht vorbei. Wir sind Hals über Kopf geflüchtet, nur leider in die falsche Richtung. Um den Weg nach Süden fortzusetzen, müssen wir noch einmal durch den Ort. Die Soldaten mustern uns mit abschätzigen Blicken, und für einen Moment bin ich mir unsicher, ob sie uns nun berauben oder beschützen werden. Nach einer Packung Zigaretten entspannt sich die Situation. Gegen kleinere Draufgaben sind sie sogar bereit, uns bei der Durchfahrt von Yebbi-Bou Begleitschutz zu gewähren.

Nach dieser Erfahrung ist unser Bedürfnis nach weiteren Begegnungen mit Tubu erst einmal gestillt. Vor allem meiden wir größere menschliche Siedlungen. Deshalb schlagen wir an diesem Abend unser Lager an einer einsamen Quelle auf, in großem, respektvollem Abstand zu Bini Erdé. Auch im Enneri Misky wird Gas gegeben – zu viel für die Blattfedern des weißen Toyota. Sie gehen zu Bruch.

Da sind wir aber schon in den Ausläufern des Gebirges. Wie die Finger einer riesigen Pranke greifen die letzten Felsen des Tibesti in die Ebene hinaus. Dann ist die Sandwüste zurück. Am nächsten Tag erreichen wir wieder Faya.

Dem Militärkommandanten ist die Angelegenheit sichtlich peinlich. Er versucht zu erklären und zu beschwichtigen. »Ein bedauerlicher Einzelfall«, meint er. Der Schütze sei von seinen Soldaten gefasst und befinde sich nun auf dem Weg nach Faya. Er hoffe trotzdem, so sein Wunsch zum Abschied, dass der Film ein Erfolg werde und den Menschen in unserer Heimat die Schönheit seines Landes vor Augen führe.

Die Seen von Ounianga

Nachdem die Blattfedern repariert und die hier deponierten Treibstoffreserven aufgenommen sind, verlassen wir Faya in Richtung Osten. Unmittelbar nach den letzten Palmen beginnt die Wüste mit Sand und Staub. Das Fahrzeug vor mir verschwindet immer wieder in einer Wolke aus mehlfeinem Treibsand. Obwohl es erst Mittag ist, wird es dunkel vor mir. Der aufgewirbelte Staub hüllt uns ein, legt sich wie ein Schleier auf die Windschutzscheibe, sodass ich die Scheibenwischer betätigen muss. Nach einigen Kilometern wird der Untergrund wieder fester, das Sichtfeld dehnt sich bis zum Horizont aus. Dennoch habe ich Schwierigkeiten, dem vorausfahrenden Wagen zu folgen. Er löst sich immer wieder in Nichts auf, manchmal scheint er in der Luft zu schweben, von der Bodenhitze zu einem Trugbild gespiegelt. Nur die Spur verrät, dass es sich um ein reales Fahrzeug handelt. Erst recht glaube ich

einer Sinnestäuschung zu erliegen, als aus dem flimmern-
den Dunst die Umrisse eines Vehikels auftauchen, das
rasch Gestalt annimmt. Noch nie zuvor bin ich einem derartigen Gefährt begegnet. Mein erster Gedanke: Es kann
sich nur um einen Versuch handeln, ins Guinnessbuch der
Rekorde zu gelangen. Dann aber entpuppt sich die Reise-
gesellschaft als eine Gruppe Schmuggler, die Gewinn-
maximierung betreiben. Das Fahrzeug ist unter einem
Berg aufgeschichteter Warenbündel, Fässer und Säcke fast
zur Gänze verschwunden. Nur noch Schnauze und Fah-
rerkabine lugen heraus – und der »Stern«. Es handelt sich
um einen museumsreifen Mercedes-Lkw aus der Serie
»unverwüstlich«. Obendrauf sitzen noch die zahlenden
Passagiere. Sie klammern sich an Stricke, mit denen die
Ladung verschnürt ist, um nicht vom bedenklich schwan-
kenden Gefährt katapultiert zu werden. Niemals würde
ein Nomade sein Kamel überladen, aber bei einem motori-
sierten Fahrzeug kennt man keine Hemmungen.

Bald darauf kommt uns eine ganze Kolonne libyscher
Tanklastzüge entgegen. Trotz der Konflikte und kriegerischen Auseinandersetzungen der jüngsten Vergangenheit
laufen die Geschäfte. Scheinbar unberührt fahren die Tru-
cker an Schlachtfeldern vorbei, auf denen noch die gefalle-
nen Brüder liegen, bis auf den heutigen Tag unbestattet.
Das größte davon – Wadi Dum – erstreckt sich nun vor
uns. Hier kam es 1987 zur Entscheidungsschlacht. Während die libyschen Panzer schwerfällig durch den weichen Sand rollten und sich darin festwühlten, operierten
die Tschader mit wendigen Pick-ups, von denen sie Pan-
zerabwehrraketen abfeuerten und einen Koloss nach dem
anderen abschossen. Auch die Luftüberlegenheit nützte
den Libyern nichts, denn ihre Flugzeuge wurden von den

Franzosen außer Gefecht gesetzt. An einem einzigen Tag sollen hier mehr als tausend libysche Soldaten gefallen sein. Fassungslos stehen wir vor den Hinterlassenschaften der Schlacht, den Überresten der Opfer. Wenn es auf der Welt einen Ort gibt, der einem die ganze Sinnlosigkeit, ja Absurdität des Krieges vor Augen führt, dann hier. In einer Umgebung, die so unfruchtbar wie der Mond ist, stehen Panzer in allen Gefechtspositionen, explodiert und ausgebrannt. Aus einem Dünenabhang ragt ein Kanonenrohr, und überall im Sand liegen tonnenweise Panzermunition und Abwehrraketen verstreut, oft noch scharf, mit aufgeschraubten Zündern. Auf einem Rollfeld aus Luftlandeblechen sieht man Helikopter- und Flugzeugwracks, die noch am Boden zerstört wurden. Dazwischen ragt eine skelettierte Hand aus der Sandoberfläche, dann ein Schädel, vom Körper abgetrennt, der halb im Sand steckt. Manche der toten Soldaten liegen hingestreckt im Sand, so wie sie gefallen sind, in ihren Kampfanzügen, durch das trockene Wüstenklima bestens konserviert. Ein grausiges Memento des Krieges. Man möchte glauben, dass Menschen diesen düsteren Ort meiden. Weit gefehlt. Tschadische Veteranen haben sich auf dem Schlachtfeld ein Zuhause eingerichtet. Sie leben hier mit ihren Familien. Die Kinder klettern auf die Panzer und die Kanone, als ob es sich um einen Abenteuerspielplatz handele. Sogar eine Kirche gibt es, dazu passend aus hölzernen Minenkisten gezimmert.

Aber Leben und Tod, erhabene Schönheit und Schrecken liegen in der Wüste so eng wie in keiner anderen Landschaft beisammen. Wie eng, das erfahre ich an diesem Tag. Nur wenig später, die düsteren Bilder des Schlachtfelds noch vor Augen, überqueren wir eine endlos scheinende Kiesfläche – den Serir. Plötzlich bricht er ab, und wir stehen am Rande eines riesigen Beckens, aus dem uns ein tiefblauer, von Palmen gesäumter See entgegenleuchtet. Dass es in dieser Extremwüste überhaupt offenes Wasser gibt, ist schon ein Wunder, aber noch dazu Palmenstrände wie in der Südsee, das mag man nicht glauben. Wir stehen vor dem See von Ounianga Kebir. Unsere Blicke tauchen tief in diese unerwartete Farbenfülle ein. Im Licht der untergehenden Sonne variiert die Farbe des Sees in verschiedenen Blautönen. Der Ufersaum smaragdgrüner Palmen wird an manchen Stellen von der Wüste durchbrochen. Dort strecken sich schmale Sandzungen wie gespreizte Finger in den See hinein. »Wer Ounianga nicht gesehen hat, weiß nichts von der Sahara«, schrieb der Ethnologe Peter Fuchs, einer der besten Kenner dieser Region.

So rollen wir hinunter in das Wüstentraumland Ounianga. Jetzt erst sehe ich die Siedlung. Sie liegt etwas abseits auf einer versandeten Terrasse. Die lehmfarbenen Häuserwürfel heben sich kaum vom uniformen Braun des Sandes ab. Langsam senkt sich die Sonne auf den westlichen Horizont hinab, immer länger fallen die Schatten der Palmen in den See. Ein kräftiger Wind fährt in die Kronen, die bewegte Schatten auf die Seeoberfläche zaubern. Eine Gruppe Frauen nähert sich dem Ufer. Sie kommen, um Wasser zu holen. In ihren langen, wallenden Gewändern wirken sie wie Prinzessinnen, trotz der schweren Gefäße, die sie als Kopflast balancieren. Zwischen dem See und den Menschen herrscht eine symbiotische Verbindung. Am Anfang lebten die Menschen nur im See, berichtet ihre Schöpfungsgeschichte. Ein Mann namens Nahar und sein Sohn waren die ersten Menschen, die dem See entstiegen. Sie ernährten sich von den Datteln, die sie am

Ufer fanden. Der Junge verliebte sich in ein schönes See-
mädchen, das eines Tages auftauchte. Anders als Nahar
und sein Sohn vermochte Mide, so hieß das Mädchen,
nicht ohne die Nahrung aus dem See zu überleben. So
musste sie jede Nacht wieder in das Wasser zurückkehren.
Aus der Verbindung von Mide und Nahars Sohn entstand
der Stamm der Ounia, die bis heute an den Ufern der Seen
von Ounianga leben. Insgesamt gibt es in diesem Becken
ein Dutzend Seen, von denen mehr als die Hälfte sogar
mit Süßwasser gefüllt sind.

Der Mythos der Ounia korrespondiert verblüffend mit
geologischen Tatsachen. So wie die schöne Mide im See
ihre Nahrung fand, werden die Seen selbst unterirdisch genährt. Bei der hier herrschenden Wasserverdunstung von
fünf bis sechs Metern pro Jahr müssten die Seen längst
ausgetrocknet sein. Trotzdem bleibt ihr Wasserstand gleich,
ja sie versalzen nicht einmal. Der Grund: Sie werden von
einem unterirdischen Wasserreservoir gespeist. Unterhalb
der Sahara gibt es reichlich Wasser, das in gewaltigen Becken und Hohlräumen eingeschlossen ist. Es ist fossiles
Wasser, das aus verschiedenen Erdzeitaltern stammt. Bei
Bohrungen ist man sogar auf Wasser gestoßen, das vor
mehr als 400 Millionen Jahren eingeschlossen wurde. Andere Ressourcen stammen von tropischen Regenfällen,
die in der Epoche der Saurier niedergingen. Die jüngsten
Wasserspeicher entstanden während der letzten großen
Eiszeit, als es im Bereich der heutigen Sahara noch güns-
tige klimatische Bedingungen gab und riesige Wasserflächen wie das Binnenmeer des alten Tschadsees weite Teile
Zentral- und Nordafrikas bedeckten. Die Ounianga-Seen
sind gleichsam letzte »Fenster« dieser unterirdischen Was-
servorkommen. Das Wasser des größten Sees, Ounianga

Kebir, ist zu salzhaltig, um es trinken zu können. Der Salzgehalt beträgt mehr als das Fünffache der Weltmeere – zu hoch für Fische und andere höher entwickelte Tiere. Dennoch finden sich an bestimmten Stellen Süßwasserquellen, in denen Palmen wurzeln, deren Stämme weit ins Wasser hineinragen. An solchen Quellen schöpfen die Menschen ihr Trinkwasser. Sie haben am Ufer auch kleine Gärten angelegt, genau abgegrenzte Parzellen, wo sie Gemüse ziehen. Die kleinen Flecken, an denen Gras wächst, sind abgezäunt für die Kühe, die damit ihr Auskommen finden müssen. Den Rest des schmalen Vegetationsstreifens entlang den Ufern weiden die weniger anspruchsvollen Schafe und Ziegen ab.

Woran kein Mangel herrscht, sind traumhaft schöne Plätze, an denen wir unser Lager aufschlagen können. Leider treibt uns ein aufkommender Sturm viel zu früh in die Zelte. Am nächsten Morgen hat er noch an Stärke zugenommen. In der falschen Hoffnung, er würde nachts abflauen, hatten wir uns fluchtartig in die Zelte zurückgezogen, ohne aufzuräumen. Jetzt ist die »Küche« total versandet. Teller und Töpfe sind bis zum Rand mit Sand gefüllt, die Kocher unbrauchbar. Das Frühstück reduziert sich auf ein paar Happen, die wir missgelaunt in den Fahrzeugen hinunterwürgen. Dann brechen wir auf.

Der Sand ist weich wie Schnee, als wir zum Dorf Ounianga hinauffahren. Es ist der 1. Dezember, tschadischer Nationalfeiertag. Doch die Wüste nimmt darauf keine Rücksicht. Der Sturm wirbelt den Sand auf, treibt ihn wie Nebelschwaden über die Oberfläche. Die Menschen lassen sich dennoch nicht vom Feiern abbringen. Hinter einer Mauer kommt eine Prozession Schüler hervor, sie haben sich nach Größe und Geschlecht aufgereiht. Die ersten tragen ein Transparent, das sich im Wind wie ein Segel aufbläht. »Die Schule begrüßt den nationalen Feiertag«, steht darauf geschrieben. Das Bekenntnis zur nationalen Einheit ist nicht selbstverständlich – vor allem nicht hier im Norden. Auf dem Festplatz, in dessen Mittelpunkt eine Fahnenstange aufragt, hat sich bereits eine beträchtliche Menschenmenge versammelt. Die Frauen und Mädchen, die eigene Gruppen bilden, sind prächtig herausgeputzt. Ihre bunten Gewänder, der reiche Schmuck, die lachenden Gesichter sind Ausdruck vitaler Lebensfreude. Unter einer überdachten Tribüne sitzen die Honoratioren. Ihre versteinerten Gesichter stehen in seltsamen Gegensatz zur allgemeinen Fröhlichkeit. Auch eine Abordnung Soldaten ist aufmarschiert, in Sandalen und mit erbeuteten libyschen Gewehren bewaffnet. Angepeitscht von fanatischen Männern in weißen Burnussen, steigern sich die Bewegungen der Frauen zu einem ekstatischen Tanz. »Es lebe die Demokratie! Es lebe der Tschad! Es lebe Präsident Idriss Déby!«, schallt es aus ihren Kehlen. Mag sein, dass die Parolen bestellt und einstudiert sind, aber der Ausdruck ungetrübter Lebensfreude ist echt, genauso wie die Sehnsucht nach Frieden. Bleibt zu hoffen, dass der Wunsch der kleinen und großen Demonstranten in Erfüllung geht und sich nicht wie bisher als Fata Morgana entpuppt, die sich wieder verflüchtigt, wenn man sich ihr nähern will.

Wüsten-Odyssee

Auf dem Weg nach Süden geht es noch einmal an Wadi Dum vorbei, aber dann lassen wir das Kriegsgebiet mit seinen beklemmenden Relikten endgültig hinter uns. Nun bauen sich natürliche Hindernisse auf. Gewaltige Sandmassen versperren uns den Weg, die der Wind aus der Mourdi-Depression, der größten und sturmreichsten Windgasse der Sahara, Hunderte Kilometer weit transportiert hat. Angereichert wird dieser Sand noch von den zerfallenden Bergen des Ennedi, wo Wind und Sand ebenfalls ihr Zerstörungswerk entfalten. In der mit Gesteinsschutt bedeckten Ebene formiert sich der Sand zu Sicheldünen, die sich vor uns auftürmen. Immer wieder bleiben die Fahrzeuge stecken, dann muss angeschoben werden. Nützt auch das nichts, kommen die Sandbleche zum Einsatz. Den Schwarzen Peter haben diejenigen, die die schweren und sperrigen Teile dem davongefahrenen Fahrzeug hinterherschleppen müssen. Es ist nicht immer ein Vorteil, mit dem Auto unterwegs zu sein. Neidisch blicke ich auf eine vorbeiziehende Karawane. Beim Kamel können nicht der Allradantrieb oder die Blattfedern brechen. Es bleibt nicht im Sand stecken wie wir.

Nachdem der Erg überwunden ist, öffnet sich eine weite Sand- und Kiesebene, in der ganze Archipele von Inselbergen liegen. Sie gehören zum Vorland des Ennedi-Gebirges und sind der letzte Rest eines Felsplateaus, das in Hunderten Millionen Jahren von der Erosion aufgelöst wurde. Die Inselberge werden »Zeugenberge« genannt, weil sie Zeugnis ablegen von der einstigen Ausdehnung des Plateaus. In Richtung Osten steigt wie eine gigantische Treppe das in mehrere Schichten gestufte Ennedi-Gebirge auf. Im Vergleich zur finsteren Bergbastion des Tibesti, der Heimat der Tubu, wirkt es viel lebensfreundlicher. Die Felsen leuchten zartrosa bis rot und wurden von der Erosion zu phantastischen Formen modelliert. Filigrane Türme wachsen wie Kathedralen aus dem Sand, über die Eingänge von Canyons spannen sich kühn geschwungene Felsbrücken, zu Sphingen geformte Felsen sitzen als menschengesichtige vierbeinige Wächter auf Tafelbergen. Die untergehende Sonne verwandelt die schlanken Felsnadeln in glühende Säulen. Im Schutze eines Felsens schlagen wir unser Lager auf. Wieder einmal kündigt sich eine Vollmondnacht an. Viel zu schade, um sie mit Schlaf zu verbringen. Ich wandere über feinste Sandrippel von einem Felsturm zum anderen, bis ich einen gefunden habe, den ich erklettern kann. Das Gefühl auskostend, zwischen Himmel und Erde zu sein, bleibe ich so lange oben sitzen, bis die Kälte der frühen Morgenstunden mich vertreibt.

Der erste Abschied steht an. Jerry und der Kameramann verlassen uns mitten in der Wüste. Sie müssen zurück nach N'Djamena, weil sie früher als alle anderen heimfliegen. Wir anderen fahren weiter in Richtung der Bergoase Fada. Ein Rudel Dorcasgazellen kreuzt unseren Weg und läuft dann ein Stück neben uns her – bei einer Geschwindigkeit von 60 Stundenkilometern. Zu unserer Linken zieht sich ein etwa 200 Meter hohes Felsplateau parallel zur Piste, mal gekrönt mit bizarren Felszinnen, mal von Felsbrücken überspannt. Dazwischen ragen Felsnadeln in den Himmel, so filigran, dass man glaubt, der nächste Sturmwind würde sie umwerfen. Die höchste dieser Nadeln ragt wie ein gigantischer Zeigefinger in den Himmel – ein Finger, der sich nach unten hin verjüngt.

Auch Heinz hat seinen Zeigefinger ausgefahren und dirigiert uns zum Fuße des Felsplateaus. Kurze Zeit später stehen wir mit der Kletterausrüstung am Einstieg. Wieder tritt der Tiroler Kletterkünstler in Aktion, und es ist eine Augenweide, ihm zuzuschauen. Die Bewegungen sind so geschmeidig und fließend, dass alles einfach und leicht wirkt. Obwohl er sich die schwierigste Route vornimmt und keinen ebenbürtigen Kletterpartner mehr hat, ist Heinz in kürzester Zeit oben. Dann bedeutet er mir nachzukommen. Die Kletterei im fünften Schwierigkeitsgrad bringt mich Ungeübten an meine Grenzen. Als mich Heinz die letzten Meter zu seinem Standplatz förmlich hochzieht, glaube ich, das Schlimmste hinter mir zu haben. Weit gefehlt! Der Standplatz auf der Spitze der Felsnadel ist so winzig klein, dass ich nicht wage, mich aufzurichten, ja nicht einmal, mich zu bewegen, aus Angst, er könnte dadurch aus der Balance geraten und umstürzen. Der Ausblick aber ist einmalig. Bis zum Horizont erstreckt sich die Sandwüste mit den Inselbergen. Dazwischen verläuft eine uralte transsaharische Handels- und Völkerwanderungsroute, die einstmals eine Nord-Süd-Verbindung zwischen Schwarzafrika und dem Mittelmeer darstellte. Dort zieht eine Karawane ihres Weges, winzig klein wie eine Ameisenkolonne. Vielleicht war diese ungewöhnliche Felsnadel, auf deren Spitze wir stehen, den Karawanenführern ein Wegweiser, an dem sie sich orientieren konnten, gleichsam eine überdimensionale Balise. Wir taufen sie deshalb Caravan's Pole, »Karawanenpfahl«.

Südlich von Fada führt die Piste nun ganz an das Ennedi-Massiv heran. Zerrissen wie eine Fjordlandschaft, ist das Gebirge von Canyons durchzogen, die früher einmal mit Wasser, heute mit Sand gefüllt sind. Sie lassen sich begehen, manche von ihnen sogar mit Fahrzeugen befahren. Der bekannteste dieser Canyons heißt Archei. Auf dem Weg dorthin kommen wir an einer Kaverne mit Felsbildern vorbei. Die Farbe der Malereien ist rot wie die der Felsen. Sie stammen aus einer Periode, in der die Menschen bereits mitteilsamer waren. Szenen aus dem Leben sind dargestellt. Frauen in langen Kleidern, wie sie auch heute noch getragen werden, lanzenbewehrte Reiter in vollem Galopp und immer wieder Rinder mit langen, weit auseinanderstehenden Hörnern. Zweifellos fanden die Menschen hier einstmals ideale Lebensbedingungen vor, als vor Jahrtausenden das Klima noch feuchter war. Das Ennedi mit seinen kavernenartigen Felsüberhängen, den von Wind und Wasser herausgeschliffenen Arkaden bot den Menschen natürlichen Schutz und wurde seit urdenklichen Zeiten als Siedlungsplatz genutzt. Hinzu kamen noch die fetten Weidegründe und das Wasser. Ein Hauch dessen ist bis heute zu spüren. In den Canyons gibt es kleine Bäche, die von Dum-Palmen gesäumt sind, ganze Täler im Inneren des Gebirges sind mit Akaziendickichten bewachsen, und am Ende der Schluchten finden sich Gueltas – Felsenteiche, in denen sich Regenwasser sammelt und die Trockenzeiten überdauert.

Die himmelhoch aufragenden Felswände treten immer enger zusammen, als wir in den Archei-Canyon vordringen. Dann biegen wir um eine Kurve, und es verschlägt uns den Atem. Dem staunenden Auge bietet sich ein malerisches Bild. Eine hundertköpfige Kamelherde belagert ein Guelta. Doch es ist alles andere als ein Tümpel; das Guelta-Archei hat die Größe eines Bergsees, der den Canyon bis zum Ende ausfüllt. Dieses Ende lässt sich nur erahnen. Die Hirten behaupten, dass es im hinteren Teil des fischreichen

Guelta sogar noch Krokodile gibt, aber keiner wagt sich dorthin. Man bräuchte ohnehin ein Boot dafür, es sei denn, man riskierte es, den Canyon zu erschwimmen. Niemand weiß, wie weit die Schlucht noch nach hinten geht, wie tief das Wasser ist, und was es dort an Tieren gibt.

Sechs Jahre nach unserem Besuch wird eine GEO-Expedition unter der Leitung des Sahara-Kenners Uwe George hier tatsächlich sieben Krokodile sichten. Die Tiere, deren Verwandte heute mindestens tausend Kilometer weiter südlich zu finden sind, haben hier im Quellgebiet von Flüssen überlebt, die einstmals in das Binnenmeer des Paläo-Tschadsees entwässerten. Die fortschreitende Trockenheit ließ die Flüsse rückschreiten und versiegen und schnitt den Populationen hier im Quellgebiet den Rückweg ab.

Wieder überschreiten wir Grenzen. Fließend vollzieht sich der Übergang von der Sahara in den Sahel, abrupt hingegen der von einer Provinz zur anderen. In Oum Chalouba, einer tristen Ansammlung staubiger Lehmhütten, verlassen wir die tschadische Nordprovinz B.E.T und erreichen die Ostprovinz Wadai, das Gebiet des ehemaligen Sultanats. Mit Blick auf die europäische Erforschung Afrikas steht der Name für Gefahr und Tod. Hier wurde der deutsche Forschungsreisende Eduard Vogel ermordet, der gemeinsam mit Heinrich Barth aufgebrochen war, um den Tschadsee zu erkunden. Kurze Zeit später wurde auch der Forscher Moritz von Beurmann von Kriegern des Sultans von Wadai erschlagen. Der abgebrühte Gustav Nachtigal ließ sich dennoch nicht abschrecken und besuchte nach seinem »Ausflug« ins Tibesti das Sultanat. Nicht genug, dass er sich überhaupt in ein Land wagte, das sich als Todesfalle für Fremde erwiesen hatte, er stellte noch dazu

Nachforschungen über den Tod Vogels an. Das war selbst seinem wohlgesonnenen Helfer Hadsch Ahmed zu viel. »Ihr Europäer seid doch unvernünftige Menschen«, rügte er den Forscher. »Nicht zufrieden, in einem Lande wie Wadai vom König auf jede Weise freundlich und gastlich aufgenommen zu sein, suchst du dich noch mit aller Gewalt um deinen Kopf zu bringen!« Trotz dieser »todbringenden Verrücktheit« gelang es Nachtigal, die Umstände von Vogels Tod aufzuklären, Wadai ungeschoren zu bereisen und das Sultanat in Richtung Osten, nach Darfur, zu verlassen.

Das Zentrum des alten Sultanats und die heutige Provinzhauptstadt von Wadai ist Abéché. Wir erreichen die Stadt am Vormittag des 7. Dezember. Nach langer Zeit essen wir in so etwas wie einem »Restaurant«. Es gibt Tomatenomelette und Pommes. Dazu fließt reichlich gekühltes »Gala«-Bier. Es gibt Grund zu feiern. Hier endet unsere gemeinsame Reise, und wir haben unsere Ziele erreicht. Der mehrheitliche Teil des Teams fährt nun zurück nach N'Djamena, um von dort aus per Flugzeug die Heimreise anzutreten. Klaus und ich haben unsere eigenen Fahrzeuge dabei, die beiden Mercedes G. Die passen nicht gut in einen Flieger, deshalb müssen wir sie auf dem Landweg in die Heimat »überführen«. Heinz hat sich entschlossen, mitzufahren. Ihm ist klar, dass es unterwegs keine Kletter-Lorbeeren zu erringen gibt, aber er ist auch passionierter Fotograf. Zu seinem umfangreichen Fotoequipment gehört auch eine Mittelformatkamera, »für Agenturbilder«, wie er sagt. Vielleicht lassen sich unterwegs ja ein paar gute Aufnahmen machen, die die Agentur nimmt. Unsere geplante Route: von Abéché nach El-Fasher im Sudan, dann durch die Wüste Ostsudans zum Jebel Uweinat im Dreiländereck Sudan, Libyen und Ägypten. Einreise in Libyen am Jebel Uweinat, weiter über die Kufra-Oasen nach Tripolis, von dort mit dem Schiff nach Brindisi und schließlich auf der *Autostrada* nach München. Diese Routenplanung erforderte gelinde gesagt einen ziemlichen logistischen Aufwand, vor allem was die Visabeschaffung anlangte. Gaddafi steht zum Zeitpunkt unserer Reise als Paria der Weltgemeinschaft am Pranger, die Beziehungen zum Westen befinden sich wegen diverser Attentate, die ihm als Auftraggeber angelastet werden, auf einem Tiefpunkt. Die USA haben ihm mit Krieg gedroht. Die libyschen Visabedingungen erfordern die Einreise innerhalb von vier Wochen nach Ausstellung des Visums. Das war für uns aufgrund des Verlaufs und der Dauer unserer Reise unmöglich. Folglich mussten die Visa in Deutschland beschafft werden, während wir bereits im Tschad unterwegs waren. Dafür brauchtes wir einen zweiten Reisepass. Das war unproblematisch, aber dieser zweite Pass musste dann mit dem libyschen Visum versehen nach N'Djamena geschickt und von dort per Fahrzeugkurier nach Abéché gebracht werden – so ziemlich auf den Tag genau. Es gleicht einem Wunder, dass es geklappt hat. Am Nachmittag nehmen wir im Büro der Deutschen Gesellschaft für Technische Zusammenarbeit unsere Pässe samt deren Übersetzung in arabischer Sprache in Empfang. Bei Familie Bartels im Hof wird umgepackt. Am nächsten Morgen geht es los. Klaus kennt Teile der Route von früheren Reisen. Ich war bislang nur einmal in Ägypten, auf der üblichen Niltour. Für Heinz sind sowohl der Sudan als auch Ägypten Terra incognita.

Für die 500 Kilometer lange Strecke von Abéché nach El-Fasher benötigte Gustav Nachtigal im Jahre 1874 fast zwei Monate. Die Bewohner von Darfur begegneten dem Forscher voller Misstrauen, ja mit offener Feindschaft. Schlimme Erinnerungen ans Tibesti wurden in ihm wach. Es gelang ihm zwar, eine Audienz beim König in El-Fasher zu erhalten, aber seine Bitte, die Marra-Berge erkunden zu dürfen, wurde ihm verwehrt. Wir reisen mit gemischten Gefühlen in den Sudan ein. Diplomaten haben uns vor der Strecke nach El-Fasher gewarnt. Das Reisen sei dort unsicher, Banditen und marodierende Soldaten trieben ihr Unwesen. Aber nichts von alledem. Nicht einmal an den in solchen Gegenden üblichen Straßensperren, wo den Polizisten oft nur Wegelagerei bleibt, weil sie selten den regulären Lohn erhalten, werden wir unkorrekt behandelt. Die Menschen in den Dörfern, an denen wir halten, sind ausnehmend freundlich, trotz der überall augenfälligen Armut. Am wichtigen Brunnen in einem Kraterloch des Jebel Marra machen wir Rast. Trotz der Abgeschiedenheit im Bergmassiv ist es ein belebter Ort. Die Hirten kommen mit ihren Tieren von weit her, um sie hier zu tränken.

Hinter El-Fasher geht es wieder nordwärts. Abermals vollzieht sich der Übergang zwischen Sahel und Sahara. Diesmal aber ist es ein radikaler Bruch. Jäh hört die Vegetation auf, die Dörfer verschwinden, auch die Vulkankegel, die allenthalben aus der Ebene ragen. Vor uns die unendlich scheinende Weite einer Sand- und Kieswüste, vollkommen flach, aus der sich nach einiger Zeit ein einzeln stehender Tafelberg erhebt. Im Windschatten des Felsrückens, der – vom Zerfallsprozess gezeichnet – wie die Abraumhalde eines Bergwerks aussieht, verstecken sich mehrere Blechcontainer. Das ist die sudanesische Grenzstation Karabatoum, an der wir die Ausreiseformalitäten erledigen – 400 Kilometer vor der wirklichen Landesgrenze.

Dazwischen liegt Niemandsland. Diese 400 Kilometer haben es in sich. Die Wüste ist zwar flach, aber der Sand weich. Tief sinken die Fahrzeuge ein, und der Spritverbrauch steigt. In weiter Ferne sind die Konturen des Jebel Kissu zu erkennen. Dann taucht ein unerwarteter Wegweiser auf. Mitten im Nichts steht eine Holzstange mit drei Schildern dran, die wie Pfeile in drei verschiedene Richtungen weisen. Der Pfeil, der nach Süden zeigt, in die Richtung also, aus der wir gekommen sind, weist Sudan aus, der nach Osten Ägypten und der nach Norden Libyen. Wir tragen die GPS-Daten in unserer Karte ein. Demnach befinden wir uns immer noch auf dem Staatsgebiet des Sudan.

Plötzlich rasen drei Pick-ups auf uns zu, besetzt mit libyschen Soldaten, die uns umringen und mit unfreundlichen Gesten bedeuten, ihnen zu folgen. Es wäre sinnlos, darauf zu pochen, dass wir uns ja noch im Sudan befinden. Sie haben die deutlich »besseren Argumente«. Außerdem wollen wir ja sowieso nach Libyen. Die Soldaten eskortieren uns zur libyschen Grenzstation, die etwas versteckt hinter einem Sporn des Uweinat liegt. Optimistisch präsentieren wir unsere Pässe mit den Visa. Wir sind stolz darauf, die Grenze etliche Tage vor Ablauf der Vierwochenfrist erreicht zu haben, innerhalb deren die Einreise zu erfolgen hat. Deshalb glauben wir zunächst, uns verhört zu haben, als der ranghöchste Grenzwächter uns erklärt, dass wir trotz gültiger Visa hier nicht ins Land dürfen. An dieser Grenze, so seine Begründung, dürften nur Araber einreisen, keine Schwarzafrikaner und schon gar keine Europäer. Wir könnten aber gerne über Tripolis einreisen. Der Mann beliebt zu scherzen. Wir fragen ihn, wohin wir nun sollen. »Dorthin zurück, wo ihr hergekommen seid!«, lautet die barsche Antwort. Wir fallen aus allen Wolken.

Nirgendwo auf dem Visaantrag stand geschrieben, dass wir damit nur über Tripolis einreisen dürften. Kein Einwand wurde von der libyschen Botschaft erhoben, als wir auf dem Antrag als Einreiseort den Jebel Uweinat angaben. Wenigstens gelingt es uns, dem Grenzer eine schriftliche Erklärung in Arabisch abzuringen, die bestätigt, dass uns hier an diesem Tag trotz gültiger Visa die Einreise verwehrt wurde.

Wir fahren bis zur Südspitze des Jebel Uweinat zurück, um die Nacht im Schutz der Felsen zu verbringen und zu beraten, was wir tun sollen. Prinzipiell gibt es drei Optionen, wobei wir eine gleich von vornherein ausschließen: die Rückfahrt in den Sudan. Wir haben nur Visa, die uns die einmalige Einreise erlauben. Mit dem Ausreisestempel wären sie verwirkt. Woher sollten wir neue Visa bekommen? Abgesehen davon, würde der Sprit nicht mehr reichen, um die mit Weichsand gefüllte Wüstenstrecke bis zur nächsten Oase zurückzulegen. Eine andere Möglichkeit wäre, den libyschen Grenzposten einfach weiträumig zu umfahren und dann die Kufra-Oasen anzusteuern, in der Hoffnung, von dort würde man uns über Tripolis abschieben. Damit wären wir freilich vorsätzlich illegal nach Libyen eingereist, noch dazu in diesem denkbar ungünstigen politischen Klima. Wir können uns ausmalen, dass uns die Libyer nicht gerade mit Samthandschuhen anfassen würden, und einen längeren Aufenthalt in einem libyschen Gefängnis wollen wir uns lieber nicht vorstellen. Also bleibt eigentlich nur Ägypten. Das Land am Nil ist westlich orientiert und setzt auf Tourismus, allerdings gibt es zu diesem Zeitpunkt ein ernsthaftes Problem mit islamistischen Fundamentalisten, die Anschläge verüben und die Staatsmacht herausfordern. Trotzdem, so glauben wir, hätten die Ägypter am ehesten Verständnis für unsere Situation, schließlich würden wir ja nicht aus Abenteuerlust illegal einreisen, sondern aus einer Notsituation heraus. Wir wähnen uns sogar irgendwie im Recht. Unsere Lage gleicht der von Schiffbrüchigen, die das legitime Recht besitzen, zur nächsten rettenden Küste zu schwimmen, gleichgültig, ob sie nun ein Visum für das entsprechende Land haben oder nicht. Wir wollten nie nach Ägypten und haben daher auch keine Visa in den Pässen.

Bei Morgengrauen brechen wir auf und fahren vom Jebel Uweinat kerzengerade ostwärts, unmittelbar an der Grenze zwischen dem Sudan und Ägypten, aber auf der ägyptischen Seite. Wieder bewegen wir uns den ganzen Tag durch ein Art Niemandsland. Wir treffen keine Menschenseele, stoßen nicht einmal auf Spuren anderer Fahrzeuge. Mit der Absicht, so viele Kilometer zu machen wie möglich, fahren wir bis in die Nachtstunden hinein. Am nächsten Morgen geht es noch vor Sonnenaufgang weiter. Klaus, der in Ägypten gut vernetzt ist, erläutert uns, dass die Ägypter zwei parallel zum Nil verlaufende Teerstraßen durch die Wüste gelegt haben, um das Einsickern militanter Fundamentalisten aus dem Nordsudan zu unterbinden. Wenn wir nun weiter geradeaus nach Osten fahren, werden wir zwangsläufig früher oder später auf die erste dieser Straßen treffen. Beide sind allerdings, wie Klaus in Erfahrung gebracht hat, ausschließlich ägyptischem Militär vorbehalten. Zu alledem hat Klaus letzte Nacht noch beunruhigende Nachrichten über Kurzwelle empfangen. In Assiut am Nil soll es sogar Straßenkämpfe zwischen Fundamentalisten und Militär geben.

Früher als gedacht, treffen wir auf das Teerband. Irgendwie unwirklich durchschneidet es schnurgerade die Wüste.

Wir lenken die Fahrzeuge darauf und rollen nordwärts. Nach knapp 20 Kilometern stehen wir vor einer Militärsperre. Es ist ein Freitagmorgen, islamischer Feiertag, schlaftrunken und nur halb bekleidet erscheint ein Soldat aus einem Container. Wir halten ihm die arabische Übersetzung unserer Reisepässe unter die Nase. Zu unserem größten Erstaunen verlangt er nicht einmal die Pässe, sondern öffnet die Schranke und winkt uns durch. Wir können es kaum fassen und geben dankbar über dieses unerwartete Glück kräftig Gas. Man muss sich das einmal vorstellen: Da bauen die Ägypter eine geheime Militärstraße durch die Wüste, um eine hochsensible Grenzregion zu überwachen, und dann kommen zwei militärisch aussehende Fahrzeuge mit ausländischen Kennzeichen und werden quasi unkontrolliert durchgelassen! Fünfzig Kilometer weiter stehen wir vor der nächsten Schranke. Der diensthabende Soldat ruft beim vorherigen Posten an und lässt uns ebenfalls durch. Auf dieselbe Art und Weise überwinden wir noch eine dritte Militärsperre.

Dann kommen wir zur ersten der sogenannten Thakla-Oasen. Nun befinden wir uns bereits auf der Nil-Umgehungsstraße, auf der Zivilpersonen reisen dürfen, auch Ausländer mit ihren eigenen Fahrzeugen, allerdings nur mit arabischen Nummernschildern, die man bekommt, wenn man mit seinem Fahrzeug legal in Ägypten einreist. Wir hingegen sind nach wie vor mit deutschen Kennzeichen unterwegs. Wegen der akuten Auseinandersetzung mit den Islamisten gibt es an jeder Ortsein- und -ausfahrt zusätzlich zur Militärsperre eine Polizeikontrolle. Auch da kommen wir durch und laufen in El-Khager ein. Klaus plädiert dafür, dass wir uns den Behörden hier stellen. Heinz und ich sind dagegen. Wir wollen die Gunst der Stunde nutzen und einfach in Richtung Kairo weiterfahren. Warum soll es nun nicht gelingen, bis dorthin zu kommen, nachdem wir die heikelsten Hürden schon hinter uns haben? Es kommt zur Abstimmung. Das Ergebnis lautet zwei zu eins. Klaus hat keine Chance. Wir fahren weiter. Der Polizist, der uns bei der Ortsausfahrt kontrolliert, umkreist unsere Fahrzeuge mehrmals auf der Suche nach den arabischen Kennzeichen. Schließlich will er wissen, warum wir keine besitzen. Wir erklären ihm, dass wir Angehörige der diplomatischen Vertretung sind und deshalb mit ausländischen Nummernschildern fahren dürfen. Er schluckt die Notlüge.

In wunderbaren Farben und Formen leuchtet die weiße Wüste links und rechts der Straße. Wir sind jetzt knapp vor der Oase Farafra, nicht einmal mehr 300 Kilometer von Kairo entfernt. Statt wie geplant durchzufahren, steuern wir die Fahrzeuge von der Straße weg und gönnen uns eine Nacht in der Bilderbuchwüste.

Am nächsten Morgen findet unsere Glückssträhne ein Ende. Der Polizist an der Straßensperre bei Farafra will nicht glauben, dass wir mit ausländischen Kennzeichen fahren dürfen. Nach einem längeren Palaver telefoniert er mit seinem Vorgesetzten, der uns zurück zur Polizeistation im Ort befiehlt. Die Pässe werden kontrolliert, die fehlenden Visa beanstandet, Fragen prasseln auf uns nieder. Da tritt Klaus die Flucht nach vorne an. Er erzählt den verdutzten Polizisten, von woher und wie wir bis hierher gekommen sind. Für die ägyptische Staatsmacht bricht eine Welt zusammen – ihre Welt freilich. Wir werden sofort verhaftet und von der Polizei in Militärgewahrsam überstellt, die Fahrzeuge werden auseinandergenommen. Zu unserem Pech gehört Farafra administrativ noch zu Assiut. Wären wir ein paar Kilometer weiter verhaftet worden, hätte man uns nach Kairo gebracht; stattdessen geht es nun in Militärbegleitung in die Gegenrichtung, nach Assiut. Auf dem Weg gelingt es uns, den Soldaten zu überreden, uns nach Hause telefonieren zu lassen und unsere Angehörigen über unsere Situation in Kenntnis zu setzen, die uns ja in Libyen wähnen. Dabei erhält Klaus die traurige Nachricht, dass seine Mutter verstorben ist. Das drückt ihn noch mehr nieder. Er leidet schon an der Situation an sich. Er hat sich bei seinen Wüstenreisen auf die Fahnen geschrieben, keine Risiken einzugehen, keine Gesetze zu übertreten – und jetzt sind wir verhaftet. Wir glauben allerdings immer noch, dass es damit nicht richtig ernst ist, dass es sich um ein Missverständnis handelt, das sich aufklärt, sobald wir es mit höhergestellten Personen zu tun haben werden.

In Assiut angekommen, werden wir vom Militär an die Staatssicherheit übergeben. Es folgen stundenlange Verhöre, einzeln, dann wieder gemeinsam mit immer den gleichen Fragen. Wir erzählen die Geschichte genau so, wie sie sich abgespielt hat, aber es ist offenkundig, dass sie uns nicht glauben wollen. Dann probieren sie es mit Zuckerbrot, stellen uns die sofortige Freilassung in Aussicht, wenn wir endlich die Wahrheit sagen würden. Die ganze Nacht verbringen wir in einem neonbeleuchteten vergitterten Raum mit Bewachern, die kein Wort Englisch verstehen oder zumindest so tun. Irgendwo draußen in den Gassen fallen Schüsse.

Am Morgen erscheint wieder ein Mann von der Staatssicherheit in Zivil, der Englisch spricht und die gleichen Fragen stellt. Klaus fordert das international geltende Recht ein – das auch Ägypten anerkannt hat –, die diplomatische Vertretung zu kontaktieren. »Das Telefon ist leider defekt«, lautet die vielsagende Antwort. Wir werden darüber informiert, dass wir nach Kairo müssen. Erst dort werde über unsere Sachen entschieden werden. Das ist ganz in unserem Sinne. In Kairo, da sind wir uns sicher, wird man mehr Verständnis aufbringen, und dort wird es uns auch gelingen, mit der Botschaft Kontakt aufzunehmen.

In jedem unserer Autos einen Polizisten als Aufpasser, folgen wir dem Fahrzeug der Staatssicherheit auf der Niltalstraße nach Kairo. Dort ist es spät in der Nacht, als wir ankommen. Wieder stundenlanges Warten in irgendeinem grell beleuchteten Raum, wieder Verhöre durch verschiedene Personen, mal in Zivil, mal in Uniform. Am folgenden Nachmittag geht es in Eskorte quer durch Kairo. Die Fahrt endet in einer schmalen Gasse, die mit Panzersperren und bewaffneten Soldaten abgeriegelt ist. Wir werden angewiesen, unsere Wagen vor einem gewaltigen Schiebetor aus Metall abzustellen. Dahinter stehen einsatzbereite gepanzerte Fahrzeuge. Klaus meint, dass wir uns nun im Hauptquartier der Staatssicherheit befinden, dem meistgehassten Gebäude Ägyptens und wichtigsten Anschlagsziel der Islamisten. Auf dem gut gesicherten Areal befindet sich auch ein Hochhaus. Wir fahren unter Bewachung mit dem Lift in das oberste Stockwerk und werden in ein Büro geführt, in dem ein Beamter in Sakko und Schlips sitzt. Er spricht gutes Englisch und empfängt uns mit der erbaulichen Mitteilung, dass wir ihm nur noch zwei Fragen beantworten müssten, dann würde man uns mit einem Shuttle zum Flughafen bringen, und wir könnten heimfliegen. Die beiden Fragen sind ziemlich banal. Offenbar wollte der Mann nur unsere Gesichter sehen. Dann geht es mit dem Fahrstuhl unter Bewachung wieder nach unten. Aber der Lift hält nicht im Erdgeschoss, sondern fährt weiter. Als sich die Tür öffnet, finden wir uns in Katakomben wieder. Ein dunkles, düsteres Gewölbe mit Bergen geschredderter Akten. In einem Käfig sind Menschen eingesperrt, und davor sitzen zwei Soldaten mit Gewehren in der Hand. Sie bedeuten uns, uns irgendwo hinzuhocken. Ich lege mich auf einen der Haufen aus Papierschnippseln und glaube, einen Albtraum zu erleben. Oder sind wir auf einen Set für einen Agentenfilm geraten? In mehreren weiteren Käfigen sind Dutzende Menschen eingepfercht, darunter ein Nigerianer in einem blütenweißen Sakko. Wie sich herausstellt, arbeitet er für die UNO und ist ebenfalls wegen eines Visumvergehens hier. Heinz sitzt auf seiner Fototasche, die er sich – wie er allen Ernstes versichert – unter keinen Umständen abnehmen lasse. Klaus unternimmt den x-ten Versuch, den beiden Soldaten eine Information zu entlocken. Sie schweigen und schauen einfach weg.

Indessen ist es Mitternacht geworden. Jetzt öffnet sich eine Tür, und ein Mann in Uniform erscheint, der Englisch spricht. Er sagt, dass nun der Flughafen-Shuttle vorgefahren sei und wir ihm folgen sollten. Heinz wird zuerst abgeführt.

Der Shuttle entpuppt sich als vergitterter Gefangenentransporter, auf dessen Ladefläche gerade mit Handschellen gefesselte Männer getrieben werden. Heinz wehrt sich mit Händen und Füßen, dort einzusteigen. Schließlich geben die Wärter nach, und wir dürfen unsere eigenen Fahrzeuge lenken. Man fordert uns auf, dem »Flughafen-Shuttle« zu folgen. In jedem unserer Wagen sitzt ein Uniformierter. Die Fahrt durch das nächtliche Kairo ist gespenstisch. Dunkle, menschenleere Gassen wechseln mit Straßen, in denen bunte Leuchtreklame für Sterne-Hotels und Bauchtanzvorführungen wirbt. Eine wilde Wut kocht in mir hoch. Was ist mit unserer Botschaft? Bestimmt feiern die diplomatischen Vertreter mit unseren Steuergeldern hier irgendwo eine Party oder schlagen sich bei einem Empfang die Bäuche voll, während wir hier schmoren! Freilich wissen wir zu diesem Zeitpunkt nicht, dass die Botschaft bereits beim ägyptischen Außenministerium vorstellig geworden ist, dass der Geschäftsführer von Klaus Därrs Expeditionsausrüstungsladen seine Beziehungen zum Bundesnachrichtendienst hat spielen lassen und dieser mit den ägyptischen Kollegen Kontakt aufgenommen hat. Auch die Medien berichten schon. »Wüstenexpedition zum Militärstaatsanwalt«, titelt die *Süddeutsche*. Sie alle wissen mehr als wir. Ihnen ist bekannt, dass die Ägypter an uns ein Exempel statuieren und uns vor ein Militärgericht stellen wollen – mit einem guten Dutzend Anklagepunkten, darunter so schwerwiegende wie Spionage.

Der Uniformierte, der als Beifahrer neben mir sitzt, ist ein beleibter Ägypter mittleren Alters. Nach einiger Zeit fragt er mich, woher wir kommen. »Aus Österreich«, plappert Heinz heraus, ehe ich antworten kann. Nach einer Unterbrechung nimmt der Ägypter das Geplauder wieder auf. Von Österreich habe er schon gehört, erläutert er uns in radebrechendem Englisch, es sei ein schönes Land, besonders Wien. Wieder minutenlanges Schweigen, dann folgt der Witz des Tages: »*Welcome in Egypt!*« Dank ihm und seinesgleichen lernen wir nun das andere Ägypten kennen – das jenseits von Pyramiden, Bauchtanz und Nilkreuzfahrt.

Nach unserer eigenen nächtlichen »Kreuzfahrt« durch Kairo, die durchaus nicht humorlos vonstattenging, endet die Reise vor einem einer Zitadelle ähnlichen Gebäude mit vergitterten Fenstern, die nicht viel größer als Schießscharten sind. Ein schweres eisernes Tor geht knarrend auf. Der »Flughafen-Shuttle« fährt rückwärts an das Tor heran, aus dem Wärter mit Peitschen in der Hand treten und die Häftlinge vor sich her in das Innere des Gebäudes treiben. Das sei das Khalifa-Gefängnis, raunt mir Klaus zu, als wir die Fahrzeuge vor der Mauer abgestellt haben. Jeder von uns greift sich schnell noch ein paar Habseligkeiten aus den Autos, dann müssen wir dem beleibten Uniformierten, der bei mir im Wagen saß, folgen. Es ist der Gefängnisdirektor höchstpersönlich. Die Schlüssel unserer Fahrzeuge verschwinden in seinem Schreibtisch. Kurze Zeit später finden wir uns in einer Zelle von vielleicht 10 bis 15 Quadratmetern wieder, in der etwa 30 Männer, zumeist palästinensischer Herkunft, eingepfercht sind. Es ist drei Uhr früh, und die meisten von ihnen schlafen zusammengekrümmt auf dem Betonboden. Es gibt keinerlei sanitäre Anlagen. Sicher wissen wir, dass derartige Haftbedingungen weltweit eher der Standard sind als die Ausnahme, aber es ist doch ein gewaltiger Unterschied, ob man das vom Hörensagen kennt oder aus eigener Erfahrung. Jeder Mensch geht anders mit einer solchen Situation um. Klaus ist emotional am Tiefpunkt. Er sitzt zusammengekauert auf seinem Schlafsack und hält die Hände vor das Gesicht. Ganz anders Heinz. Er hat immer noch seine Fototasche dabei, die er als Sitzunterlage benutzt. In einem unbeobachteten Moment zieht er den Reißverschluss seiner Jacke nach unten, eine Kamera kommt zum Vorschein, die er darunter versteckt hat – und er drückt mehrmals auf den

Auslöser. Er hält jenen Moment fest, in dem wir begreifen, in einer anderen Wüste angekommen zu sein, der menschlichen Wüste.

Nach einiger Zeit hat sich Klaus wieder so weit gefangen, dass er einen neuerlichen Versuch unternimmt, mit der Botschaft in Kontakt zu kommen. Auf seinen Zuruf erscheint ein Wärter. Klaus zeigt ihm die erste Seite des Därr-Katalogs, auf der sein Konterfei zu sehen ist. Wenn er nicht sofort telefonieren dürfe, so seine Drohung, werde der Tourismus in Ägypten schweren Schaden nehmen. Auch wir beide, dabei deutet er auf Heinz und mich, seien in der Öffentlichkeit bekannte Personen. Der Wärter grinst ihn nur an und wendet sich ab. »Es ist sinnlos, lass es«, sage ich zu Klaus und schließe die Augen. Ich bin nicht bereit, den äußeren Umständen weiterhin Macht über meine Geistesruhe zu geben, und ziehe mich in eine andere Welt zurück – in die der Erinnerungen an all das Wunderbare und Schöne, das ich erlebt habe. Diese Erinnerungen füllen die kahlen Wände mit Bildern, die wie ein Film vorbeiziehen. Es ist eine andere Form von Widerstand, die kein Leiden verursacht.

Am 22. Dezember besuchen uns Beamte in Zivil. Sie sagen, sie seien vom Innenministerium. Nach den üblichen Fragen fordern sie uns auf, ihnen in ihr Amt zu folgen. Wieder geht es durch Kairo, diesmal bei Tageslicht, ohne einen uniformierten Witzbold auf dem Beifahrersitz. Das Ministerium für innere Angelegenheiten – Mugamma genannt – ist ein gewaltiger Gebäudekomplex im Herzen Kairos. Auf dem bewachten Parkplatz dürfen wir unsere Fahrzeuge abstellen. Das Ministerium besitzt einen öffentlich zugänglichen Bereich und einen abgesperrten. Wir werden in den abgesperrten geführt, der als eine Art Untersuchungsgefängnis fungiert. Ich wähne mich in einem kafkaschen Szenario. Wir sitzen auf Holzbänken in einem ungeheuer langen Flur, links und rechts gibt es Türen, die auf- und zugehen. Männer treten ein und kommen heraus, tragen Aktenbündel unter den Armen und schweigen uns an.

Am späteren Nachmittag versetzt mir Heinz einen Stoß in die Rippen, der mich aus dem Halbschlaf reißt. »Du, ich glaube, da ist einer mit unseren Pässen in der Hand vorbeigelaufen.« Kurze Zeit später werden wir in ein Büro gebeten. Der Beamte hat tatsächlich unsere Pässe vor sich auf dem Schreibtisch liegen, »mit ägyptischen Visa darin«, wie er lächelnd verkündet. »Das sind nur Transitvisa«, fügt er einschränkend hinzu. »Sie müssen binnen achtundvierzig Stunden das Land verlassen.« Ob wir das wollen? Selbstverständlich! Weg von hier, das ist unser einziges Ziel. Wir schauen kurz prüfend in die Pässe, ob die Visa auch wirklich drinnen sind, dann verlassen wir das Gebäude, laufen zum nächsten Reisebüro und kaufen uns Flugtickets. Heinz gleich für den nächsten Tag, Klaus und ich für einen Tag später, den 24. Dezember. Wir haben ja noch unsere teuren Autos, die jeden Augenblick beschlagnahmt werden können. Mit den Visa sind bloß wir selbst legalisiert, nicht aber die Wagen. Wir fahren zuerst zur Botschaft, die uns rät, die Fahrzeuge bei der hiesigen Mercedes-Vertretung zu lassen. Die werde sich um zolltechnische Dinge schon kümmern, da kenne sie sich aus, raten uns die Diplomaten. Gesagt, getan. Am nächsten Tag übergeben wir die beiden Fahrzeuge der örtlichen Konzernvertretung. Dann können auch wir heimfliegen. Am »heiligen Nachmittag« des 24. Dezember kommen wir in München an, ganz ohne Weihnachtsstress.

PS: Die beiden Fahrzeuge folgten erst ein halbes Jahr später. Als wir sie im Hafen von Venedig in Empfang nahmen, stellten wir fest, dass etliche Kilometer mehr auf dem Tacho waren. Der Zolldirektor von Alexandria habe damit ein paar Spritztouren unternommen, ließ uns die ägyptische Mercedes-Vertretung wissen.

KAPITEL V

Sucher in der Wüste

Der Jüngling betrachtete schweigend
*   den Mond und den weißen Sand.*
Endlich sagte er: »Ich habe die Karawane
auf ihrem Marsch durch die Wüste
*   beobachtet.*
Sie und die Wüste sprechen dieselbe
*   Sprache,*
und darum darf sie diese auch durchqueren.
Die Karawane überlegt sich jeden Schritt,
um auch mit der Wüste im Einklang sein,
und wenn sie es ist, dann wird sie auch die
*   Oase erreichen.*
Wenn einer von uns hinterherkäme mit sehr
*   viel Mut,*
jedoch ohne diese Sprache zu beherrschen,
dann würde er schon am ersten Tag
*   sterben.«*

Paulo Coelho

◀ Bei der Rast stecken die Wüstenwanderer ihre Füße
in den kühlenden Sand.

Das Szenario ist mir wohlvertraut. Inmitten der weiten Dornbuschsteppe steht eine Gruppe prächtig aufgezäumter und gesattelter Kamele. Die Tiere sind mit ihren Nasenstricken am Boden angepflockt. Auf der sandigen Fläche liegen Waren aller Art hingestreut und stehen Dutzende Plastikkanister voller Wasser aufgereiht. Dazwischen laufen drei Männer mit bunten Baseballkappen umher, prüfen und sortieren Lasten, um sie schließlich in Jutesäcke zu packen und zu verschnüren. Als sie unsere Fahrzeuge kommen sehen, halten sie inne.

Einer von ihnen läuft uns ein Stück entgegen. Obwohl sich aus der Entfernung die Gesichtszüge noch nicht erkennen lassen, weiß ich doch sofort, dass es Lao Chao ist. Allein seine Haltung und die Art, wie er sich bewegt, verraten es mir. Zwar sind drei Jahre vergangen, seit ich ihn das letzte Mal gesehen habe, doch während der langen Zeit, die wir gemeinsam in der Wüste verbrachten, wurde mir seine Erscheinung so vertraut, als wäre er ein guter alter Bekannter.

Lao Chao ist von kleiner, fast zerbrechlich wirkender Gestalt, und wenn man ihn nicht kennt, ahnt man nicht, dass in seinem Körper ein eiserner Wille steckt. Niemals habe ich ihn sagen hören: »Ich bin müde, ich habe Durst, ich habe Hunger.« Er ist erst Mitte dreißig, sieht aber deutlich älter aus. Das harte und entbehrungsreiche Leben eines Wüstenbewohners ist nicht spurlos an ihm vorübergegangen. Aber er hat das Lachen nicht verlernt, und wenn er lacht – was er häufig tut –, legt sich sein ganzes Gesicht in Falten.

Er ist Chinese, und wie die meisten Han, die hier unter den Mongolen zu finden sind, lebt seine Familie bereits in zweiter Generation in dieser Gegend. Um der von bitterer Armut und Hungersnot heimgesuchten Provinz Gansu zu entfliehen, kamen seine Eltern nach dem Bürgerkrieg hierher. Anfangs verdingte sich sein Vater als Knecht bei einer mongolischen Familie. Später schaffte er es, eine kleine Viehzucht aufzubauen, die gerade so viel abwarf, dass er seine Familie durchbringen konnte. Von seinem Vater lernte Lao Chao die Kamelzucht. Indessen hat er es sogar zu einem gewissen Wohlstand gebracht. Er besitzt über hundert Kamele und dazu noch hundertköpfige Schaf- und Ziegenherden. Das Kamelhaar verkauft er in der nahe gelegenen Kleinstadt Ehen Hudag, wo es zu Decken und Kleidung verarbeitet wird. Die Kamele sind einfach zu halten und brauchen keine besondere Fürsorge. Sie sind die meiste Zeit des Jahres sich selbst überlassen, ernähren sich vom Kameldorn, der in der flachen Steppe wächst, ziehen aber auf der Suche nach essbaren Wildgräsern weit in die Sandwüste hinein. »Nur wenn sich eines meiner Kamele zu weit entfernt, gehe ich in die Wüste, um es zu holen, und kehre auf derselben Strecke wieder zurück«, räumte Lao Chao ein, als ich ihn einmal über die Wüste befragte. Seine Kenntnisse reduzieren sich auf einen kleinen Teil der Wüste, der bewohnt ist und an dem, aufgereiht wie an einer Kette, Salzseen liegen. Dort kennt er die meisten Brunnen und auch die Pflanzen, die anzeigen, wo es möglich ist, einen Brunnen zu graben. Der Rest der Wüste ist ihm nur vom Hörensagen oder durch die Touren bekannt, die er mit mir unternommen hat. Wie die anderen Kameltreiber kommt auch er in erster Linie wegen des schnöden Mammons mit, doch bei ihm habe ich bislang den Eindruck gewonnen, dass es ihm auch Spaß machte, nicht nur weil es eine willkommene Abwechslung zur Alltagsroutine bedeutete, sondern weil er auch die Wüste liebt, wenngleich auf weniger romantische Weise als ich. Für ihn ist die Wüste nicht Ort der Selbsterfahrung und Reflexion, sondern schlicht seine Existenzgrundlage. Damit will ich nicht sagen, dass er keinen Blick für Naturschönheiten hatte, aber sein Hauptaugenmerk galt stets seinem wertvollsten Besitz, den Kamelen. Er war in der Wüste darauf bedacht, dass es an den Lagerplätzen gutes Futter gab, dass die Brunnen nicht zu weit auseinanderlagen und wir einen Weg zwischen den Dünen fanden, der die Kräfte der Kamele schonte. Seine Tierliebe hatte allerdings klare Grenzen. Er duldete nicht den geringsten Ungehorsam. Wenn ein Kamel bockte, zögerte er nicht, es zu züchtigen, und wir gerieten das eine und andere Mal aneinander, weil ich dagegen einschritt.

Doch als er jetzt vor mir steht, denke ich nur an die vielen wunderbaren Momente unserer gemeinsamen Wüstenreisen, und die Erinnerung daran erfüllt mich mit großer Dankbarkeit. Hinzu mischt sich Vorfreude auf das Kommende, das prickelnde Gefühl, wieder einmal in die Wüste aufzubrechen. Am Horizont zeichnen sich bereits die gerundeten Formen der Dünen ab. Dort beginnt das Sandmeer der Badain Jaran Shamo, die weitaus eindrucksvollste Dünenlandschaft, die ich auf meinen Wüstenreisen je betreten habe. Die gewaltigen Sandberge, die sich wie ein Gebirge auftürmen, hatten im Jahre 1994 mein Vorhaben, die Wüste erstmals mit einer Karawane zu durchqueren, beinahe zum Scheitern gebracht. In dieser »Sandkiste des Teufels« – wie der begleitende *Spiegel*-Journalist hinterher dieses Herzstück der Gobi bezeichnete – rieb sich die Karawane auf, weil die beladenen Kamele nicht imstande waren, die Megadünen zu überwinden. An besonders heiklen Stellen mussten wir die Tiere von ihren Lasten befreien und die Gepäckstücke selbst schultern, darunter Dutzende prall gefüllte Wasserkanister, um sie über die steilen Dünenkämme zu wuchten. Was zur Folge hatte, dass wir zuweilen nicht mehr als sechs bis zehn Kilometer pro Tag vorankamen. Viel zu wenig, denn unsere Wasservorräte waren für eine Marschleistung von mindestens 15 Kilometer pro Tag kalkuliert. Damals streiften wir den Rand dieses Seen-Korridors, der wie ein Wurmfortsatz in die Wüste hineinragt. An einem der Seen konnten wir die Tiere tränken und unsere bedenklich geschrumpften Wasserreserven wieder auffüllen. So kamen wir durch (vgl. Bruno Baumann, »Die Wüste Gobi«, Malik National Geographic. Anm. d. Verlages).

In den darauffolgenden Jahren nutzte ich den Seen-Korridor, um Stichtouren in die Wüste hinein zu unternehmen. Dabei fanden wir weitere Brunnen, die ich mit Linien zu einer Route verband, die von Osten nach Westen quer durch das Innerste dieser Wüste führte. Das war die Geburtsstunde jener Vision, die mich zu den bittersten, aber auch reichsten Erfahrungen in der Wüste führte. Zum ersten Mal spielte ich ernsthaft mit dem Gedanken, etwas zu versuchen, was ich bis dahin für undurchführbar erachtet hatte: die Sandwüste allein, ohne Kamelkarawane, ohne künstliche Wasserdepots und ohne doppelten Boden zu durchmessen. »Im Widerspiel des scheinbar Unmöglichen mit dem Möglichen erweitern wir unsere Möglichkeiten«, notierte die Schriftstellerin Ingeborg Bachmann, die ägyptische Wüste vor Augen. Wo stand denn geschrieben, dass etwas unmöglich war, nur weil es noch niemand versucht hatte? Die Idee eines Gobi Solo begeisterte mich aus unterschiedlichen Gründen. Da war sportlicher Ehrgeiz, die Chance, eine Grenze zu überschreiten – nicht nur eine persönliche –, aber ich hatte das Ziel auch mit Idealen besetzt. Ich stellte mir vor, die Wüste allein noch viel intensiver erfahren und erleben zu können als mit dem großen Tross im Schlepptau. Das Gehen mit der Karawane war für mich irgendwie zur Routine geworden. Da war ich stets der Anführer, trug die Verantwortung für Mensch und Tier, hatte mich um Organisatorisches zu kümmern. Der Alleingang, so malte ich mir aus, müsse die ultimative Wüstenerfahrung sein, die All-Eins-Erfahrung. Wer mit nichts in die Wüste hineingeht, so mein Credo, wird als er selbst zurückkommen – oder gar nicht. Es fehlte nicht viel, und Letzteres wäre tatsächlich eingetreten. Dabei gab es nicht die geringsten Zweifel oder gar Ängste, als ich im Oktober 1996 aufbrach. Im Gegenteil. Ich war felsenfest überzeugt, dass meine Erfahrung als Gegengewicht zum kalkulierten Risiko ausreichen würde, um zu bestehen. Doch es kam alles ganz anders.

Bereits am fünften Tag trat ein, was ich mir als schlimmstes Szenario überhaupt vorstellen konnte: Der letzte Tropfen Wasser war verbraucht und die nächste Wasserstelle noch weit entfernt. Ich hatte die Dynamik der Austrocknung des Körpers unterschätzt. Das ließ sich auch nicht aus dem Gehen mit der Karawane ableiten. Zwar hatte ich das eine oder andere Mal ausprobiert, mit wie wenig Wasser ich auskommen konnte, indem ich der Karawane einmal einen Tag vorauslief. Da reichten drei Liter problemlos. Doch abends war wieder die Karawane da, und es gab flüssigkeitsreiche Kost. Nun jedoch war ich gezwungen, mit drei Litern Wasser 24 Stunden lang auszukommen, ohne einen Tropfen zusätzlicher Flüssigkeit, die ich mir über die Nahrung zuführen konnte. Gleichzeitig trug ich ein viel größeres Gewicht auf meinem Rücken, und es galt, mindestens dreißig Kilometer Luftlinie pro Tag zurückzulegen, mehr als die doppelte Distanz, die die Karawane am Tag schaffte. Zu den Kilometern in der Horizontalen kamen noch die vielen Höhenmeter an kraftraubenden Auf- und Abstiegen.

Vom ersten Schritt an lief ich gegen die Zeit, gegen die tödliche Dehydration des Körpers. Die wasserlosen Distanzen erwiesen sich als zu lang, als dass ich mir genügend Wasservorräte hätte aufbürden können, um sie zu durchmessen. Dem Verdursten nahe, schaffte ich es mit letzten Kräften, eine rettende Wasserstelle zu erreichen. Nachdem ich mich drei Tage lang im Haus des Kamelhirten Gao gelabt und ausgeruht hatte, schlug ich den Weg nach Süden ein, die einzige Fluchtroute, die sich mir bot. Ein Zurück gab es nicht mehr, und ein Vorwärts stand außer Frage, denn die nächsten wasserlosen Strecken auf meiner geplanten Soloroute waren noch länger als jene Passagen, die ich nur mit knapper Not überlebt hatte. Das durchlebte Trauma hatte den Schleier der Täuschungen davongeweht und mich mit der nackten Wahrheit konfrontiert. Sie lautete: Ich sehe, ich erkenne, ich kehre um. Erkenntnis lässt mich neu werden, Umkehr lässt mich leben. Umkehr bedeutete für mich, nach Süden zu gehen, der kürzesten Strecke zu folgen, die mich aus der Wüste hinausführte. Nur in diese Richtung hatte ich eine Chance, einen Weg zu finden, auf dem es Brunnen gab, die ich erreichen konnte. Weiter westlich hätte es nicht einmal mehr diese Möglichkeit gegeben. Nur in diesem Bereich berührte ich den nördlichsten Rand eines schmalen Seen-

Korridors. Das Wasser dieser Seen war zwar so salzhaltig, dass es nicht einmal für Kamele bekömmlich war, doch an manchen von ihnen hatten Hirten Brunnen gegraben, um dort ihre Kamele zu tränken. An dem einen oder anderen wohnte sogar jemand. Der exponierteste dieser Wüstenbewohner war der Kamelhirte Gao, der mit seiner Frau jenseits des letzten Sees am Grunde einer tiefen Senke haust und dessen Brunnen mir zur Rettung wurde. Hätte es ihn nicht gegeben, wäre ich wohl kaum lebend wieder aus der Wüste herausgekommen. Mehr als eine Woche lief ich von Gaos Haus südwärts, bis ich den Rand der Wüste erreichte. Von der Wüste hatte ich genug. Ich wollte nur noch fort und war der festen Überzeugung, dass ich nie wieder dorthin zurückkehren würde.

Aber kaum war ich wieder in der Komfortzone, in der Fülle, begann ich mich nach der Leere zu sehnen. Ich spürte, dass ich diese Grenzüberschreitungen brauchte. Sie bereicherten mein Leben, weil sie mich zu Erfahrungen führten, die mir sonst verwehrt geblieben wären. Erfahrungen, die sich tiefer als alles andere in meine Seele gruben und mich veränderten.

Dank der segensreichen Gabe des Menschen, Unangenehmes vergessen zu können, verblasste allmählich die Erinnerung an die traumatischen Erlebnisse, und je mehr Zeit verging, desto mehr erschien mir der abgebrochene Alleingang in einem anderen Licht. Ich sah darin kein Scheitern mehr, sondern einen notwendigen, vielleicht sogar den wichtigsten Erfahrungsschritt. Erst durch diese Erfahrung weiß ich, mit wie viel Wasser ich für wie lange überleben und welche Distanzen ich dabei durchmessen kann, oder was es bedeutet, in der Wüste ganz auf sich allein gestellt zu sein. Erst seitdem kann ich ermessen, was es heißt, einen dreißig Kilo schweren Rucksack über Hunderte Meter hohe Sandberge zu schleppen. Erst im harten Einsatz zeigte sich, welche Ausrüstung sich bewährte und sinnvoll war. All das hatte ich nicht einfach antizipieren können, und Vorgänger gab es keine, deren Erfahrungen ich mir hätte zunutze machen können. Ich betrat Neuland und musste mir deshalb jeden Erfahrungsschritt selbst generieren. Zwangsläufig beging ich Fehler, denn Innovation ohne Fehler gibt es nicht. Allerdings bewegte ich mich in einer Zone persönlicher existenzieller Bedrohung, wo Fehler über Leben und Tod entscheiden. Ich hatte dabei das Glück zu überleben und dadurch einen gewaltigen Erfahrungszuwachs gewonnen. Seit dieser Erkenntnis begann ich mit dem Gedanken zu spielen, es noch einmal zu versuchen. Dieses Mehr an Erfahrung und eine optimiertere Ausrüstung, so dachte ich, würden im Gegensatz zum ersten Mal den entscheidenden Ausschlag geben. Von da an lebte die Vision vom Gobi Solo wieder auf und sollte mich nicht mehr loslassen.

Aber nun ist da immer noch ein Problem: Mir fehlt ein zusätzlicher Brunnen auf der Route. Die wasserlose Strecke im westlichen Teil der Wüste ist viel zu groß, um sie zu überwinden. Das hat mein erster Versuch auf unfreiwillige Weise bewiesen. Nur wenn es mir gelingt, dort einen weiteren Brunnen zu finden, ist überhaupt an einen neuerlichen Versuch zu denken. Um einen Brunnen in der Wüste zu suchen, benötige ich Ressourcen, die mir Handlungsspielraum gewähren. Als Sologänger – auch das hat die schmerzliche Erfahrung gezeigt – bin ich vom ersten Schritt an am Limit, und im Idealfall werde ich mit dem letzten Tropfen Wasser immer die jeweils nächste Wasserstelle erreichen. Da gibt es keine Zeit und keine Freiräume, um nach Wasser zu suchen. Nur mit einer Karawane im Schlepptau, einer mobilen Oase auf Kamelrücken, kann ich es mir erlauben, tagelang im Zickzackkurs durch die Wüste zu ziehen, um nach einem Brunnen zu suchen. Auf meinen Karten findet sich nicht der geringste Hinweis, dass es in diesem Teil der Wüste eine Wasserstelle gibt. Sie zeigen nur Sand, nicht einmal eine Salzlacke ist eingezeichnet. Aber ich glaube an diesen Brunnen und an meine Chance, ihn zu finden. Lao Chao mit seinen Kamelen soll mir dabei behilflich sein.

Mein Plan ist einfach. Wir werden durch den Seen-Korridor von Süden her in die Wüste vordringen, dann am nordwestlichsten bewohnten See die Tiere tränken und alle Kapazitäten mit Trinkwasser beladen, sodass wir eine gute Woche damit auskommen. Somit hätten wir genügend Ressourcen, um uns in diesen extremen Bereich der Wüste zu wagen und wieder herauszukommen, falls wir nicht fündig werden. Ich habe die Karte vor uns ausgebreitet und versuche, Lao Chao meinen Plan zu erläutern. Doch der Karawanier wischt sie mit einer Handbewegung zur Seite. Stattdessen malt er mit dem Finger seine eigene Karte in den Sand. Sie besteht nur aus drei Punkten und zwei Strichen. Der erste Punkt ist unser Standort, der zweite ein bewohnter See, an dem ein kleines buddhistisches Kloster liegt, und der dritte eine Senke, in der Salz gewonnen wird. Die Örtlichkeiten sind mir aus vergangenen Wüstenreisen bekannt. Bis zum Kloster sind es drei bis vier Tagesmärsche und von dort bis zu den Salzmännern noch einmal mindestens vier Tage durch schwierigstes Dünengelände. Ich male noch einen vierten Punkt in den Sand und bezeichne ihn mit »shui«, dem chinesischen Begriff für »Wasser«. Er markiert das Ziel unserer Reise.

Eine heikle Mission, denn Lao Chao gibt unumwunden zu, dass er das Terrain jenseits der Salzgewinnung noch nie betreten hat.

»Hast du von einem Brunnen in dieser Gegend gehört?«, hake ich nach. Brunnen in der Wüste sind Heiligtümer, und es könnte ja sein, dass er zumindest vom Hörensagen davon Kenntnis hat.

Aber er schüttelt nur den Kopf. »Wo es keine Menschen gibt, gibt es auch kein Wasser«, antwortet er mit unwiderlegbarer Logik.

Doch meine Lebenserfahrung hat mich gelehrt, auch sogenanntes überkommenes Wissen und Traditionen zu hinterfragen. Gut möglich, dass er recht hat, aber genauso gut kann es sein, dass Menschen dort einmal durchkamen und einen Brunnen gruben oder Hirten aus der Steppe einen anlegten, um ihre Kamele zu tränken, die auf der Suche nach essbaren Wildgräsern weit in die Wüste hineinlaufen.

»Wir werden dort hingehen, um es selbst herauszufinden«, sage ich. »Bis dorthin ist es noch ein langer Weg, also lass uns bald aufbrechen!«

Damit ist dieses Thema vorerst erledigt. Es gibt noch viel zu tun, damit die Karawane in die Gänge kommt.

Ich zähle die Kamele, überprüfe die bereitgestellten vollen Wasserkanister und schließlich die Lasten. Es sind nur 21 Tiere, und drei davon sind persönliche Reitkamele, die keine Lasten tragen außer ihren Herren. Diese Anzahl scheint mir etwas wenig in Anbetracht der vielen Menschen samt Gepäck. Wir sind immerhin sechzehn Personen, und ich wundere mich, ob da genügend Kapazität für Wasser und Verpflegung vorhanden ist, damit wir für drei Wochen autark sind und uns erlauben können, eine längere wasserlose Strecke zu durchqueren. Aber ich verlasse mich in dieser Hinsicht ganz auf Lao Chao, den ich als sehr umsichtigen Karawanenführer kennengelernt habe.

Abgesehen von Lao Chao ist noch sein Bruder und ein Mongole mit dem klingenden Namen Bator – »Held« – mit von der Partie. Hinzu kommen noch zwei Chinesen. George, der eigentlich Wang heißt, ist ein guter alter Bekannter. Er stammt aus der Großstadt Xining und unterstützte mich bei meinen ersten Tibet-Reisen. Diesmal habe ich ihn als Dolmetscher angeheuert, weil ich mir erhoffe, bei den Wüstenbewohnern genauere Auskünfte über Brunnen zu erhalten, und dafür reichen meine Grundkenntnisse in Chinesisch nicht aus. George hat sich auch um einen Koch gekümmert. Seine Wahl fiel auf einen ehemaligen Armeekoch, den er offenbar für eine derartige Mission, bei der es mehr um Durchhaltevermögen geht als darum, kulinarisch zu brillieren, am geeignetsten hielt. Er heißt eigentlich Sun Ji Ru, aber George fand diesen Namen für uns Langnasen unaussprechlich, und deshalb taufte er ihn kurzerhand in Robert um. Dabei hätte der chinesische Vorname, der so viel wie »strahlendes Glück« bedeutet, nicht besser auf ihn passen können, denn Robert ist eine chronische Frohnatur, die bei jeder Gelegenheit lacht. An diesem Tag noch mehr als sonst, denn die beiden Chinesen haben letzte Nacht mit den Honoratioren von Ehen Hudag ausgiebig gefeiert, wobei sich die lokalen Mongolen als weitaus trinkfester erwiesen. Während sie trotz der frühen Stunde unseres Aufbruchs vollzählig zu unserer Verabschiedung aufmarschiert waren, mussten George und Robert erst geweckt werden. George war noch immer angetrunken und sorgte mit seinen Anekdoten, die er lallend vortrug, während der Fahrt zum Sammelplatz der Karawane für allgemeine Erheiterung. Jetzt in der Steppe, wo es inzwischen brütend heiß ist, gibt er erst recht eine komische Figur ab. Mit seinem schräg sitzenden, ausgefransten Strohhut wirkt er in dieser Umgebung so fremd wie ein Kamel an einem Karibikstrand. Robert hingegen ist durchaus einsatzfähig. Er macht sogar den Eindruck, als wolle er gegen die Wüste in den Kampf ziehen, denn er ist in gefleckter Militäruniform angetreten. Von den Turnschuhen der Marke »Krieger« bis zur Feldflasche entstammt alles den Beständen der Volksbefreiungsarmee. Nur die spiegelnde Sonnenbrille will nicht so recht zu diesem Outfit passen. Beide sind zwar zum ersten Mal in der Wüste, aber mit jenem Selbstverständnis ausgestattet, das besagt, der Chinese sei auch Herr der Wüste. »Wenn man einen Chinesen in der Wüste aussetzt«, gibt George in Anspielung auf die Geschäftstüchtigkeit seiner Landsleute zum Besten, »würde er einen Weg finden, selbst aus dem öden Sand Kapital zu schlagen.«

Unsere »Langnasen-Fraktion« ist eine bunte Gruppe aus Wüstenenthusiasten, die sich mir angeschlossen haben, weil sich ihnen die Chance bietet, eine der schönsten Wüstengegenden der Erde kennenzulernen. Trotzdem ist es keine reine Konsumtour, sondern jeder muss bestimmte Aufgaben übernehmen und dazu beitragen, die gemeinsam definierten Ziele zu erreichen. Eine Sonderstellung innerhalb der Gruppe hat ein dreiköpfiges Filmteam, das auf unsere Kooperation und Unterstützung angewiesen ist.

Die Karawaniers haben bereits begonnen, die Tiere zu beladen. Für uns bleibt nichts mehr zu tun. Ich weiß, dass Lao Chao es nicht gerne sieht, wenn wir bei den Tieren Hand anlegen, denn er befürchtet, dass sie durch unsere fremden Gerüche und Stimmen nervös werden.

Für mich ist es ohnehin an der Zeit aufzubrechen, denn ich übernehme die Rolle des Pfadfinders. Meine Aufgabe ist es, die Spur vorzugeben, vor allem aber einen gangbaren Weg durch die Dünen zu finden, dem die Karawane folgen kann. Eine Route, die möglichst die Kräfte der Tiere schont.

Die meisten meiner Begleiter gehen zugleich mit mir los, nur die beiden Chinesen beteiligen sich nicht am allgemeinen Aufbruch. George hat Robert davon überzeugt, dass es am sichersten sei, bei der Karawane zu bleiben und neben ihr her zu laufen. Da bräuchten sie nicht einmal die eigene Tagesration an Wasser selbst zu tragen, könnten ihre Rucksäcke von den Tieren transportieren lassen.

Die Nadel des Kompasses gibt mir die Richtung vor, die kürzeste Distanz, die zu unserem ersten Etappenziel führt, zum Wüstenkloster. Hier auf der flachen Kameldornsteppe ist es einfach, der geraden Kompasslinie zu folgen, denn es gibt keine Hindernisse, die sich in den Weg stellen, keine Auf- und Abstiege. Erst am Horizont zeichnet sich als dunkler gezackter Streifen der Beginn des Sandmeeres ab. Aus Erfahrung weiß ich, dass die Prozedur des Bepackens am ersten Tag am längsten dauert, aber ebenso ist gewiss, dass die Karawane auf der flachen Steppe ein höheres Tempo geht als wir. Daher bin ich zuversichtlich, dass wir an diesem Tag noch den hohen Sand erreichen und unser erstes Lager – was wir uns alle wünschen – zwischen den Dünen aufstellen werden.

Inzwischen hat sich die Gruppe in der Weite des Raums aufgelöst. Jeder geht sein eigenes Tempo, folgt dem eigenen Rhythmus. Ich habe es mir angewöhnt, nur alle zwei Stunden eine kurze Pause einzulegen, die ich nutze, um die Position zu bestimmen und die Richtung neu zu peilen. Durch die Verwendung eines Camelpacks brauche ich keine Trinkstopps einzulegen, sondern kann während des Gehens mithilfe des Trinkschlauchs Flüssigkeit tanken.

Es ist bereits später Nachmittag, als ich die ersten Dünen erreiche. Zunächst sind es noch niedrige Barchans, die sich wie Wogen eines erstarrten Meeres aus der Steppe erheben. Aber schon dahinter türmen sich höhere Sandgebilde auf, von sandgefüllten Talfurchen durchzogen, die an die Finger einer ausgestreckten Hand erinnern. Am oberen Ende eines solchen Dünentals, das noch einen letzten Blick auf die Steppe gewährt, halte ich an. Es vergeht nicht mehr als eine Stunde, da kommt auch die Karawane heran. Lao Chao ist mit der Wahl des Lagerplatzes zufrieden, denn es gibt ringsum genügend Futter für die Kamele. Im Gegensatz zum Bepacken sind die Kamele im Nu von ihren Lasten befreit, und kein Unmutsschrei ist zu hören, nicht einmal dann, als man ihnen die losen Fußfesseln anlegt, sodass sie sich nicht allzu weit vom Lager entfernen können. Nach und nach treffen alle ein, bis auf die beiden Chinesen. Von ihnen ist noch keine Spur zu sehen, und uns dämmert, dass wir den Koch an diesem Abend bekochen werden. Genau so kommt es. Erst knapp vor Einbruch der Dunkelheit tauchen die beiden Nachzügler auf. Sie wanken ins Lager, erschöpft und völlig ausgetrocknet. Die Mongolen, mit denen George letzte Nacht gezecht hat, haben ihm einen üblen Streich gespielt. Sie schlichen morgens in sein Zimmer, als er noch schlief, kippten das Wasser seiner Feldflasche aus und füllten sie stattdessen mit einem billigen hochprozentigen Fusel. Als er es merkte, war die Karawane mit den ganzen Wasservorräten schon auf und davon. In der Ebene vermochten sie von Anfang an nicht mit ihr Schritt zu halten. Zu allem Unglück war

Robert Georges Rat gefolgt und hatte seinen Rucksack ebenfalls auf eines der Kamele gebunden. Nun hatten beide kein Wasser und litten entsetzlichen Durst. Sie sind jetzt nicht einmal mehr imstande, ihre Zelte aufzustellen, und schlafen, nachdem sie sich ausgiebig gelabt und in warme Decken gehüllt haben, auf der Stelle ein.

Das Wüstenkloster

Am nächsten Tag präsentiert sich die Sandwüste zunächst von ihrer schönsten Seite. In alle Richtungen umgeben uns nur noch Dünen mit messerscharfen, in kühnen Linien geschwungenen Graten, an denen sich das Licht bricht. Ästhetisch geformte Kunstwerke aus Sand, ineinander verschachtelt und stockwerkartig aufgetürmt. Der Preis der Schönheit ist die Unübersichtlichkeit des Weges. Immer häufiger geraten wir in Sackgassen, weil sich das Gelände für die nachfolgende Karawane als zu schwierig erweist. Vor allem die tiefen, kraterähnlichen Senken, die hinter den Dünenkämmen eingelagert sind, gilt es zu meiden. Sie würden uns zu unnötigen Auf- und Abstiegen zwingen und die Kräfte der Tiere verschleißen. Die Karawane folgt zwar meiner Route, doch nicht meiner Spur. Während ich Mulden und Flanken ausweiche, weil der Sand dort weich ist, quert die Karawane die Abhänge hoher Sandberge in gerader Linie. Es ist jedes Mal ein eindrucksvolles Bild, wenn sich der Zug der Kamele wie ein riesiger Tausendfüßler über die inzwischen bis zu 300 Meter hohen Megadünen windet.

Wir gehen nun in Sichtweite zueinander, warten von Zeit zu Zeit auf die Karawane, die deutlich langsamer vorankommt. George und Robert haben ihre Lektion gelernt, beide tragen ihre Rucksäcke selbst und sind darauf bedacht, die Ersten zu sein, die auf meiner Spur hinterherkommen. Im hohen Sand ist das Gehen nicht nur viel anstrengender, sondern auch die Temperaturen klettern nach oben. Nirgendwo auch nur der geringste Schatten. Vor allem um die Mittagszeit setzt uns die Hitze schwer zu. Selbst auf den höchsten Sanddünen gibt es keine Linderung, keine erfrischende Brise, die die Gluthitze vertreibt. Als Folge verbrauchen wir mehr Wasser als die kalkulierte Tagesration. Manch einer in der Gruppe hat bereits zur Mittagsrast seine Wasservorräte nahezu aufgebraucht. Auch die Kamele dehydrieren in diesem »Backofen« sichtlich und wirken bei Weitem nicht mehr so frisch wie am ersten Tag. Lao Chao macht ein sorgenvolles Gesicht. »Wenn diese Hitze anhält, brauchen die Tiere an jedem dritten Tag Wasser«. Noch nie habe er solche Temperaturen um diese Jahreszeit erlebt. Ich verzichte darauf, ihn darüber aufzuklären, dass auch in anderen Teilen der Erde das Wetter aus den Fugen gerät und er sich auf solche Kapriolen wird einstellen müssen. Warum genau, weiß niemand schlüssig zu erklären – ob als Folge der Erderwärmung oder naturgegeben, wie manche behaupten, weil es auf der Erde schon immer zyklische Klimaschwankungen gab.

Zum Glück sind Kamele in Bezug auf Wasser weniger anspruchsvoll als wir Menschen. Für sie ist auch salzhaltiges Wasser bis zu einem gewissen Grad bekömmlich. Allerdings nicht das Wasser jenes Salzsees, auf den wir nach einer guten Marschstunde stoßen. Wie aus dem Nichts taucht er auf. Als wir über einen Dünenkamm kommen, fällt der Blick ins Leere, fängt sich wieder auf dem

Grund einer tiefen Senke, aus der der tiefblaue See herauf-
leuchtet, so unwirklich, dass man geneigt ist, ihn für eine
Sinnestäuschung zu halten. Doch eine Schar Enten, die
sich schnatternd aus dem Wasser erheben, zeigt an, dass es
sich um eine reale Erscheinung handelt. Die Farbe des Sees
wetteifert mit dem Himmel, Schilfgras umsäumt ihn wie
ein Gürtel aus grüner Seide. Seine Verlockungen sind einfach zu groß, um daran vorbeizulaufen. Die Stöcke benut-
zend, stürzen wir uns an der steilsten Stelle die Dünen
hinunter. Unten angekommen, reißen wir uns die Kleider
vom Leib und springen in die brühwarme Salzlacke hinein. Ein zweifelhaftes Badevergnügen, das keine Abkühlung bringt, aber das wir teuer bezahlen müssen. Denn anschließend gilt es mehrere Hundert Meter im weichen Sand
zur Route der Karawane hochzusteigen, die die Senke am
oberen Rand umgangen hat.

Im Laufe des Tages kommen wir an zwei weiteren Seen
vorbei, noch schöner und verlockender als der erste, doch
sie können uns nicht mehr verführen. Wir begnügen uns
damit, uns an ihrem Anblick zu erfreuen, und nehmen keinen weiteren Umweg in Kauf. Abgesehen von den Seen,
gibt es wenige Zeichen von Leben. Der Anblick von Wild-
tieren ist eine Seltenheit. Noch am ehesten zeigen sich
tagsüber kleine Wüstenechsen, die, perfekt getarnt, reglos
im Sand liegen. Sie lassen einen bis auf wenige Schritte
herankommen, ehe sie sich blitzartig erheben und über die
Sandoberfläche davonhuschen. Die Anwesenheit größerer
Tiere wie Füchse oder Luchse, die vorwiegend nachtaktiv
sind, zeigt sich nur in Spuren, die allenthalben unseren
Weg kreuzen.

Doch es ist die Natur der Wüste selbst, die alles in den
Bann schlägt und an der sich das Auge nie sattsehen kann.

Die Sandberge haben sich zu komplexen Gebilden formiert, die der Wind zu unglaublichen Höhen aufgehäuft hat. Im Vergleich dazu erscheinen mir die Dünen anderer Wüsten, die ich kennengelernt habe, wie arme Verwandte. Aller Wahrscheinlichkeit nach beherbergt die Badain Jaran Shamo die höchsten Sandformationen der Welt. Vierhundertfünfzig Höhenmeter vom Dünenansatz bis zur Spitze messe ich an einem der Sandberge, die ich ersteige. Davon gibt es Hunderte, darunter gewiss noch höhere. Der Vergleich mit einem Gebirge drängt sich förmlich auf. Die Sandberge sind so verfestigt, dass der Wind und selbst die stärksten Stürme nur noch die Haut der Düne modellieren, ihre Formen aber nicht mehr verändern. Diese markanten Formen prägen sich dem Gedächtnis ein, und an ihnen orientieren sich die Einheimischen, wenn sie in die Wüste gehen. Auch Lao Chao, der die Strecke zum Kloster schon oft gegangen ist, findet auf diese Weise den richtigen Weg. Die generelle Marschrichtung lässt sich an den Gestirnen ablesen, aber um einen winzigen Punkt inmitten dieses Irrgartens aus Sandbergen zu finden, bedarf es mehr – der Fähigkeit, die Zeichen der Wüste zu erkennen, ihren Code zu entschlüsseln.

Mit jedem Kilometer, den wir nun nordwärts zurücklegen, treten die Sandberge enger zusammen, verlegen der schwer beladenen Karawane den Weg, sodass wir gezwungen sind, immer größere Umwege zu laufen. Wir gehen zwar lange Wege, kommen dem Ziel aber nur wenig näher. Mehr als 15 Kilometer Luftlinie in Zielrichtung ist für die Karawane in diesem Gelände kaum zu schaffen. Bei der Steilheit der Dünen, die es zu überqueren oder traversieren gilt, ist ein Reiten nicht mehr möglich. Längst sind die Männer abgestiegen und führen die Kamele in kleinen Gruppen von vier bis fünf Tieren am kurzen Strick hinter sich her. Über besonders heikle Passagen müssen die Kamele sogar einzeln gelotst werden. Sie dabei zusätzlich von ihrer Last zu befreien bleibt uns erspart – bis jetzt jedenfalls.

Trotz der schwierigen Bedingungen sind wir am Ende des dritten Marschtages nur noch knapp über zwanzig Kilometer vom Wüstenkloster entfernt – Luftlinie, versteht sich. Ein Umstand, der mich auf die Idee bringt, dieses letzte Stück ohne die Karawane zu laufen. Sie kann dann ihren eigenen Weg gehen, irgendwo noch einmal ein Zwischenlager aufschlagen und einen Tag später am Kloster eintreffen. Wir Fußgänger hingegen – nicht mehr genötigt, auf die nachfolgende Karawane Rücksicht zu nehmen – könnten einen viel direkteren Kurs einschlagen und schneller vorankommen. Freilich bedeutet dies auch mehr Auf- und Abstiege. Einige in der Gruppe wollen sich mir anschließen, während andere sich ein höheres Tempo über eine längere Strecke körperlich nicht zutrauen und lieber im Schutz der Karawane bleiben wollen. Dazu gehören auch die beiden Chinesen, die sich inzwischen ganz der Karawane anvertraut haben. Vor allem Jan, der bisher mit dem Filmen beschäftigt war, sprüht jedoch vor Tatendrang und brennt darauf, einmal vorne mit dabei zu sein, um seine Wüstentauglichkeit zu erproben. Ein paar Jahre zuvor war ich diese Route mit einer Managergruppe gelaufen. Damals hatte ich sie vor die schwierige Aufgabe gestellt, das Wüstenkloster selbst zu finden, nur mit einem einzigen Kompass als Orientierungshilfe. Sie schafften es nicht. Diesmal liegt die Herausforderung nicht in der Suche, denn die Spur wird von mir vorgegeben, sondern in der Distanz, die es zurückzulegen gilt. Die Senke mit dem

Seekloster ist zu allen Seiten von gewaltigen Sandbergen eingekesselt und mit der Karawane nur von Südosten her zugänglich. Meine Route führt von Südwesten heran über einen weiteren See.

Schon bald nach Sonnenaufgang brechen wir auf, mit deutlich mehr Wasservorräten in den Rucksäcken als an den Tagen zuvor, auch mit Schlafsäcken und warmer Bekleidung ausgerüstet, falls wir irgendwo biwakieren müssen. Vom ersten Schritt an geht es über hohe Dünen. Auch ohne Karawane schaffen wir kaum zwei Kilometer Luftlinie pro Stunde. Als wir den ersten See erreichen, versinkt die Sonne gerade hinter den Dünenkämmen und erzeugt dabei eine Farborgie, die wir minutenlang gebannt verfolgen. Als das Schauspiel vorbei ist, laufen wir hinunter zum See, an dessen Ufer wir schon aus der Ferne zwei Zelte ausgemacht haben. Aus einem steigt Rauch auf, und als wir näher kommen, treten zwei Männer heraus, die uns freundlich begrüßen und mit Tee bewirten. Sie haben ihr Lager nur für ein paar Tage hier aufgeschlagen, um den See nach Krebsen abzufischen, dann ziehen sie zum nächsten weiter.

Wieder baut sich vor uns ein gewaltiger Sandberg auf, der sich aus einem ganzen Konglomerat einzelner Dünen zusammensetzt. Die GPS-Peilung zeigt an, dass wir ihn frontal nehmen müssen – andernfalls wären wir gezwungen, einen kilometerlangen Umweg in Kauf zu nehmen. Mit den Augen taste ich den Sandberg ab, suche die Schwachstellen, ziehe eine imaginäre Linie über Rücken und Kämme, die die ideale Aufstiegsroute verspricht. Während sich die Dämmerung als dunkler Mantel über die Dünen legt, leuchtet der Himmel darüber noch in verschiedenen Rottönen. Die Kühle wirkt belebend und mobilisiert neue Kräfte. Schon nach einer knappen Stunde stehe ich vor dem letzten Dünengrat. Noch eine Mulde, ein paar Meter über steilen losen Sand, dann stehe ich auf dem Grat.

Der Blick gleitet ein paar Hundert Meter tiefer. In eine Senke ist ein See eingebettet, und ein weiß gekalktes Gebäude mit grünem Walmdach leuchtet aus einer Ansammlung Baracken heraus. Daneben reckt ein *Stupa*, das älteste sakrale Denkmal, das der Buddhismus kennt, seine filigrane Spitze in den Himmel.

Was jetzt kommt, ist keine Anstrengung mehr, sondern Spaßfaktor pur, Lohn für den mühsamen Aufstieg. Wir laufen, springen, rutschen binnen Minuten über die steile Dünenflanke hinunter. Unten angekommen, müssen wir noch den halben See umrunden, bis wir vor dem ersten Gebäude stehen. Glaubten wir zunächst, unser Gejohle beim Abstieg hätte die Bewohner alarmiert, so werden wir nun eines Besseren belehrt. Kein Hund schlägt an, keine Tür geht auf, keine einzige Menschenseele zeigt sich. Der Ort wirkt gespenstisch leer. Inzwischen ist es dunkel geworden. Wir laufen von Haus zu Haus, aber es brennt nirgendwo ein Licht. Entweder schlafen die Bewohner bereits fest, oder es ist wirklich niemand da. Morgen wird es sich zeigen.

Nachdem wir uns ausgiebig am Brunnen erfrischt haben, macht sich jeder auf die Suche nach einem geeigneten Lagerplatz. Wegen der Mückenplage meide ich die Seenähe und steige ein Stück die Düne hoch. Auf halber Höhe finde ich eine flache Mulde. Minuten später liege ich im warmen Schlafsack und blicke in den Himmel hinein. Langsam steigt über dem Dünenkamm der Mond auf. Er ist nahezu vollendet und gießt so verschwenderisch sein Licht aus, dass selbst die Sterne verblassen, die zuvor den Nachthimmel beherrschten.

Sogar am nächsten Morgen steht er noch am Himmel, als die aufgehende Sonne diesen im Osten orangerot einfärbt. Für Augenblicke, so scheint es, stehen sich die beiden mächtigen Gestirne gegenüber, als ob sie miteinander um die Vorherrschaft kämpften. Dann übernimmt die Sonne das Kommando, triumphieren die hellen Kräfte des Lichts im ewigen Wechselspiel der Polaritäten. Schnell packe ich meinen Rucksack und laufe hinunter zum Ufer des Sees. Noch ehe sich die Sonne über die Dünenkämme erhebt und alle Farben aus der Landschaft brennt, bietet sich hier ein Schauspiel besonderer Art. Es ist eine doppelte Aufführung, real und spiegelverkehrt. Kein Windhauch kräuselt die Oberfläche des Sees, sodass sich jede Erscheinung draußen darin abbildet. Himmel, Sandberge und Kloster fügen sich zu einem harmonischen Bild, in das die aufgehende Sonne sich langsam bewegende Schatten zaubert.

Auch die kleine Siedlung erwacht nun zum Leben: Aus einer der Baracken steigt Rauch auf, eine Tür öffnet sich knarrend, eine Frau tritt heraus, um Wasser zu holen, ein Hirte treibt seine Ziegen aus einem Verschlag. Nur das Kloster scheint verwaist. Kein Ruf eines Muschelhorns, kein Gongschlag, ja nicht einmal Glockengeklingel ist zu vernehmen. Kein Duft von Räucherwerk erfüllt die Luft, und kein Pilger versetzt einen der Gebetszylinder in Rotation, die in die Außenmauern eingelassen sind. Dabei habe ich das Kloster in ganz anderer Erinnerung. Als ich damals nach meinem missglückten Alleingang hier vorbeikam, empfand ich den Ort als beglückende Oase und beneidete die Bewohner, denn in meinen Augen besaßen sie alles, was man zum Leben brauchte. Es gab nichts Überflüssiges, das den Geist ablenkte, indem es künstliche Bedürfnisse weckte. Den größten Eindruck hinterließ aber jener Besuch vor ein paar Jahren, als ich das Seekloster – so wie jetzt – von Süden her mit einer Karawane erreichte. Wir platzten mitten in eine Zeremonie hinein, die in ihrer Art einmalig war. Genau an jenem Tag waren hier alle Wüstenbewohner zusammengekommen, dazu viele Gäste von außerhalb, die den langen Weg durch die Wüste nicht gescheut hatten, um der Einweihung eines besonderen Bauwerks beizuwohnen. Der ranghöchste buddhistische Mönch der Inneren Mongolei hatte dieses einsame Wüstenkloster auserkoren, um hier einen *Stupa* zu errichten, in dem später seine sterblichen Überreste aufbewahrt werden sollen. Zur feierlichen Einweihung des Reliquienschreins war er nun persönlich gekommen und mit ihm Mönche anderer mongolisch-buddhistischer Klöster. Höhepunkt der Festlichkeiten war ein Feuerritual, das der Oberlama am nächsten Tag selbst durchführte. Diese aus der uralten indisch-vedischen Religion stammende, in den tantrischen Buddhismus aufgenommene Tradition dient der Reinigung und dem Opfer zugleich. Der Mönch hat dazu seine kostbarste Robe angelegt und trägt eine fünfgliedrige Krone auf dem Kopf, mit den Bildern der transzendenten Buddhas, die in ihren Körperfarben und Attributen zu einem Mandala angeordnet sind. Er sitzt vor dem Feuer, das von seinen Mönchsgehilfen mit Reisig und getrocknetem Dung genährt wird. Mithilfe eines langstieligen Ritualgefäßes, das durch einen Mechanismus geöffnet werden kann, werden Butter und Getreide über dem Feuer geschmolzen beziehungsweise geröstet und dann der reinigenden Glut überantwortet. Unterstützt wird das Ritual durch Mantras, heilige Formeln, die die Anwesenden vielstimmig rezitieren.

Damals war die Siedlung mit Menschen überfüllt, und es wurden noch zusätzlich Jurten errichtet, um alle Gäste unterzubringen. Heute lebt nur noch eine einzige Familie dauerhaft hier. Eigentlich sind es sogar nur noch die Alten, denn die junge Generation ist längst fort, hat das harte, aber autarke Leben in der Wüste für ein Dasein in der Stadt eingetauscht. Die Regierung fördert dies durch Anreize wie etwa den Bau subventionierter Wohnungen, mehr noch in den Sehnsuchtsbildern des staatlichen Fernsehens, die unaufhörlich das Credo »Ich shoppe, daher bin ich« suggerieren.

Von den beiden Mönchen des Wüstenklosters treffe ich nur den jüngeren an. Ich hätte ihn kaum erkannt, denn er trägt gewöhnliche Arbeitskleidung und haust in einer der aufgelassenen Baracken. Der ältere Mönch sei auf Betteltour gegangen, erklärt er mir, und er lebe hier wie jeder andere als Selbstversorger. Die Spenden aus seelsorgerischen Tätigkeiten reichten schon lange nicht mehr aus, um durchzukommen. Das leuchtet ein. Woher sollen denn die Spenden kommen, wenn es hier keine Menschen mehr gibt? Der nächstgelegene See, an dem auch nur ein altes Paar lebt, ist einen Tagesmarsch entfernt. Gerne sei er bereit, das Kloster für uns zu öffnen, lässt er mich wissen, und gegen einen Obolus eine *Puja*, eine Gebetszeremonie, durchzuführen, damit unser Weiterweg durch die Wüste von höheren Mächten beschützt ist. Ein Angebot, das ich in Anbetracht unseres Vorhabens dankend annehme. Das müsse aber in Anwesenheit unserer Karawanenführer geschehen, die erst im Laufe des Tages einträfen, erkläre ich ihm. Wir verabreden, die *Puja* auf den nächsten Morgen zu legen, unmittelbar vor dem Aufbruch der Karawane.

Die Zeit bis zu deren Ankunft verbringen wir am Brunnen, der – wie es sich für ein Heiligtum gebührt – inmitten eines umzäunten Areals liegt, in dem Bäume und Sträucher wachsen und sogar Gemüse gezogen wird. Wir liegen faul im Schatten, lauschen den vielfältigen Geräuschen des Lebens: dem Plätschern des Wassers, dem Vogelgezwitscher und dem wohltuenden Rauschen der Blätter in den Baumkronen, wenn der Wind in sie hineinfährt. Am frühen Nachmittag mischt sich noch das rhythmische Klingeln einer Bronzeglocke dazu, die am Hals unseres Leitkamels baumelt und die Ankunft der Karawane ankündigt. Mit ihr kehrt wieder Leben in die Siedlung zurück – vorübergehend. Kamellasten werden ausgepackt, frische, handgezogene Nudeln hergestellt, frisches Brot in einem Lehmofen gebacken. Auch die Kamele müssen versorgt werden, vor allem brauchen sie Wasser. Das Tränken der Tiere ist ein Ritual für sich. Dafür gibt es eine eigene Vorrichtung außerhalb des eingezäunten Brunnenareals. Das Wasser wird zwar aus dem Brunnen geschöpft, aber dann in einen langen hölzernen Trog geleitet. In kleinen Gruppen werden die Kamele an die Tränke herangeführt. Je nach Grad der Dehydration pumpt ein einzelnes Tier binnen kurzer Zeit hundert Liter oder mehr in sich hinein.

Am nächsten Morgen erscheint der Mönch in seiner roten Robe, um uns mit seinem Segen zu verabschieden. Wie in Tibet üblich, entfalte ich dabei einen *Khadak*, einen weißen Zeremonienschal, den er mit beiden Händen entgegennimmt. Dann legt er ihn mir um den Hals, murmelt heilige Formeln und entlässt mich mit einem kräftigen Händedruck. Die Mongolen haben den Buddhismus von den Tibetern übernommen und als Teil dieses Religionstransfers auch viele der in Tibet üblichen Gepflogenheiten.

Am Brunnen des Lebens

Die Route, die wir nun einzuschlagen haben, ist durch eine Kette weiterer Seen vorgegeben. Den ersten erreichen wir bereits um die Mittagszeit. Nachdem wir einen hohen Sandwall in nordwestlicher Richtung überwunden haben, leuchtet er uns vom Grund einer ausladenden Senke entgegen. Es ist zweifellos der schönste See, den wir bisher in dieser Wüste zu Gesicht bekommen haben. Seine Besonderheit ist eine mit Schilfgras bewachsene kreisrunde Insel, in deren Mitte sich eine Süßwasserquelle befindet. Das Wasser dieser Quelle, so wird erzählt, soll einzigartige Qualitäten besitzen. Zu gerne würde ich mich selbst davon überzeugen, aber das tiefe, schlammige Terrain hält mich davon ab. Auch dieser See ist bewohnt. Nur eine Familie lebt hier, zeitweise jedenfalls. Ihr Haus befindet sich an der Ostseite des Sees. Wir legen dort eine kurze Rast ein, trinken ausgiebig, füllen unsere Behältnisse auf und ziehen weiter, als die Karawane in Sicht kommt.

Aufs Neue versperrt uns ein gewaltiger Sandriegel den Weiterweg nach Norden. Ein kräftezehrender Aufstieg kündigt sich an, noch dazu unter den Strahlen der Mittagssonne, die die Sandoberfläche auf bis zu 50 Grad aufheizt. Meine Hoffnung, die ungewöhnliche Hitze werde bald angenehmeren Herbsttemperaturen Platz machen, erfüllte sich bisher nicht. Solange wir uns noch im Seengebiet bewegen, wo wir nach Belieben unsere Wasservorräte auffüllen können, stellt das kein Problem dar, aber in ein paar Tagen werden wir in den wasserlosen Bereich der Wüste vorstoßen, und da kommt es auf die Leistungsfähigkeit der Kamele an.

Nach Überquerung des Sandwalls kommt der nächste See in Sicht. Er scheint zum Greifen nahe, doch der Abstieg hat seine Tücken. Immer wieder blockieren quer verlaufende Dünenkämme unseren Weg, die das ganze Tal wie eine Mauer abriegeln. Endlich flacht das Terrain zum Seeufer hin ab. Ich halte direkt auf ein einzelnes Haus zu. Zwei junge Mongolen treten heraus und starren uns entgeistert an. Die Überraschung ist ganz meinerseits, denn einer von ihnen ist ein alter Bekannter, an dessen Gehöft ich vor Jahren einmal mit meiner Karawane vorbeikam. Es liegt fünf Tagesmärsche weiter südlich, noch im Randbereich der Wüste. Die beiden haben die Aufgabe übernommen, während der Abwesenheit der Besitzer hier einmal nach dem Rechten zu sehen. Die Weltabgeschiedenheit dieses Ortes verdeutlicht auch ein Propagandaplakat, das noch in einem der Räume hängt. Es zeigt die einstigen Granden der Kommunistischen Partei Chinas, den Staatsgründer und großen Steuermann Mao Zedong, flankiert von Zhou Enlai und Liu Shaoqi. Letzterer galt als designierter Nachfolger Maos, bis die Revolution ihre eigenen Kinder fraß. Im Jahre 1968 wurde er als Konterrevolutionär gebrandmarkt und ins Gefängnis gesteckt, wo er ein Jahr später starb. Aber vielleicht ist das Plakat ja schon wieder aktuell, denn inzwischen hat die Partei Liu Shaoqi, der offenbar einen liberaleren Kurs vertrat, vollständig rehabilitiert.

An diesem See haben wir nun den nördlichsten Rand des Seen-Korridors erreicht, noch weiter nördlich gibt es nur noch wasserlose Senken. In einer davon lebt Lao Gao, der exponierteste aller Wüstenbewohner. Die Sandberge in diesem Bereich gelten als die höchsten und schwierigsten der gesamten Wüste und werden von Karawanen gemieden. Von den beiden Mongolen erfahren wir, dass es jedoch westlich von hier zwei weitere bewohnte Seen geben soll. Dort ist für sie die Welt zu Ende, und wenn wir unbedingt wissen wollen, was danach kommt, können wir es am ehesten dort erfahren. Gesagt, getan.

Den ersten dieser Seen erblicken wir bereits um die Mittagszeit des nächsten Tages. Die Begeisterung, ihn aufzusuchen, schwindet rasch, als klar wird, wie schwierig das Gelände ist. Wir müssten nicht bloß ab-, sondern auch wieder aufsteigen, denn die Senke besitzt keinen anderen Zugang. Wir würden den See also links liegen lassen, wäre da nicht Robert, der lautstark protestiert. »*Chi sha, chi sha*«, wiederholt er gebetsmühlenartig. Der Begriff ist zwischen uns beiden zu einer Art geflügeltem Wort geworden. Als er vor ein paar Tagen von mir wissen wollte, was er abends kochen solle, antwortete ich ihm in radebrechendem Chinesisch: »*Chi sha*« – er solle einfach Wüstensand zubereiten. Der Hintergrund für meine zynische Bemerkung war eine Misere, an der er nicht ganz unschuldig war. Zu seinem Verantwortungsbereich zählt nicht nur das Kochen, sondern auch, sich um den Zustand der Verpflegung zu kümmern, also die wertvollen Nahrungsmittel so zu verpacken, dass sie beim Transport auf Kamelrücken möglichst wenig Schaden nehmen. Genau das aber hat er verabsäumt. Die Folge: Das ganze Gemüse verrottete und musste entsorgt werden. Da wir uns rein vegetarisch ernähren, fehlen ihm nun die Zutaten. Jetzt hofft er, bei den Anwohnern des Sees Reis und Mehl kaufen zu können, damit es uns auf der bevorstehenden Durststrecke nicht noch zusätzlich an Nahrung mangelt. Nachdem auch Lao Chao nichts dagegen einzuwenden hat und er den Rest des Tages dazu nutzen will, die Tiere noch einmal ausgiebig mit Wasser und Futter zu versorgen, steigen wir in die Seesenke ab.

Der Ort verwöhnt uns nicht nur mit einem zauberhaften Lagerplatz, sondern entpuppt sich als wahre Oase des Lebens. Das Wasser des Brunnens ist eiskalt und glasklar. Es wird in einen liebevoll gehegten Garten geleitet, in dem eine große Vielfalt an Gemüse gezogen wird. Das ganze Anwesen wirkt gediegener als die Behausungen, die wir bisher gesehen haben. Zweifellos wurde es für eine größere Anzahl Menschen errichtet als die beiden Alten, die wir antreffen. Auch hier ist die junge Generation längst abgewandert. Ein alter Baum gehe zugrunde, wenn man ihn umpflanze, begründet der siebzigjährige Wu seine bedingungslose Loyalität zu diesem abgeschiedenen Dasein. Unwillkürlich fragt man sich, was Menschen in diese Wüste getrieben hat, um sich hier eine Existenz zu begründen. Die Antwort ist immer die gleiche. In den Sechzigerjahren proklamierte Mao Zedong den »Großen Sprung nach vorne« als Kampagne gegen die vorherrschende Rückständigkeit. Der Schuss ging eher nach hinten los. In weiten Teilen Chinas kam es zu bitterer Armut und Hungersnot. Besonders schlimm betroffen war die Provinz Gansu. Auf der Suche nach einer Existenzgrundlage drangen einzelne Chinesen bis tief in die Wüste hinein vor. Manch einer mag auch dem Aufruf des »Großen Steuermannes« gefolgt sein, der seinen Landsleuten die Devise ausgab, sie sollten die Wüsten Chinas in Gemüsegärten verwandeln. Das ist nicht ganz gelungen, aber einige wenige haben es geschafft, der Wüste ein paar Quadratmeter Gemüsegarten abzuringen. So auch hier. Deshalb trifft man an den Seen überwiegend Gansu-Chinesen an, während die Mongolen, die angestammten Bewohner dieser Region, in den Steppen am Rande der Wüste leben.

Wir werden mit ausgesuchter Höflichkeit behandelt. Die Anwesenheit einer so großen Karawane stellt für die beiden Alten eine willkommene Abwechslung von der Routine des Alltags dar. Neuigkeiten werden ausgetauscht und ausgiebig diskutiert. Bereitwillig stellen sie uns Ressourcen zur Verfügung. Robert hat die Küche in Beschlag genommen und wird tatkräftig von der Hausherrin unterstützt. Es wird Teig geknetet, um daraus Fladenbrot und handgezogene Langnudeln zu bereiten. Dazu gibt es Auberginen-Mousse und eingelegten Schnittlauch, den man wild wachsend in der Umgebung des Sees findet. Weit weniger ergiebig als das kulinarische Angebot sind die Informationen zur Wüste, die wir hier erhalten. Wir können so gut wie nichts in Erfahrung bringen, was wir nicht ohnehin schon wussten. Eine Familie soll es noch weiter westlich geben, aber selbst wie lange der Weg dorthin ist, kann uns keiner mit Sicherheit sagen.

Mit frischen Kräften machen wir uns am nächsten Morgen auf den Weg. Nach einer guten Stunde haben wir den oberen Rand der Senke erreicht, und kurze Zeit später verschwindet der tiefblaue See hinter uns, als wäre er ein Trugbild gewesen. Nach allen Richtungen umgeben uns wieder Sandberge. Ein Korridor, dem wir über mehrere Kilometer in leicht südwestlicher Richtung folgen können, nährt die Hoffnung, an diesem Tag noch den letzten See zu erreichen. Doch dann verdichten sich die Sandberge wieder, zwingen zu mühsamen Auf- und Abstiegen. Einmal müssen wir sogar ein ganzes Stück zurücklaufen, weil der Weiterweg durch einen Sandwall versperrt ist, der nicht zu umgehen ist. Wir weichen in einem großen Bogen nach Norden aus. Um zu vermeiden, abermals in einer Sackgasse zu landen, gehen wir zu dritt voraus, aber nicht in der Gruppe, sondern aufgefächert, um das vor uns liegende Gelände in verschiedene Richtungen gleichzeitig zu sondieren. Wir verständigen uns dabei durch Zeichen mit den Stöcken und entscheiden situativ. Zeigen die Stöcke parallel in den Himmel, bedeutet es einen gangbaren Weg. Gekreuzte Stöcke hingegen heißen »Stopp, kein Weiterweg möglich«. Nach jeder Querung eines dieser hohen von Nord nach Süd verlaufenden Sandgebilde wähnen wir uns am Ziel, aber wann immer wir in Erwartung des Sees über den vermeintlich letzten Dünengrat steigen, türmen sich nur weitere Sandberge vor uns auf.

Am späten Nachmittag stehen wir vor einer weiteren Staffel Dünen, die sich in mehreren Stufen vor uns aufbauen, zu spät, um sie an diesem Tag noch zu überqueren. In einer der Falten schlagen wir unser Lager auf. Es wird Nacht, aber Dunkelheit kommt kaum auf. Als blendend weißer Lichtkörper erhebt sich der Vollmond hinter den Dünen und verleiht der Wüste einen seidenen Glanz. Mit freiem Auge lässt sich jede Einzelheit seiner Oberfläche erkennen. In dieser Nacht ist er Alleinherrscher am Firmament, und die Sterne bilden den Hofstaat. Ich liege noch lange wach im Schlafsack und blicke in das dämmrige Nichts hinein, in dem zuweilen Sternschnuppen aufblitzen.

Am nächsten Morgen breche ich mit einer kleinen Vorhut lange vor der Karawane auf. Unsere Aufgabe: eine möglichst ökonomische Route für die Karawane zu finden. Die vielen Auf- und Abstiege zehrten an den Kräften der Kamele, und sie wirkten müde, als sie den gestrigen Lagerplatz erreichten. Der Vorsprung gibt uns genügend zeitlichen Spielraum, um verschiedene Varianten auszuprobieren und die Karawane dann auf den einfachsten Weg zu lotsen. Bei ungebrochener Hitze marschieren wir den ganzen Tag westwärts. Die Dünen erweisen sich weiterhin als schwierig zu überwindende Hindernisse; sie sind gegen unsere Marschrichtung geschichtet, sodass es kaum Möglichkeiten gibt, längeren Talfurchen zu folgen. Endlich stehen wir auf einem Dünenkamm und blicken auf eine kreisrunde spiegelnde Wasserfläche hinab. Der kleine See wird zu allen Seiten so eng von Sandbergen bedrängt, dass man den Eindruck gewinnt, schon beim nächsten Sandsturm werde ihn die Wüste verschlingen. Ein schmaler grüner Streifen säumt die Ufer. An einer Stelle, wo er etwas breiter ist, steht ein lehmfarbener Häuserwürfel. Die Freude über den Anblick macht bald Enttäuschung Platz, als wir feststellen, dass das Gebäude unbewohnt ist. Es scheint zwar nicht aufgelassen, denn der kleine Garten und der Brunnen sind durchaus gut gepflegt, aber Türen und Fenster sind fest verriegelt. Auch finden sich überall Spuren von Maultieren und Ziegen, aber kein Tier ist zu sehen. Vielleicht sind die Bewohner erst kürzlich weggezogen, oder sie sind nur mal zum Einkaufen in den nächsten Ort gegangen – was so viel wie eine Reise von mehreren Wochen bedeutet.

Am nächsten Morgen stehen wir an einem Scheideweg. Die enttäuschte Hoffnung, an diesem Ort konkrete Hinweise über eine mögliche Wasserstelle zu bekommen, drückt auf die Stimmung. Die Erkenntnis, dass wir an dieser Stelle sicheres Terrain verlassen und uns in ein Gelände begeben, in dem es keinerlei Anzeichen von Wasser gibt, provoziert Unbehagen in der Gruppe. Ich versichere, nur so weit gehen zu wollen, dass uns immer noch der

Weg hierher zurück offensteht. Was nichts anderes bedeutet, als dass wir innerhalb der nächsten drei Tage Wasser finden oder umkehren müssen.

Mit Jan laufe ich voraus, doch wir bleiben stets in Sichtkontakt zu den Nachfolgenden und diese zu den nächsten hinter ihnen. Den Schluss bildet die Karawane. Auf diese Weise laufen wir zwar in großen Abständen zueinander, halten aber doch Tuchfühlung für den Fall, dass ein plötzlicher Sandsturm aufkäme, der alle Spuren im Nu verwischen würde. Schon jenseits des nächsten größeren Dünenzugs blicken wir auf eine Senke hinab, auf deren Grund rot schimmernde Sümpfe leuchten, dazwischen sieht man weiße Haufen, die wie Pudertupfer wirken. Hier wird auf einfache Art und Weise Salz gewonnen. Man teilt die Fläche in kleine Parzellen auf, den Rest erledigt die Sonne. Ist die Feuchtigkeit verdunstet, bleibt eine salzige Kruste übrig, die mit Schaufeln und Hacken abgezogen wird. Hier ist ein anderer Menschenschlag zu finden als jene Wüstenbewohner, die uns an den Seen begegneten. Die Salzmänner besitzen keine Wurzeln hier. Sie leben zwar von der Wüste, aber nicht in der Wüste. Das ist ein großer Unterschied. Sie kommen nur der Ressource wegen, halten sich für ein paar Wochen hier auf, errichten primitive Schilfhütten oder hausen in Zelten und gehen wieder. Der Blick von oben genügt, um zu wissen, dass wir uns den Abstieg auf den Grund der Senke sparen können. Es ist niemand da – um diese Zeit jedenfalls –, und unsere Wasservorräte haben wir erst vor ein paar Stunden am letzten See aufgefüllt. Ich speichere die GPS-Daten der Senke, denn im Falle eines Rückzugs aus Wassernot wäre dies der am nächsten gelegene sichere Brunnen, den wir ansteuern könnten.

Nachdem wir den Ort in einem Bogen ohne großen Höhenverlust südlich umgangen haben, schlagen wir wieder einen direkten Kurs nach Westen ein. Jedenfalls ist das unsere generelle Marschrichtung, aber in Wirklichkeit gleicht unser Weg einem undurchschaubaren Zickzack. Bis zur Salzgewinnung diente mir die Karte als Orientierungsgrundlage, in Verbindung mit dem Wissen anderer – dem der Wüstenbewohner und Lao Chaos, der bis dahin den Weg kannte. Alle Seen, an denen wir bisher vorbeikamen, sind auf meiner Karte eingezeichnet. Welcher davon an seinen Ufern bewohnt ist und ob es infolgedessen einen Brunnen gibt, lässt sich daraus nicht ablesen. Nun zeigt die Karte bis an den westlichen Rand der Wüste keinen einzigen See mehr an, und auch sonst gibt es keine Anhaltspunkte, an denen man sich orientieren könnte. Mein Gehen wird weniger vom Kopf als vielmehr »aus dem Bauch« gesteuert. Ich lasse mich auf eine Erfahrung ein, die für mich zu den wertvollsten zählt, die das Medium Natur bereithält. Sie half mir, die Wissensquelle der Intuition wieder zu erschließen, vor allem ihr zu vertrauen, denn sie führte mich zum Leben. Ich sagte es bereits an anderer Stelle: Unsere intellektuellen Fähigkeiten trainieren wir von Kindesbeinen an, damit pauken wir Wissensinhalte, machen unsere Prüfungen, schmieden unsere Karrieren, treffen Entscheidungen. Doch der Kopf kann nur dann Ratgeber sein, wenn es etwas zu analysieren und interpretieren gibt. Rein logisch betrachtet, erscheint es ein sinnloses Unterfangen weiterzugehen, und würde ich mich nach dem Kopf, nach Fakten und Vernunft richten, müsste ich umkehren. Trotzdem gehe ich weiter, folge keiner Strategie, sondern lasse mich einfach von spontanen Impulsen treiben. Selbstverständlich ist der Kopf nicht abgeschaltet, doch er ist nicht Steuermann, kann keinen Beitrag leisten. Er ist zur Stelle, wenn sich Zeichen zeigen, die es zu deuten gilt. Aber das einzige Zeichen, das wir an diesem Tag finden, ist ein ausgebleichtes Kamelgerippe. Es weist nicht gerade auf die Nähe von Wasser hin, im Gegenteil.

Am nächsten Tag eile ich mit Jan weit voraus. Wir wollen uns Zeit verschaffen, um ein möglichst großes Terrain erkunden zu können. Immer wieder steigen wir dabei auf die höchsten der Sandberge hinauf, doch jede Senke dahinter ist staubtrocken, bar allen Lebens. Selbst die wüstentauglichsten Pflanzen sind verschwunden. Bei einer längeren Rast taucht George auf. Er überbringt keine guten Nachrichten. Lao Chao hat ihn geschickt, um mir zu melden, dass es Probleme mit einem der Kamele gibt und sich das Nachkommen der Karawane verzögert. Als sie schließlich eintrifft, fehlt eines der Tiere. Es bockte und verweigerte den Weitermarsch, sodass Lao Chao entschied, es zurückzulassen. Einer der Männer blieb bei dem Tier, während Lao Chao die Karawane bis hierherführte. Jetzt hofft er, dass sich das Kamel über Nacht erholt. Unwillkürlich tauchen bei mir Erinnerungen auf, Bilder an die verhängnisvollen Tage in der Takla-Makan-Wüste, als ich beim Versuch, historische Spurensuche zu betreiben, fast meine gesamte Karawane verloren hatte. Innerhalb weniger Tage verendeten vier von sechs Kamelen als Folge von Wassermangel und Erschöpfung. Damals hatte ich mir geschworen, nie wieder das Leben unschuldiger Tiere aufs Spiel zu setzen. Vielleicht leidet das Kamel an einer Krankheit, die erst jetzt zum Ausbruch kommt? Erschöpfung oder Durst können es kaum sein, denn seit der letzten Tränke sind wir erst zwei Tage gelaufen.

Die Nachricht über das zurückgelassene Kamel führt zu heftigen Reaktionen in der Gruppe. Ängste kommen auf und mit den Ängsten die Aggressionen. Schon wird diskutiert, ob wir nicht besser sofort umkehren sollen. Jetzt zeigt sich, dass wir kein Team sind, das an einem Strang zieht, sondern eine Gruppe mit verschiedenen Motiven und Interessen. Die meisten meiner Gefährten haben ihre Ziele erreicht, sie erlebten die Schönheit der Wüste, die spektakulären Seen. Welche Motivation haben sie noch zum Weitergehen? Keine. In ihren Augen ist die Tour gelaufen, die Wüste nur noch Wiederholung, und selbst das Gehen mit der Karawane ist zur Routineübung geworden, hat den exotischen Reiz eingebüßt. All das ist für mich nachvollziehbar, doch ich finde es nicht fair. Wir haben vorab eine klare Abmachung getroffen, und das verbindlich definierte Ziel lautet eben nicht nur Wüstenspaziergang in der Komfortzone der Seen, sondern Suche nach Wasser in diesem Teil der Wüste.

Mit Lao Chao bespreche ich abends die weitere Vorgehensweise. Auf keinen Fall darf eines der Tiere zu Schaden kommen, lautet meine Vorgabe. Nur so weit es die Kräfte der Kamele erlauben, soll er morgen folgen. Jan und ich werden indessen versuchen, so weit als möglich die Wüste in Richtung Westen zu erkunden. Wenn wir kein Wasser finden, so versichere ich Lao Chao, werden wir nach einem Tag umkehren und auf unserer Spur zurücklaufen. Die Karawane darf aber unsere Spur nie verlassen. Sollte wider Erwarten ein Sandsturm die Spuren verwischen, wird dieser Lagerplatz unser Treffpunkt sein.

Am nächsten Morgen breche ich mit Jan schon in aller Frühe auf. Wir wollen die ersten Tagesstunden, wenn es noch angenehm frisch ist, nutzen, um Kilometer zu machen. Unser Plan sieht vor, notfalls auch die ganze Nacht zu laufen, denn Zeit spielt eine wichtige Rolle. Die Wasservorräte, die wir uns aufbürden können, reichen nur für zwei Tage. Je schneller wir laufen und je weniger Pausen wir dabei einlegen, desto größer sind unsere Chancen. Lao Chao verspricht, die Karawane auf unserer Spur nachzuführen, so weit es möglich ist.

Wieder gilt es, in ständigem Auf und Ab Dünenberge zu überqueren, allerdings stehen sie nicht mehr so eng gestaffelt wie an den Tagen zuvor. Sie erreichen auch keine Rekordhöhen mehr. Es ist bereits Nachmittag, als wir zum x-ten Mal auf einem der Dünenkämme stehen und in das nächste Tal blicken. Dort zeigt sich eine Senke, die genauso staubtrocken scheint wie Dutzende zuvor. Mit dem Fernglas suche ich die Umgebung ab, einmal, zweimal. Dann entdecke ich etwas, das mich förmlich elektrisiert. Ein von Menschenhand errichtetes Zeichen! Es ist nur ein simpler Steinhaufen auf einem Sandhöcker am Rande der Senke. Ein Steinmann in der buddhistischen Mongolei, durchfährt es mich wie ein Blitz, ist nicht bloß ein Steinhaufen, sondern wird *Obo* genannt und gilt als heiliges Zeichen. Gewöhnlich finden sich solche *Obos* bei buddhistischen Heiligtümern, aber hier mitten in der Wüste bezeichnet es womöglich das Allerheiligste, das hier zu finden ist – Wasser. Während mir diese Gedanken durch den Kopf gehen, bin ich schon unterwegs, laufe in die Senke hinunter. Ich steuere direkt auf die tiefste Stelle zu, die mit mannshohem Schilfgras bewachsen ist. Die trockenen Stauden knirschen bei jedem Schritt, als ich in das Dickicht eindringe. Dann stolpere ich über ein Hindernis am Boden. Bei näherem Hinsehen entpuppt es sich als Bündel von Holzprügeln, die sorgsam angeordnet sind. Als ich einen davon entferne, zeigt sich darunter ein tiefes, schmales Loch, auf dessen Grund Wasser schimmert. »Ein Brunnen! Ein Brunnen!«, schreie ich meine Freude hinaus. Augenblicke später ist Jan da. Ich erlebe diesen Moment als eine Sternstunde in meinem Leben. Der Brunnen liegt so versteckt, dass man mit der Nase darauf stoßen muss, um ihn zu finden. An dieser Stelle kamen vor Jahren, wenn nicht gar Jahrzehnten, Menschen mit einer Karawane vorbei. Sie waren in Wassernot und gruben diesen vier Meter tiefen Schachtbrunnen. Im Laufe der Zeit geriet er in Vergessenheit, und kein Mensch weiß heute noch davon. Auch an dieser Stelle mache ich noch eine wertvolle Erfahrung. Käme ich später als Sologänger zu diesem Brunnen, mit dem letzten Tropfen Wasser im Gepäck, und hätte ich dann keine Weithalsflasche in meinem Rucksack und keine Schnur von mindestens vier Meter Länge, dann würde ich in den Brunnen schauen, am Grund mein Spiegelbild im Wasser sehen – und verdursten, denn ich käme an das Wasser nicht heran.

Die Freude kennt keine Grenzen, als ein paar Stunden später die Karawane erscheint. Lao Chao lässt den ganzen Tross am oberen Rand der Senke anhalten und kommt allein nach unten gelaufen. Er kann es kaum fassen, hier Wasser vorzufinden. Ich reiche ihm die Flasche mit dem frisch geschöpften Nass. Nach jedem Schluck schnalzt er genüsslich mit der Zunge.

»*Su yakshi?* Ist das Wasser gut?«, frage ich ihn.

»*Ak-su!* Weißes Wasser!«, antwortet er anerkennend. Dann winkt er seine Männer herbei und weist sie an, mit den Vorbereitungen für die Kameltränke zu beginnen.

Zu diesem Zweck wird eine flache Mulde ausgehoben und mit einer wasserdichten Plane ausgelegt. Schnell ist ein Eimer zur Hand, der an einen langen Kamelstrick gebunden wird. Das Brunnenloch ist gerade groß genug, dass ein Eimer zum Schöpfen herabgelassen werden kann. Von allen Seiten drängen nun die Kamele heran, stecken die durstigen Mäuler in das Wasserbecken, sodass die Männer mit dem Nachfüllen kaum hinterherkommen.

Im Lager herrscht an diesem Abend eine euphorische Stimmung. Wie weggewischt ist die Anspannung der letzten Tage, der Frust, der sich unter uns aufgebaut hat. Die meisten freuen sich, dass es nun aus der Wüste wieder hinausgeht. Für mich jedoch bedeutet der Brunnen nicht das Ende einer Wüstenreise, sondern den Anfang. Er ist so etwas wie ein *missing link*, das letzte Glied einer Kette, das mir noch fehlte auf dem Weg zur Verwirklichung einer Idee, die mir die ultimative Wüstenerfahrung zu sein scheint. Seine Existenz gibt der Vision des Alleingangs eine neue Chance. Und dass es dabei gelungen ist, die sprichwörtliche »Stecknadel im Heuhaufen« zu finden, betrachte ich als gutes Omen.

Am nächsten Tag verlassen wir den strikten Westkurs, der die letzten Tage unsere Richtung bestimmt hat, und schlagen eine südliche Route ein. Schon bald werden die Dünen niedriger, treten weiter auseinander, sodass wir immer wieder langen Talfurchen folgen können, in denen wir gut vorankommen. Nur noch selten bilden die Sandberge Hindernisse, die wir überqueren müssen. Zumeist lassen sie sich einfach umgehen. Nicht mehr gezwungen, alle Energien für die Wegfindung einzusetzen, gewinne ich in meinem Gehen an Leichtigkeit. Oft laufe ich stundenlang allein voraus, während die Gedanken eigene Wege gehen. Sie erzeugen Bilder, immer dieselben emotional aufgeladenen Bilder. Ich sehe, wie ich den Rucksack packe, dann der

Aufbruch, ohne Zweifel oder Angst. Szenen in der Wüste wechseln in rascher Abfolge wie in einem Film. Ich bin allein in der Wüste, bin ihr ausgesetzt, und doch fühle ich mich geborgen, von einem Glücksgefühl getragen. Ich sehe mich auch ankommen, die letzten Schritte tun. Manche Bilder erscheinen in außerordentlicher Klarheit, andere vermitteln stärker eine Stimmung, bestimmte Gefühle.

Wer im Leben ein großes Ziel erreichen will, braucht eine Vision, denn die Vision generiert die Motivation. Die stärkste Motivation, die wir Menschen besitzen, ist unsere Begeisterung. Nicht der Wille, sondern die Begeisterung ist die Berge versetzende oder Flügel verleihende Kraft. Begeistern kann mich nur etwas, womit ich mich identifizieren kann – die sinnstiftende Vision eben. Sie ist umso stärker, wenn es gelingt, sie mit Bildern zu unterfüttern. So lässt sich die Macht der Bilder für unsere Ziele nutzen.

Zuweilen schließt Jan zu mir auf, und wir gehen dann im Gleichschritt, oft schweigend. Er respektiert mein Bedürfnis nach wenig verbaler Kommunikation, auch wenn ihm das manchmal schwerfällt. Er besitzt eine unbändige Neugier, ist offen für neue Erfahrungen und sehr verlässlich. Eigenschaften, die ich an ihm zu schätzen gelernt habe. Wenn es nicht die Filmerei gäbe, liefe er wohl die ganze Zeit mit mir vorneweg.

Nach drei Marschtagen flacht die Wüste zusehends ab. Im Süden zeigt sich bereits die Gobi, wie die Kameldornsteppe bei den Mongolen heißt. Einen Tag später kommen wir am ersten Haus vorbei und schlagen unser Lager unweit des Brunnens auf. Am Abend gibt es Lagerfeuerromantik und Party. Die Karawaniers haben den ganzen Tag über während des Gehens trockenes Holz gesammelt. Als Stimmungsmacher dient eine Flasche »Kamelschnaps«, den George bei den mongolischen Hausbewohnern er- steht. Vorsorglich stelle ich mein Zelt in größerem Respekt- abstand zur Partymeile auf. Mein Bedarf an Wüste und Stille ist längst noch nicht gesättigt, ich muss sie nicht ver- treiben. Außerdem habe ich begonnen, ein wunderbares Buch zu lesen, das ich nur schwer wieder aus der Hand legen kann. Es heißt »Das Herzenhören«. Ein Roman, der nichts mit der Wüste zu tun hat – er spielt in Birma –, aber viel mit einer Form von Wahrnehmung, die außerhalb der Verstandesebene liegt.

Am nächsten Tag ist es vorbei mit der Freiheit der Wüste. Wir stehen vor einem Weidezaun, der uns zu einem kilo- meterlangen Umweg zwingt. Danach kommen die ersten Felsberge, die uns in immer enger werdende Täler hinein- führen. Noch ein letzter Sandwall schiebt sich dazwischen, in dessen Falten wir unser letztes Lager aufschlagen. Hin- ter den letzten Dünenausläufern ist schon die Straße zu sehen.

An diesem Abend spreche ich mit Lao Chao zum ersten Mal über mein Vorhaben, die Wüste im Alleingang zu durchqueren. Zu meiner Überraschung ermuntert er mich dazu. »Du kennst die Wüste besser als wir, du kannst es schaffen, aber nimm dich vor der Kälte in acht«, warnt er mich. In diesem Moment kann ich mit seinen Worten nichts anfangen, denn ich fürchte die Hitze. Wenn es im nächsten Monat so heiß ist wie in diesem, bin ich chancen- los. Später sollte ich an seine Worte noch denken.

Am nächsten Tag lösen wir die Karawane auf. Ich reise auf einer der Routen der alten Seidenstraße an den öst- lichsten Rand der Wüste. Dort sollte der Trip meines Le- bens beginnen.

KAPITEL VI

Gobi Solo

Dieser Mensch wandert
*   jenseits der herkömmlichen Pfade,*
das ist seine Eitelkeit.
Besitz und Reichtum achtet er gering,
das ist seine Sicherheit.
Er spricht lieber mit der Wüste
*   als mit den Menschen,*
das ist seine Traurigkeit.

Spruch der Mongolen

◀ Auf meinem Weg durch das Sandgebirge
der Badain Jaran Shamo

Die Bewohner von Monggon Bulag stehen vor der Herausforderung, am Rande einer der schönsten Wüsten der Welt wohnen zu müssen, und sie meistern diese Herausforderung bravourös, indem sie sich mit den hässlichsten Bauten umgeben, die man sich vorstellen kann. Beim Anblick der Barackensiedlung ist man geneigt, den Ort in Monggon Gulag umzutaufen. Vermutlich war er so etwas Ähnliches in der Vergangenheit sogar. Er entstand am grünen Tisch, als die Zwangskollektivierung der mongolischen Halbnomaden beschlossen wurde. Daraufhin wurde den Hirten das freie Leben in der Steppe untersagt, und man pferchte sie stattdessen in solche Barackenlager. Hier sollten sie unter Aufsicht nach Plan produzieren. Die Folgen freilich waren bittere Armut und Hungersnot, denn die Natur hat in der Gobi keine andere Lebensform vorgesehen als die des Nomadentums. Indessen ist es den Mongolen wieder erlaubt, in Jurten zu leben – auch wenn es nur wenige tun –, aber sie sind längst nicht mehr die Herren dieses weiten Landes. Wie in den anderen der sogenannten Autonomen Provinzen, die der Tibeter oder Uiguren, herrscht Peking mit eiserner Hand und duldet keine kulturellen Eigenheiten, die über Folklore hinausgehen.

Hinter dem letzten Gebäude beginnt unvermittelt die Wüste, zunächst noch als flache Kameldornsteppe, doch schon am Horizont zeichnen sich die gerundeten Formen der Dünen ab. Hier lag ich letzte Nacht im Schlafsack eingerollt und starrte stundenlang in den Sternenhimmel hinein. An Schlaf war nicht zu denken, denn ich war zu aufgewühlt, zu viele Gedanken schossen mir durch den Kopf.

Immer und immer wieder ging ich jeden einzelnen Gegenstand meiner Ausrüstung durch, achtete dabei auf jede noch so kleine Einzelheit, denn ich weiß, bei dem, was ich vorhabe, darf ich mir keinen Fehler erlauben. Die Wüste verzeiht keine Fehler, weder in der Vorbereitung noch in der Durchführung. Erst in den Morgenstunden fiel ich in eine Art Dämmerschlaf, aus dem ich bei Tagesanbruch wieder erwachte.

Was jetzt kommt, ist Routine. Die Ausrüstung liegt bereit. Sie ist bis ins kleinste Detail optimiert, Summe von mehr als zwanzig Jahren Wüstenerfahrung. Auch die Packordnung steht fest. Erste Priorität hat Wasser. Zwölf Liter ist die maximale Menge, die ich mir aufbürden kann. Damit werde ich in diesem Sandgebirge etwa 100 Kilometer zurücklegen – Luftlinie, versteht sich. Auch das hat mich die eigene Erfahrung gelehrt. Dreißig Kilometer Laufleistung pro Tag ist nicht Soll, sondern mein Muss, nur dann wird das Wasser reichen. Drei bis vier Liter pro Tag darf ich verbrauchen, das bedeutet drei bis vier Liter Flüssigkeit für 24 Stunden, denn durch Nahrung werde ich dem Körper keine zusätzliche Flüssigkeit zuführen können. Flüssigkeitsreiche Kost ist ein Luxus, den sich eine Karawane leisten kann, aber nicht der Alleingänger. Jedes Gramm zählt, und Nahrung nimmt auf meiner Packliste die letzte Position ein. Nur wenn noch Platz ist, werde ich überhaupt etwas zu essen mitnehmen. In der Wüste ist tagsüber Sommer und nachts Winter. Ich muss mit Temperaturschwankungen von 40 bis 50 Grad zwischen Tag und Nacht rechnen. Also brauche ich warme Bekleidung, Matte und Schlafsack. Einer Eingebung folgend, habe ich drei verschiedene Schlafsäcke mitgebracht. Ein superleichtes Modell mit geringstem Packvolumen, aber nicht sehr warm.

Nur bis um die null Grad könnte ich darin überleben. Dann einen schwereren und voluminöseren sowie einen noch wärmeren Schlafsack. Unmittelbar vor dem Aufbruch, als der Rucksack bereits dreißig Kilo wiegt, greife ich zum mittelschweren Modell, das mir das Überleben auch noch bei leichten Minustemperaturen sichern würde. Hinzu kommen noch GPS-Gerät, Kompass und Karte sowie diverse »Accessoires«, um mich vor Sandstürmen und Hitze zu schützen. Nicht unter der Kategorie »Nahrung« rangiert ein Päckchen Dörrpflaumen; die nehme ich nur wegen der Kerne mit. Wenn ich die Frucht gegessen habe, behalte ich den Kern stundenlang im Mund, denn er verschafft mir frischen Speichel. Auf diese Weise kann ich das peinigende Durstgefühl bekämpfen, das durch die Austrocknung von Mund und Schleimhäuten auftritt. Es gibt auch drei entbehrliche Gegenstände in meiner Ausrüstung, ein Instrumentarium der Eitelkeit. Einen kleinen Leica-Fotoapparat aus Titan, ein Ministativ und eine Filmkamera, die ich mir auf ein extra angefertigtes Rucksackgestell montiere. Damit kann ich ein Videotagebuch führen, gewissermaßen mit mir selbst Big Brother in der Wüste spielen. Diese Teile werde ich einfach abwerfen, wenn es eng wird. Erst ganz am Schluss greife ich mir ein Stück Tiroler Speck, ein Stück Käse und ein Päckchen Südtiroler Schüttelbrot, das so staubtrocken ist wie die Wüste selbst. Es ist mir klar, dass ich damit nicht durchkommen werde, selbst wenn ich noch so lange aus der eigenen Körpersubstanz lebe. Irgendwo auf dieser 500-Kilometer-Strecke muss ich etwas zum Essen finden. Ich hoffe darauf, dass an einer der Wasserstellen, die ich als Lebenspunkte auf meiner Route eingezeichnet habe, noch ein Hirte lebt. Gewähr freilich gibt es keine. Dieses Risiko nehme ich in Kauf.

Die Ausrüstung spielt in meinem Vorhaben eine entscheidende Rolle. Vor fünfzig Jahren wäre ein solches Unterfangen undenkbar gewesen – einfach deshalb, weil es die notwendige Ausstattung nicht gab. Wir haben heute Ausrüstung von höchster Funktionalität, geringstem Gewicht und kleinstem Packvolumen zur Verfügung. Die spektakulären Leistungen moderner Grenzgänger sind nicht deshalb möglich, weil diese ihren historischen Vorgängern körperlich haushoch überlegen sind, sondern unsere Ausrüstung ist heute haushoch überlegen – und unser Wissen. Wir verfügen über Google Earth; Karten, die jede Unebenheit ausweisen; Satellitenkommunikation für Prognosen, die für jeden Berg punktgenau das Wetter ankündigen. Der Preis dafür ist, dass es immer weniger Unbekanntes und daher auch immer weniger Möglichkeiten gibt, Grenzgänge zu verwirklichen – wenn man diese als eine Grenzüberschreitung vom Bekannten ins Unbekannte definiert. In der Bergsteigerszene versucht man diesem Dilemma auf verschiedenen Weise zu entkommen. Manche flüchten in die Kategorie »Zeit«, indem sie sich wie ein Rennpferd der Uhr unterwerfen und bekannte Rekordberge in immer schnellerer Geschwindigkeit besteigen. Sie nennen es »Speed-Climbing«. Andere suchen Innovation durch Leistung und Kreativität. Sie steigern durch systematisches Training ihr Leistungsvermögen, suchen sich schwierigste Routen und setzen dabei bewusst auf Minimalismus, indem sie an entsprechende historische Vorbilder anknüpfen.

Für mein Tun kann ich auf keine historischen Vorbilder zurückgreifen, auf keine Erfahrungsberichte anderer, die ich mir zunutze machen könnte. Mein Kapital ist die eigene Erfahrung, die ich dem kalkulierten Risiko entgegensetzen kann. Neben der Ausrüstung trage ich noch zwei Jahrzehnte Wüstenerfahrung im Gepäck, die Quintessenz eines Weges, der über viele Stationen zu dem Punkt führte, an dem ich nun stehe. Ich bin gut vorbereitet. Den ganzen Sommer über war ich zu Fuß in Tibet und Bhutan unterwegs, dann suchte ich mit der Karawane nach Wasser. Auf meinen Körper werde ich mich verlassen können, er wird funktionieren, da ist meine Vertrauen grenzenlos. Die Risiken, die mir bewusst sind, liegen anderswo. Eine einzige Wasserstelle, die ausgetrocknet ist, würde das Todesurteil bedeuten. Das GPS-Gerät garantiert mir, dass ich die darin eingespeicherten Wasserstellen punktgenau ansteuere, aber es kann mir nicht sagen, ob es dort noch Wasser gibt. Brunnen können versiegen, Oasen verschwinden. Ich selbst habe in dieser Wüste erlebt, dass ganze Seen austrocknen, der Grundwasserspiegel absinkt. Meine Strategie ist so angelegt, dass ich im Idealfall mit dem letzten Tropfen Wasser die jeweils nächste Wasserstelle erreichen kann. Dazu muss ich mich von Anfang so auf Wasserentzug setzen, dass ich immer am Limit bin. Wenn der letzte Wassertropfen verbraucht ist, dann muss es mir gelingen, innerhalb eines Tages Wasser zu finden, sonst tritt ein, was ich beim ersten Versuch durchlebt habe – oder noch Schlimmeres … Aber diesen Gedanken will ich gar nicht erst aufkommen lassen.

Trotzdem gibt es eine Spielregel, die ich mir bereits beim ersten Versuch auferlegt hatte und der ich weiterhin treu bleibe: auf jegliche Kontaktmöglichkeit zur Außenwelt zu verzichten. Zu meiner Ausrüstung gehört weder ein Satellitentelefon noch ein Gerät, um ein Notsignal abzusetzen. Einen doppelten Boden einzubauen erscheint mir widersinnig. Ausgesetztheit, im Sinne von Auf-sich-allein-gestellt-sein, halte ich für eine wesentliche Voraussetzung, um eigene Grenzen zu überwinden. Wir Menschen sind so geprägt, dass wir nur dann an unsere Grenzen gehen, wenn wir müssen. Nur wenn es keine andere Möglichkeit gibt, sind wir bereit, unser ganzes Potenzial hervorzubringen, vielleicht uns dessen sogar erst gewahr zu werden. Es wäre Vergeudung, dies jeden Tag zu tun, aber es ist hilfreich, es einmal zu verwirklichen.

Als ich vor sieben Jahren an dieser Stelle stand, bereit, in die Wüste aufzubrechen, da war ich mir genauso sicher, meine Erfahrung würde ausreichen, um diesen Schritt zu wagen. Heute weiß ich, sie reichte noch nicht aus. Damals trieb mich sportlicher Ehrgeiz an, aber es gab auch noch jede Menge Ideale, mit denen ich das Ziel besetzt hatte. Jetzt gibt es diese Ideale nicht mehr, sie sind zerbröselt wie Sand. Ich muss eingestehen, dass ich in diesem Moment nicht einmal selbst genau weiß, warum ich es noch einmal versuche, jedenfalls könnte ich es niemandem schlüssig erklären. Es ist nur eine vage Ahnung, mehr ein Gefühl, das mich in die Wüste zieht. Mir ist, als stünde ich vor einem Tunnel, durch den mein Weg hindurchführt, wobei die Beschaffenheit des Weges im Dunkeln liegt. Gleichzeitig spüre ich, dass ich auf diesem Weg – wenn ich mich darauf einlasse – die Chance habe, eine einmalige Lebenserfahrung zu machen. Nur um welche Art Lebenserfahrung es sich dabei handelt, bleibt diffus. Klar hingegen ist, dass ich nicht erwarten darf, eine einmalige Lebenserfahrung umsonst zu bekommen. Geben und Nehmen ist keine Einbahnstraße. Ich bin bereit, um dieser Lebenserfahrung willen etwas von mir zu geben – viel sogar. Das sind die Gefahren und Risiken, denen ich mich aussetze. Der Gedanke daran ist zwar latent gegenwärtig und hält mich in einem Zustand erhöhter Achtsamkeit und Geistesgegenwärtigkeit, aber bestimmend ist die Vorfreude, das Gefühl, mein geordnetes, abgesichertes Leben – wenn auch nur auf Zeit – für einen anderen Daseinszustand einzutauschen. Nicht weil ich mich unterfordert fühlte oder überschüssige Energien nicht anderwertig einsetzen könnte, »sinnvoller«, wie manch einer kritisch anmerken würde. Aber wo steht denn geschrieben, dass es nur ein Entweder-oder gibt? Es gibt ein Sowohl-als-auch. Ich leiste mir den Luxus, zwei Wochen meiner kostbaren Lebenszeit in eine Selbsterfahrung zu investieren, von der ich glaube, dass sie mein Leben bereichern kann.

Ich bin erstaunt, wie leicht es mir fällt, aufzubrechen, wohl wissend, dass ich mit jedem Schritt die Brücken hinter mir abreiße. In wenigen Tagen wird es kein Zurück, sondern nur noch ein Vorwärts geben. »*Zai jian!* Auf Wiedersehen!«, rufe ich den Dorfbewohnern zu, obwohl ich ahne, dass es kein Wiedersehen geben wird. »*Zai jian!*«, kommt es in einer Mischung aus Bewunderung und Unverständnis vielstimmig zurück. Dass einer, der sich eine ganze Kamelherde kaufen kann, beschließt, sich selbst wie ein Kamel zu bepacken, um allein durch die Wüste zu laufen, muss ihnen als unbegreifliche Laune eines Fremden erscheinen. Bepackt wie ein Kamel komme ich mir in der Tat vor. So leicht mir der Abschied fällt, so schwer wiegt die Last auf meinem Rücken. Ich muss beim Schultern des Rucksackes mehrmals ansetzen. »Wer die Last trägt, der weiß, wo sie drückt«, lautet ein nepalesisches Sprichwort, das mir in den Sinn kommt, als ich losmarschiere. Wenn ich daran denke, welche Lasten Menschen dort tragen, tragen müssen, ein Leben lang, mutet mich meine eigene Last wieder erträglicher an. Irgendwie wog die vor sieben Jahren noch schwerer. Damals trug ich auch die Ängste meiner Partnerin in die Wüste. Diesmal nicht. Meine Lebenssituation hat sich so ergeben, dass ich Single bin, und ich fühle mich deshalb freier.

Von Anfang an versuche ich, mir kleine Ziele zu stecken, die schnell Erfolgserlebnisse bringen. Als Erstes nehme ich mir vor, die Ausläufer einer Bergkette zu erreichen, die sich vor mir aus der Steppe erhebt. Mit den Augen suche ich die Kammlinie nach einer Schwachstelle ab, während die Füße wie von selbst laufen. Solange die Kräfte reichen, bemühe ich mich, einen Zwei-Stunden-Rhythmus zu halten, dann lege ich eine Pause von höchstens 15 Minuten ein, die ich für eine GPS-Peilung nutze. Die Sonne hat bei Weitem nicht mehr die verzehrende Kraft wie bei der Karawanenreise. Selbst um die Mittagszeit lässt sich der Durst beherrschen. Freude am Gehen kommt trotzdem keine auf. Dafür sorgt der Rucksack auf meinem Rücken. Er ist mein größter Feind. Wie kann ich die Traglast verringern? Stundenlang kann ich während des Gehens an nichts anderes denken. Bei der nächsten Rast, spätestens am ersten Brunnen, würde ich die Filmkamera abwerfen, dazu noch Reserveakkus und Ministativ. Außerdem würde der Rucksack von Stunde zu Stunde leichter werden, weil ich ja Wasser verbrauche. Den Umstand, dass ich an der nächsten Wasserstelle alle Behältnisse wieder auffüllen muss, verdränge ich einfach.

Die Distanz zu dieser Wasserstelle, der erste von insgesamt fünf Lebenspunkten, ist der kürzeste Streckenabschnitt auf meiner Route. Noch dazu ist das Gelände weitgehend flache Steppe und nicht aufgehäufter Sand. Nur 56 Kilometer Luftlinie sind es von Monggon Bulag bis zu diesem Brunnen – theoretisch. Praktisch aber steht mir dieses Felsgebirge im Weg und zwingt mich, einen weiten Bogen nach Norden zu schlagen. Erst am frühen Nachmittag finde ich eine Lücke in Form einer tiefen Falte, in die sich bereits die Wüste zwängt, mit Sand und weiterer Verwüstung. Der Aufstieg im weichen Triebsand zehrt an meinen Kräften. Wenn es mit dem geschulterten Rucksack nicht so anstrengend wäre, mich zu erheben, gäbe ich der Versuchung nach, mich einfach in den weichen Sand fallen zu lassen. So aber stehe ich minutenlang mit gebeugtem Oberkörper auf die Stöcke gestützt und ringe nach Atem.

Die Sonne steht schon tief im Westen, als ich die höchste Stelle erreiche. Am Horizont kündigt sich bereits der Beginn des Sandmeeres an. Dazwischen schiebt sich wie ein Keil ein letzter Streifen flacher Dornbuschsteppe. Sie bildet eine Pufferzone zwischen Gebirge und Sandwüste. Beim Anblick der Sandberge überkommen mich Zweifel. Wenn es mich schon so viel Mühe gekostet hat, diese niedrige Kuppe zu überwinden, wie wird es erst in den steilen hohen Sanddünen sein? Daran mag ich lieber nicht denken – noch nicht. Erbaulicheres bietet der Blick auf das unmittelbar vor mir liegende Terrain. Nach einem kurzen Abstieg erwartet mich flache Steppe, der ich nur dem Gebirge entlang nach Süden folgen muss, um zum Brunnen zu kommen. Der ist freilich an diesem Tag außer Reichweite. Mein einziges Ziel besteht darin, der noch vor mir liegenden Strecke ein paar Kilometer abzuringen. Doch die schwindenden Kräfte zwingen mich immer öfter zu Rastpausen.

Kurz nach Sonnenuntergang werfe ich den Rucksack ab, rolle Matte und Schlafsack aus und verkrieche mich darin. Das ausgestreckte Liegen ist Balsam für den geplagten Rücken. Bald stellt sich ein Gefühl der Geborgenheit ein, auch der Zufriedenheit. Ich habe mehr als die Hälfte meiner Wegstrecke zum nächsten Brunnen zurückgelegt und dabei weniger als die Hälfte meiner Wasserreserven verbraucht. Vor sieben Jahren, beim ersten Versuch, war es genau umgekehrt. Noch bevor die Nacht ihren Mantel über die Wüste ausbreitet, falle ich in einen tiefen, erholsamen Schlaf, aus dem ich erst wieder erwache, als sich das erste Morgenrot bereits am Himmel abzeichnet. Das Leben hat sich auf wenige Handgriffe reduziert. Ich brauche nur den Schlafsack in den Rucksack zu stopfen, die Matte wieder zusammenzurollen und daran zu befestigen. Bevor ich mir Socken und Schuhe anziehe, überprüfe ich noch sorgfältig Zehen und Fußsohlen. Die kleinste Druckstelle oder Rötung der Haut klebe ich vorsorglich mit Tape ab. Die Füße sind mein wichtigstes Werkzeug. Eine Verletzung hätte fatale Folgen.

Noch bevor die Sonne aufgeht, bin ich längst wieder unterwegs. Mechanisch spule ich Kilometer für Kilometer ab. Den nächsten Brunnen vor Augen und noch mit üppigen Wasserreserven im Rucksack, könnte ich es mir leisten, mehr zu trinken. Ich tue es trotzdem nicht. Wenn mich die Wüste eines gelehrt hat, dann mit unserer Lebensressource Wasser verantwortungsvoll umzugehen, nicht mehr zu verbrauchen als notwendig. Mich meiner Wasservorräte zu entblößen, nur weil ich weiß, dass ein Brunnen nicht mehr weit ist, wäre nicht nur töricht, sondern lebensgefährlich. Vor sieben Jahre habe ich an diesem Brunnen Wasser geschöpft und mich dort gelabt. Jetzt hoffe ich, dass ich es abermals tun kann, aber eine Garantie gibt es dafür keine – er könnte ausgetrocknet sein. Dann wäre mein Weg an dieser Stelle zu Ende. Ich würde alles Entbehrliche abwerfen und auf derselben Strecke zurücklau-

fen. Diese Möglichkeit stünde mir wenigstens offen, noch.
Meine Nerven sind zum Zerreißen gespannt, als ich mich
am frühen Nachmittag der Stelle nähere, deren Koordina-
ten in meinem GPS-Gerät unter »Lebenspunkt« eingespei-
chert sind. Doch ich brauche das Navigationsgerät nicht,
es gibt genügend Zeichen. Schon die Tierspuren, die aus
allen Richtungen auf einen Punkt zulaufen, verraten mir,
dass der Brunnen noch in Gebrauch ist. Er liegt etwas versteckt hinter einem Felsrücken, sodass ich ihn erst sehe, als
ich um die Geländekante komme. Er wurde von Hirten
gegraben, und um ihn vor der Versandung zu schützen,
wurde er am Rand ummauert. Eine mit Steinen beschwerte
Plane deckt die Öffnung zusätzlich ab. Daneben liegt ein
mehrfach gestückelter Kamelhaarstrick, an den ein Eimer
gebunden ist.

Meine Wasserbehältnisse sind schnell aufgefüllt. Wie
schade, dass nur Kamele auf Vorrat trinken können! Es
wäre verlockend, die Nacht am Brunnen zu verbringen, so
wie ich es vor sieben Jahren tat. Doch ich hüte mich,
dem Verlangen nachzugeben, denselben Fehler zu wieder-
holen. Denn wäre ich damals weitergelaufen, hätte sich
die folgende wasserlose Distanz verkürzt und ich wäre
womöglich nicht in die Gefahr geraten zu verdursten. Obwohl der Rucksack nun wieder genau so schwer ist wie
am Start, weil ich die maximale Wassermenge aufgeladen
habe, fällt es mir leichter, einen Gehrhythmus zu finden.
Ein Musikstück von Abba, das ich mir während der Anreise fortwährend angehört habe und zu einer Art Hymne
wurde, klingt in mir nach. »*The winner takes it all*«, summe
ich das Lied vor mich hin. Die euphorische Stimmung hält
noch an, als ich ein paar Stunden später bei den ersten
Dünen mein Lager bereite. Auf dem Rücken liegend, den

Blick in den Sternenhimmel gerichtet, der sich über mir aufspannt, kommt mir noch ein anderes Lied in den Sinn, Bob Dylans »Knockin' on Heaven's Door«. Der Himmel scheint so nah, dass ich glaube, nicht nur anklopfen, sondern buchstäblich nach den Sternen greifen zu können.

Im »Himalaja« des Sandes

Am nächsten Morgen fühle ich mich zu Hause angekommen. Die Wüste nimmt mich vollends auf. Es ist vermessen, ihre wilde Natur mit einem Wohnzimmer zu vergleichen, aber Tatsache ist, dass ich in keiner anderen Landschaft so viel Zeit zugebracht habe wie in der Wüste. Jede Gelegenheit, die sich mir bot, ihr näherzutreten, habe ich dankbar ergriffen. Vom ersten Schritt an, den ich in die Wüste tat, spürte ich, dass sie mein Element ist, dass ich dort irgendwie zu Hause bin. Viel stärker als die Berge, der Dschungel, ja selbst die herbe Schönheit Tibets hat mich die Wüste in ihren Bann geschlagen und seither nicht wieder losgelassen. Deshalb empfinde ich es nicht als Defizit, wenn ich mich dem Zwang unterwerfe, in Bewegung sein zu müssen, anstatt in Muße ihr äußeres Erscheinungsbild zu betrachten und zu bewundern. Ich brauche es nicht mehr. Die Wüste ist längst in mir. Ich kann die Augen schließen und all ihre Formen und Farben sehen. Und was ihre Qualitäten betrifft – die Stille, die Reduktion und die Möglichkeit zur Reflexion –, so bin ich, indem ich mich ihr allein aussetze, stärker verbunden denn je.

Dennoch macht mir die Wüste das Heimkommen nicht leicht. Von Stunde zu Stunde wachsen die Dünenberge höher vor mir empor. Habe ich einen überwunden, erhebt sich dahinter ein weiterer, noch höherer. Doch ich habe meine Lektion gelernt. Während ich vor sieben Jahren versuchte, stur einem direkten Kurs zu folgen, den der Kompass vorgab, und mich dabei an den Sandbergen aufrieb, weiche ich nun aus, nehme sogar größere Umwege in Kauf, wenn sich dadurch kraftraubende Aufstiege vermeiden lassen. Diese Strategie geht auf. Sowohl am vierten als auch am fünften Tag schaffe ich die dreißig Kilometer Luftlinie, jene Distanz, die ich zurücklegen muss, damit meine Wasservorräte bis zum nächsten Brunnen reichen.

Auch an Tag sieben stehen die Zeichen günstig, als ich noch bei Dunkelheit aufbreche. Eine gute Stunde früher als bisher bin ich bereits unterwegs, angetrieben von der Ahnung, dass Zeit an diesem Tag eine entscheidende Rolle spielen wird. Sogar die Zahlenarithmetik ist auf meiner Seite. Ich habe noch gut drei Liter Wasser im Rucksack, und weniger als dreißig Kilometer trennen mich vom nächsten Brunnen. Doch was nützt das, wenn ich mit etwas konfrontiert werde, womit ich nicht gerechnet habe? Dass ich heute genau auf jener Strecke laufen würde, auf der ich vor sieben Jahren fast verdurstet wäre, damit habe ich gerechnet, aber ich wähnte dieses Trauma längst transformiert, sah es als Schnee von gestern an. Aber jetzt, wo ich an diesem Punkt angekommen bin, sind die Emotionen plötzlich wieder da, die lähmenden Ängste. Diese Gefühle katapultieren mich aus der Geistesgegenwärtigkeit heraus. Das ist ein Problem. Ich habe behauptet, dass es einer Vision bedarf, um ein großes Ziel zu erreichen. Doch befindet man sich bereits in Aktion, bewegt man sich auf das Ziel zu, muss die Vision wieder zurücktreten. Da zählt die Qualität des nächsten Schrittes, also Geistesgegenwart. Ständig weiter sein zu wollen, als man ist, immer an die Zukunft zu denken, wo doch die Gegenwart die Zukunft begründet und nicht umgekehrt, das ist unsere Krankheit. Genau damit bin ich nun selbst infiziert. Meine Gedanken eilen voraus, ich wünsche mir, schon am Ende des Weges zu sein, während ich noch am Anfang stehe. Alle paar Minuten blicke ich auf die Uhr, bleibe stehen, peile meine Position, nur um festzustellen, wie langsam ich vorankomme. Ich werde wütend, verwünsche die Sandberge, die mir im Wege stehen. Mein Gehen hat jede Eleganz verloren, es ist Kampf und Krampf. Nur noch der Wille treibt mich voran. Wie ein Spiegel meiner inneren Widerstände türmen sich die Dünen immer höher auf, und ich verheddere mich in diesem Labyrinth wie in einem Spinnennetz. Das Gelände wird immer unüberschaubarer. Fast im Minutentakt muss ich über einen Dünengrat. Messerscharf geformte und geschwungene Kanten, an denen sich das Licht der immer tiefer sinkenden Sonne bricht. An den Leeseiten, wo der Wind den Flugsand abgelagert hat, sinke ich knöcheltief ein. Die steilsten Stellen überwinde ich auf allen vieren kriechend, den Rucksack vor mir herschiebend. Ich habe den Eindruck, ein Sisyphos der Wüste zu sein. Oben angekommen, liege ich minutenlang auf dem Rücken und ringe nach Atem, als bewegte ich mich in der sauerstoffarmen Luft großer Höhen. Wenn ich dann hilfesuchend zum Himmel blicke, komme ich mir erst recht lächerlich vor. Die Chinesen haben ihren ersten Astronauten ins All geschossen, der über mir die Erde umkreist und gar nicht weit von hier landen wird, während ich der Wüste mühsam ein paar Kilometer abringe.

Meine Wasserreserven sind auf ein Minimum geschrumpft. Wie ein Damoklesschwert hängt die Drohung über mir, in die gleiche Situation zu schlittern wie sieben

Jahre zuvor. »Du musst laufen, nur nicht stehen bleiben!«, hämmere ich mir ständig ein. Stillstand bedeutet in der Wüste Tod. Doch ich kann keinen Rhythmus im Gehen finden. Immer häufiger tun sich gähnende Löcher auf, jene tiefen, kraterähnlichen Senken, die ich mehr fürchtete als den Durst. In einer von ihnen liegt der Brunnen von Gao, doch in welcher?

Als die Sonne untergeht, bin ich nur noch drei Kilometer Luftlinie davon entfernt. Doch die Wüste narrt mich. Wann immer ich in Erwartung des erlösenden Blickes mühsam einen der Kämme erklimme, stehe ich nur vor einem weiteren Hindernis. Gaos Senke ist von wahren Dünenmonstern wie eine Festung abgeriegelt. Der leichteste Zugang, der auch für eine Kamelkarawane begehbar ist, führt von Süden hinein. Aber ich komme von Osten her. Mein Versuch, die Senke auf der kürzesten Strecke, der Luftlinie folgend, anzusteuern, scheitert, weil mir nach 14 Stunden Marsch die Kraft fehlt. Noch einmal bin ich gezwungen, einen Umweg zu nehmen, und weiche nach Süden aus. Die Formen der Sandberge werden vertrauter. Schließlich trete ich auf einen Grat hinaus. Am Grunde einer Senke leuchtet eine weiße Salzfläche, an deren Rand ein Lehmhaus steht. Etwas abseits sticht ein grüner Farbtupfer hervor. Das ist der Brunnen. Ein Blick genügt, um zu wissen, dass es hier für mich Wasser gibt. Aber sind die Bewohner auch da? Inbrünstig habe ich gehofft, dass die Gaos da sind. Am Gebäude selbst verrät nichts, ob jemand zu Hause ist. Mein Blick schweift über die Senke nach Norden, und da sehe ich eine Person, die gerade Tiere vor sich hertreibt. »Lao Gao! Lao Gao!« Ich rufe diesen Namen aus Leibeskräften und strecke dabei die Stöcke in die Luft. Es ist der Name des Kamelhirten, der hier lebt. Er ist viel zu weit weg, um mich hören zu können, aber ich glaube fest daran, dass er mich mit seinen scharfen Augen längst erspäht hat. Dann trinke ich die letzten Tropfen und laufe leichtfüßig über die gewellten Sandrippen hinunter.

Als ich vor dem Haus stehe, lächelt Gao mir freundlich entgegen. Mein Auftauchen scheint ihn nicht zu überraschen, jedenfalls lässt er sich nichts anmerken. Er begrüßt mich wie einen guten alten Bekannten, der mal zu einem Kurzbesuch vorbeikommt, als ob das die einfachste und selbstverständlichste Sache der Welt wäre. Dabei ist es sieben Jahre her, seit ich das letzte Mal hier war. Damals war er mein Retter in höchster Not. Diesmal sind die Umstände meines Besuches zwar weniger dramatisch, aber ungewöhnlich allemal. Dennoch kommt keine neugierige Frage über seine Lippen. Die Wüste mag zwar wortkarg machen, aber gleichzeitig nährt sie eine Gastfreundschaft, die keine Bedingungen kennt. Mit ausgesuchter Höflichkeit bittet mich Gao ins Haus. Im einzigen Raum – einer Art Wohnküche – ist seine Frau gerade damit beschäftigt, das Abendbrot zuzubereiten. Es fällt gewöhnlich bescheiden aus, denn alles, was die beiden nicht dem Wüstenboden abringen können, muss mühsam auf Kamelrücken aus Alaxa Youyi herangeschafft werden. Zweimal im Jahr macht sich Gao auf den Weg zum nächsten Supermarkt – was eine Karawanenreise von sieben Tagen für die einfache Strecke bedeutet. Zu den raren Kostbarkeiten zählt frisches Gemüse. Obwohl er in seinem Minigemüsegarten im Jahr nicht mehr als ein paar Dutzend Tomaten ernten kann, stellt Gao mir eine ganze Schüssel voll auf den Tisch. Ich fühle mich beschämt, weil ich mit leeren Händen gekommen bin. Wenn ich heil wieder aus der Wüste herauskäme, verspreche ich Gao, würde ich im nächsten Jahr mit einer Karawane zurückkehren und ihm ein Fernglas mitbringen. Er hat mir erzählt, dass seine Sehkraft schwächer wird und er Schwierigkeiten hat, die Kamele zu finden, die auf der Suche nach Futter in der Wüste umherstreifen.

Die Gaos stellen die Speerspitze menschlicher Kultur in dieser Wüste dar. Kein anderer Wüstenbewohner lebt so abgeschieden und exponiert. Auch sie hat die pure Not einstmals in die Wüste verschlagen. Sie hätten längst gehen können, wie viele andere es taten, um ein komfortables Leben in Alaxa Youyi zu führen. Für einen Außenstehenden ist schwer zu begreifen, was sie an diesem Ort hält. Sie müssen sich damit begnügen, was die Wüste ihnen gibt, und sie müssen einander genügen, denn sie sind aufeinander angewiesen. Einer allein könnte hier nicht auf Dauer überleben. Die beiden bilden eine symbiotische Lebensgemeinschaft, nicht in eine starre Rollenverteilung gepresst, sondern sehr flexibel. Jeder kann alles, muss alles können. Gaos Frau weiß genauso geschickt mit den Kamelen umzugehen wie er mit Spaten oder Kochlöffel. Man hat das Gefühl, die beiden verstehen sich blind und verbale Kommunikation ist weitgehend überflüssig. Neuerdings verbringen die Gaos die Abende in der Wüste nicht mehr, indem sie sich anschweigen, sondern sie lassen sich unterhalten. Auf den ersten Blick konnte ich erkennen, was sich seit meinem letzten Besuch verändert hat. Das Fernsehen ist inzwischen angekommen. Schon von oben, als ich am Rande der Senke stand, habe ich die Satellitenschüssel vor dem Haus gesehen. Während draußen der schönste Wüstenhimmel glitzert und glänzt, versammeln sich die Gaos vor der Mattscheibe, über die bunte Bilder aus einer anderen Welt flimmern. Sie schauen Werbefernsehen aus Shanghai, wo gelackte Models Schönheitspräparate anbieten. So ist es nun einmal. Alles, was im Überfluss vorhanden ist, wird banal. Den Sternenhimmel gibt es jeden Tag, und die Gaos schauen nicht mehr hin. Das Fernsehen hingegen ist für sie eine exotische Neuheit.

Am nächsten Morgen zeigt die Wüste ein anderes Gesicht. Die Sonne versteckt sich hinter einem grauen Wolkenschleier, und auch die Dünen haben eine blasse Farbe angenommen. Es ist angenehm frisch und die Sandoberfläche sogar ein wenig angefeuchtet, weil es nachts ein paar Tropfen geregnet hat. Obwohl mein Rucksack nun wieder genauso schwer ist wie am ersten Tag, weil ich alle meine Wasserbehältnisse aufgefüllt habe, obwohl die Sandberge genauso hoch und schwierig zu nehmen sind wie zuvor, geht alles viel leichter. Auch ich habe mich verändert. Das Trauma von 1996 ist endgültig von mir abgefallen wie ein Spuk. Von der Last der Vergangenheit befreit, laufe ich leichtfüßig, als würde mich eine unsichtbare Kraft tragen. Ich kämpfe nicht mehr gegen den Sand an, als wäre er mein schlimmster Feind, denn ich habe längst erkannt, dass es hier nicht so sehr darauf ankommt, ein großer Held zu sein, sondern vielmehr darauf, die dynamischen Eigenschaften von Sandkörnern anzunehmen. Nur ihnen gelingt es, dauerhafter Bestandteil dieser Landschaft zu sein. Die Einsamkeit, die mich an den ersten Tagen immer wieder befiel, ist einem Gefühl der Verbundenheit mit allem, was ist, gewichen. Solche Momente des Einsseins lassen mich in Freudentränen ausbrechen. Gleichzeitig spüre ich große Dankbarkeit, diesen Erfahrungsweg beschreiten zu dürfen. Zum ersten Mal, seit ich in Monggon Bulag losgelaufen bin, fühle ich mich sicher – nicht in dem Sinne, dass mir nichts passieren kann, sondern in der Gewissheit, die richtige Entscheidung getroffen zu haben, als ich mich auf diese Erfahrung einließ.

Zeitweise gehe ich wie in Trance. Fließend wie der wandernde Sand verschwimmt die Grenze zwischen Vision und Wirklichkeit. Mir scheint, als würde ich mich selbst beobachten. Wie aus der Vogelschau blicke ich auf mich herab, sehe meine Spuren, die ich hinterlasse. Sie gleichen Lebenslinien mit Windungen und Kreuzungen, an denen Entscheidungen getroffen, Richtungsänderungen vollzogen wurden. Längst verloren geglaubte Erinnerungen blitzen auf, Bilder von einer meiner ersten Reisen. Im Alter von 17 Jahren reiste ich als Backpacker durch die griechische Inselwelt. Dabei besuchte ich das Grab des von mir verehrten kretischen Dichters Nikos Kazantzakis. Er ließ zu Lebzeiten drei Sätze auf seinen Grabstein meißeln: »Ich hoffe auf nichts, ich fürchte mich vor nichts, ich bin frei.« Diese Worte haben mir als Jugendlichem sehr imponiert. Sie schienen mir ein Credo fürs Leben zu sein. Nichts zu erhoffen in dem Sinne, keine Erwartungen zu hegen, bedeutet ein hohes Maß an Selbstverantwortung. Keine Ängste haben heißt Freiheit – man ist frei von Ängsten, die uns begrenzen. Jetzt habe ich das Gefühl, diesen Worten am nächsten gekommen zu sein. Ich bin ganz auf mich allein gestellt und deshalb gezwungen, die Antwort auf jede Frage, die sich mir stellt, bei mir selbst zu suchen und zu finden, also hundertprozentige Selbstverantwortung zu leben. Ich habe keine Angst mehr, und ich bin frei, denn alles, was ich besitze, trage ich auf meinem Rücken, und damit kann ich überall hingehen – jedenfalls solange das Wasser reicht.

Davon gibt es in dieser Phase meines Weges keinen Mangel. Doch das heißt noch lange nicht, dass ich nach

Lust und Laune trinken kann. Knausern lautet auch hier das oberste Gebot, aber ich bin nicht so am Limit wie zuvor. Die nächsten zwei bis drei Tage führt meine Route am nördlichen Randbereich des Seen-Korridors entlang. Im Notfall brauche ich nur einen Schlenker nach Süden zu machen und komme problemlos an Wasser. Das Gespenst des Durstes ist dadurch weit in die vor mir liegende Wüste verbannt. Hier kann ich mir sogar den Luxus erlauben, die Überquerung einer dieser Megadünen zu filmen. Das bedeutet, dieselbe Wegstrecke mehrmals zurückzulegen. Zuerst steige ich mit der Kamera auf die Dünenspitze, platziere sie dort auf dem Ministativ, steige wieder ab, hole den Rucksack, laufe mit ihm an der Kamera vorbei, stelle ihn ab und gehe schließlich zurück, um die Kamera zu holen.

Am späten Nachmittag von Tag acht nähere ich mich meiner nächsten Wasserstelle. Wie alle Lebenspunkte auf meiner Route liegt sie am Grunde einer tiefen Senke. Ich habe keine Eile und genieße jeden Schritt. Beflügelt vom Gefühl der Leichtigkeit des Seins, laufe ich in die untergehende Sonne hinein. Mein Schatten, der mir folgt, wird immer länger, bis die Sonne hinter den Dünen verschwindet und ihn auslöscht wie eine Lampe, die man einfach ausknipst. Das Feuerwerk an Farben, das sie dabei auf dem Himmel hinterlässt, spiegelt sich auf der Oberfläche des Sees, der mir aus der Tiefe einer Senke entgegenleuchtet. Der Anblick der spiegelnden Wasserfläche sagt jedoch nichts darüber aus, ob es dort Wasser für mich gibt. Das Seewasser ist viel zu salzig, um es trinken zu können. Der gegrabene Brunnen, den ich vor Jahren mit der Karawane hier fand, liegt versteckt im Schilfgras. Ob er tatsächlich noch existiert, wird sich erst zeigen, wenn ich unten bin.

Doch selbst wenn er ausgetrocknet sein sollte, würde es für mich keine ernste Bedrohung bedeuten, sondern höchstens einen Umweg. Weiter südlich gibt es bewohnte Seen, an denen ich mit Sicherheit Wasser finden werde. Durch die kühleren Temperaturen der letzten beiden Tage habe ich weniger Flüssigkeit verbraucht und noch Reserven für einen weiteren Marschtag. Deshalb bleibe ich noch lange oben auf dem Dünenkamm sitzen, gefangen von der Magie jener Stunde, in der die Nacht den Tag ablöst. Erst als die Kälte allmählich vom Sand in meinen Körper kriecht, erhebe ich mich und laufe zum See hinunter. Minuten später stehe ich vor dem Brunnen. Nachdem ich alle meine Behältnisse aufgefüllt habe, steige ich noch ein Stück in Richtung Westen die Dünen hoch, um von Stechmücken unbehelligt die Nacht zu verbringen.

Die euphorische Stimmung, die mich trägt, seit ich von Lao Gao aufgebrochen bin, hält auch am nächsten Tag an. Selbst der prall mit Wasser gefüllte Rucksack kann mich darin nicht bremsen. Irgendwie habe ich mich tatsächlich an die Bürde gewöhnt, und sie hat keine Macht mehr über meine Geistesruhe. Es ist kein Jung-Siegfried-Gefühl, in dem ich mich befinde, kein Unverwundbarkeitsdünkel, den ich mir leiste, aber eben doch ein Hochgefühl. Aus diesem Zustand werde ich herausgeworfen wie aus einem schönen Traum, aus dem man erwacht. Ich komme gerade über einen Dünenkamm, da sehe ich in einer Mulde vor mir ein dunkles Bündel liegen. Eine verlorene Kamellast, so mein erster Gedanke. Doch als ich näher komme, pralle ich entsetzt zurück. Da liegt ein Mensch, halb vom Sand verweht, nur ein Teil des skelettierten Schädels lugt heraus. Aus der warmen Bekleidung folgere ich, dass die Person im Winter umgekommen sein muss, erfroren und nicht verdurstet. Vielleicht wurde sie hier von einem der gefürchteten Kältestürme überrascht, die im Winter über die Wüste fegen und die Temperaturen auf bis zu 30 Grad unter null absinken lassen. Mit einem Schlag wird mir wieder die eigene Verletzlichkeit bewusst, die Zone existenzieller Bedrohung, in der ich mich bewege.

Durchgekommen

Vor mir liegt nun eine lange wasserlose Strecke bis zu jenem Brunnen, den ich einen Monat zuvor mit der Karawane gefunden habe. All mein Augenmerk gilt der Wegfindung. Ich taxiere die Sandberge, lege imaginäre Linien über die Kämme und Flanken und versuche, diesen zu folgen. Jede gelungene Kombination, die einen optimalen Weg eröffnet, feiere ich als Etappensieg. An diesem Tag erringe ich viele kleine Triumphe. Am Ende ist nicht nur das Soll an Kilometerleistung erfüllt, sondern ich habe noch die Muße, einen Logenplatz zu suchen, um dem Auftritt des vollen Mondes beizuwohnen. Der lässt nicht lange auf sich warten. Nur für kurze Zeit ist es so dunkel, dass die Sterne ihre ganze Strahlkraft entfalten können. Bald schon verblassen sie im milchig-weißen Licht des Mondes, der den Himmel damit verschwenderisch übergießt. Er steht sogar noch dort oben, als ich am nächsten Morgen losmarschiere. Doch mit leerem Magen lässt sich der schönste Tagesanbruch nicht so richtig genießen. Seit dem Abschied von Lao Gao habe ich mich vom chinesischen Dampfbrot ernährt, das mir seine Frau zugesteckt hat. Den Rest habe ich am letzten Brunnen verzehrt. Es war in der Trockenheit hart wie Stein geworden, sodass ich es erst im Wasser aufweichen musste. Um die letzten Reserven meiner mitgenommenen Nahrung zu schonen, sammle ich unterwegs wilden Schnittlauch, wo immer sich eine Gelegenheit bietet. Das kann freilich die zunehmende Auszehrung nicht verhindern, aber immerhin besänftigt es ein wenig den knurrenden Magen.

Gegen Ende des zehnten Marschtages treffe ich auf vertrautes Terrain. Vor einem Monat habe ich mit der Karawane hier den entscheidenden Brunnen gefunden. Unsere Spuren sind längst ausgelöscht, aber die markanten Sandformationen haben sich mir eingeprägt, sodass ich sie mühelos wiedererkennen kann. Sie weisen mir den Weg zum Brunnen. Dort ist alles noch so, wie ich ihn verlassen habe. Vorsichtig entferne ich die Abdeckung und achte darauf, dass weder Schmutz noch organisches Material in das Loch fällt. Dann lasse ich die Weithalsflasche, an einer Reepschnur befestigt, in das schmale Brunnenloch hinab. Als zusätzliches Gewicht binde ich noch einen kleinen Sandsack daran, denn die Flasche kann sich nur mit Wasser füllen, wenn sie darin abtaucht. Nachdem ich mich ausgiebig gelabt und meine Wasserbehältnisse wieder aufgefüllt habe, strecke ich mich auf dem warmen Sand aus und lausche dem Rauschen der Schilfblätter, als der Wind in sie hineinfährt. In einem Gefühl tiefer Zufriedenheit falle ich einen leichten Schlaf.

Als ich wieder aufwache, ist die Sonne bereits hinter den Dünen verschwunden. Mit der vertrauten Umgebung kommen auch die Erinnerungen. Die Mulde ist noch da, wo wir die durstigen Kamele getränkt haben, und etwas abseits, auf einer Anhöhe, befindet sich der Platz, an dem wir mit der Karawane lagerten. Später steige ich zu jenem Steinhaufen hoch, der uns auf wunderbare Weise zum

Wegweiser geworden war. Hier haben wir am Abend gesessen und ausgelassen gefeiert. Mir wäre jetzt auch zum Feiern zumute, aber womit und mit wem? Mit der Kamera? Also stelle ich sie auf und rede drauf los. Ein wildes Verlangen überkommt mich, mir etwas zu gönnen, was ich eigentlich nicht dürfte. Die Auswahl ist nicht groß. Der Käse und das Südtiroler Schüttelbrot sind längst verdaut. Bleibt nur noch ein letzter Rest Tiroler Speck. Ich schneide mir ein Stück davon ab. Zu Hause würde ich das eher als homöopathische Dosis sehen, aber hier ist das so etwas wie ein Festschmaus. Was übrig bleibt, packe ich wieder ein. Es muss für vier Tage reichen, eigentlich nur für drei, denn am vierten werde ich, wenn meine Rechnung aufgeht, am Ziel sein.

Vor mir liegt jetzt die letzte Etappe meines Weges. In Kilometern. gemessen, ist es zwar die längste Distanz, aber ich hoffe, dass die Wüste gegen den westlichen Rand hin abflachen wird und die schwierigsten Passagen bereits hinter mir liegen. In Wirklichkeit erreichen die Sandberge immer noch gewaltige Höhen, aber sie stehen nicht mehr so dicht verschachtelt, sondern bilden Gassen dazwischen, breite Korridore mit niedrigen Mondsicheldünen. Ich kann diese Korridore nutzen, um Kilometer zu machen. Gleichzeitig schone ich meine Kräfte, weil ich weniger Höhenmeter im Aufstieg zurücklegen muss. Ein seltsamer Wolkenschleier liegt den ganzen Tag über der Wüste, der wie ein Weichzeichnerfilter wirkt und die Sonne nur noch als konturlose Masse erscheinen lässt. Im Süden haben sich dunkle Wolken zusammengebraut, aus denen allenthalben Blitze zucken. Ein böenartiger Wind setzt ein, bringt den Sand in Bewegung, sodass auf den Kämmen der Dünen lange Fahnen entstehen.

In der Nacht stürzt die Temperatur ab. Als ich aufwache, stelle ich fest, dass alle meine Wasserreserven zu Eis erstarrt sind. Die Sonne hat alle Kraft verloren, und selbst tagsüber bleiben die Temperaturen um den Gefrierpunkt. Damit habe ich nicht gerechnet. Viel zu früh ist der Winter über die Gobi hereingebrochen. Die Kälte trifft mich doppelt. Nicht genug, dass ich Wasser nur noch in Form von Eiswürfeln zur Verfügung habe, besitze ich kein körpereigenes Fett mehr zum Verbrennen, um mich gegen die Kälte zu schützen. So laufe ich mit schwindenden Kräften gegen den hereinbrechenden Winter auf mein Ziel zu. Zum Glück habe ich den wärmeren Schlafsack genommen. Er erweist sich nun als das entscheidende Ausrüstungsteil, das mir in den immer kälter werdenden Nächten das Überleben sichert.

Am zwölften Tag wird das Dünengelände zusehends flacher. Allerdings findet sich eine sehr unangenehme Sandformationen, die ich bisher nicht kannte. Es sind gegen die Marschrichtung verlaufende Dünenzüge, die wie Staumauern ganze Täler abriegeln. Zu kraftlos, um sie direkt zu nehmen, bin ich zu gewaltigen Umwegen gezwungen. Von Westen her schiebt sich nun ein Felsgebirge keilförmig zwischen den Sand. Ich halte direkt darauf zu. Mithilfe der Karte ermittle ich die GPS-Daten für den Einstiegspunkt. Ich nenne ihn das »Tor«. Schon bei der Routenplanung habe ich ein schmales, nach Nordwesten verlaufendes Tal als ideale Passage ausgemacht. Das »Tor« bildet den Eingang dazu. Meine Hoffnung, die nächste Nacht bereits im Schutz der Felsen biwakieren zu können, erfüllt sich nicht.

Nach einer weiteren durchfrorenen Nacht hält mich die Kälte im Schlafsack, bis die ersten Sonnenstrahlen die

Wüste in goldenes Licht tauchen. Die Luft aber erwärmt sich kaum. Dick vermummt und in mehrere Kleidungsschichten eingepackt, setze ich den Weg fort. Nach wenigen Stunden stehe ich vor den ersten Felsen. Das Tal, dem ich nun folge, ist steinig, aber flach. Mit jedem Kilometer wird es breiter und öffnet sich schließlich zu einem Plateau, das im Süden von einem weiteren Bergzug und im Norden von hohen Dünen begrenzt wird. Mechanisch spule ich mein Pensum ab. Meine Marschleistung erhöht sich auf dem festen flachen Terrain, nicht zuletzt deshalb, weil ich nun problemlos dem Kurs folgen kann, den das GPS-Gerät als kürzeste Distanz vorgibt. Als ich in einer Mulde meinen Schlafsack ausrolle, habe ich knapp vierzig Kilometer zurückgelegt und bin nur noch fünfzig Kilometer von meinem Ziel entfernt.

Die Nacht wird noch kälter als die vergangene, und ich habe ihr nichts mehr entgegenzusetzen. Obwohl ich angezogen mit all meinen Kleidungsstücken in den Schlafsack krieche und noch den Biwaksack darüberziehe, friere ich die ganze Nacht. Vielleicht liegt es daran, dass es nicht genug Platz gibt, um eine Schlafposition einzunehmen, die die Körperwärme besser hält. Seit dem Kälteeinbruch muss ich alle Wasserbehälter mit in den Schlafsack nehmen, denn im Freien würde die Flüssigkeit wieder zu Eis erstarren. Als Folge kann ich mich kaum mehr im Schlafsack rühren. Mein Körper ist zu ausgezehrt, um ohne Bewegung genügend Wärme zu produzieren.

Am nächsten Morgen beschließe ich, alles auf eine Karte zu setzen. Ich bürde mir nur noch Wasser für den einen Tag auf, kaue am letzten Pflaumenkern, den ich mir aufgespart habe, und laufe noch bei Dunkelheit los. Das Ziel vor Augen mobilisiert ungeahnte Kräfte. Es ist noch nicht Mittag, und ich habe bereits mehr als die Hälfte der Distanz zurückgelegt. Doch nun stellt sich mir ein unerwartetes Hindernis in den Weg. Ein Dünenwall baut sich auf, während ich schon auf bewohnte Steppe hoffte. Keine Chance, ihn zu umgehen. Die Wüste will mich noch nicht entlassen. Bald spüre ich wieder den weichen Sand unter den Füßen, der das Gehen sofort viel anstrengender macht. Ich habe das Gefühl, im Schneckentempo voranzukommen. Wieder gilt es, im Zickzackkurs gestaffelte Dünenkämme zu überqueren. Ich zwinge mich dazu, immer nur an den nächsten Schritt zu denken. Bei längeren Aufstiegen zähle ich einfach mit, Schritt für Schritt, um nicht in Versuchung zu kommen, den Blick erwartungsvoll nach vorne zu richten. Das hilft, einen Rhythmus zu halten. Nach zwei Stunden stehe ich auf der höchsten Stelle und sehe, wie das Sandmeer vor mir in der Steppe ausläuft. Ich lasse mich in den Sand fallen und genieße diesen Anblick wie ein Schiffbrüchiger, der die rettende Küste erblickt. Zwölfeinhalb Kilometer, so zeigt mir das GPS-Gerät an, trennen mich noch von meinem Ziel, einem einzelnen Haus, das ich von Anfang an als Endpunkt definiert habe. Jetzt koste ich jeden Moment aus. Doch in die Freude mischt sich auch ein wenig Wehmut. In ein paar Schritten wird sich eine Vision erfüllen, für die ich jahrelang gelebt habe. Vielleicht rührt der Hauch von Traurigkeit auch daher, dass ich spüre, nie wieder einen derartigen Weg der Selbsterfahrung gehen zu können. Fritz Mühlenwegs Worte kommen mir wieder in den Sinn. Der Maler und Schriftsteller, der wie kein anderer die mongolische Seele dieses Landes verstanden hat, schrieb einmal: »Ihr habt einen Weg ausgesucht, der kein Weg ist. Nicht umsonst nennt man ihn den Pfad der Nachdenklichkeit.«

Unwillkürlich blicke ich mich um, folge mit den Augen dem Pfad, den ich gekommen bin. Auf der flachen Steppe sind meine Spuren kaum noch zu erkennen, und im Sand sind sie längst verweht. Die Erfahrung aber bleibt, und nur darum geht es. Unsere Erfahrungen sind vielleicht das Einzige, das wir mitnehmen können, wenn wir gehen müssen. Ich habe in eine einmalige Lebenserfahrung investiert und dafür viel riskiert. Die Besonderheit dieser Erfahrung liegt darin, auf allen Ebenen gleichzeitig gefordert zu sein. Ich war physisch am Limit, aber nie darüber. Ich musste jeden Schritt vorausplanen wie ein Schachspieler, denn die Wüste verstehen heißt, einmal keinen Fehler machen. Und ich war emotional ausgesetzt, denn ich musste mich mit der Einsamkeit arrangieren, das Alleinsein in ein All-Einssein transformieren. Das habe ich hier nie. Der Weg durch die Wüste ließ mich meine Grenzen, aber auch meine Möglichkeiten erkennen. Dieses Wissen um die eigenen Möglichkeiten steht mir fortan zur Seite wie ein guter, tröstender Freund, vor allem dann, wenn mich das Leben wieder einmal hart anzupacken scheint.

Zeittafel

1989   Durchquerung der Takla Makan zu Fuß und in Begleitung einer Kamelkarawane von Yutian entlang des Keriya-darja nach Daheyen und weiter bis Mazar-tagh
(23 Tage)

1993   Durchquerung des Sahel und der Sahara von N'Djamena
über den Tschadsee zum Tibesti-Gebirge und weiter zu
den Seen von Ounianga und dem Ennedi-Gebirge. Weiterreise in den Sudan bis zum Jebel Uweinat und durch
die Weiße Wüste Ägyptens nach Kairo (3 Monate)

1994   Durchquerung der Badain Jaran Shamo (Gobi/Innere
Mongolei/China) zu Fuß und in Begleitung einer Kamelkarawane von Monggon Bulag bis Hongliyuan (25 Tage)

1995   Durchquerung der Badain Jaran Shamo zu Fuß und in
Begleitung einer Kamelkarawane von Monggon Bulag bis
Alaxa Youyi (19 Tage)

1996   Erster Versuch, die Badain Jaran Shamo im Alleingang
von Osten nach Westen zu durchqueren. Der Versuch
scheiterte nach 5 Tagen.

2000   Durchquerung der Takla Makan auf der Route der Todeskarawane von Sven Hedin von Merket bis zum Khotan-
darja (21 Tage)

2003   Solodurchquerung der Badain Jaran Shamo von Osten
nach Westen (14 Tage)

2004   Winterdurchquerung der Badain Jaran Shamo von Alaxa
Youyi bis Lao Gao (15 Tage)

2007   Durchquerung der Takla Makan zu Fuß und in Begleitung einer Kamelkarawane von Daheyen über Dandan-
oilik nach Mazar-tagh (12 Tage)

Literatur

Aicher, Otl, *Gehen in der Wüste*, 6. Aufl., Frankfurt a. M. 1998.

Baumann, Bruno, *Karawane ohne Wiederkehr. Das Drama in der Wüste Takla Makan*, 2. Aufl., München 2001.

– *Die Wüste Gobi. Durch das Land ohne Wasser*, 2. Aufl., München 2009.

– *Abenteuer Seidenstraße. Auf den Spuren alter Karawanenwege*, 3. Aufl., München 2009.

Chapelle, Jean, *Nomades noirs du Sahara. Les Toubous*, Paris 1982.

Fuchs, Peter, *Menschen der Wüste*, Braunschweig 1991.

– *Weißer Fleck im schwarzen Erdteil. Meine Expedition nach Ennedi*, Stuttgart 1958.

– *Sudan. Landschaften zwischen Niger und Nil*, Wien, München 1977.

Gardi, René, *Tschad. Erlebnisse in der unberührten Wildnis um den Tschadsee*, Zürich 1952.

Gartung, Werner, *Yallah Tibesti. Vom Tschadsee zu den Felsenmenschen*, Braunschweig 1992.

Göttler, Gerhard (Hg.), *Die Sahara. Mensch und Natur in der größten Wüste der Erde*, 4. Aufl., Köln 1992.

Hedin, Sven, *Durch Asiens Wüsten*, Neue Ausg., 14. Aufl., Mannheim 1986.

– *Die Seidenstraße*, Leipzig 1936.

– *Rätsel der Gobi. Die Forts. d. Großen Fahrt durch Innerasien in d. Jahren 1928–1930*, Leipzig 1931.

Mühlenweg, Fritz, *Fremde auf dem Pfad der Nachdenklichkeit*, Lengwil 1992.

– *In geheimer Mission durch die Wüste Gobi*, Lengwil 1993.

Nachtigal, Gustav, *Tibesti. Die Entdeckung der Riesenkrater und*

Erstdurchquerung des Sudan, 1886–1874 (hg. v. Heinrich Schiffers), Tübingen 1978.

- *Sahara und Sudan*, Bd. 1, Berlin 1879.

Opel, Adolf und Westermann, Kurt-Michael, *Ingeborg Bachmann in Ägypten. »Landschaft, für die Augen gemacht sind«*, Wien 1996.

Saint-Exupéry, Antoine de, *Die Stadt in der Wüste*, Berlin 1989.

- *Wind, Sand und Sterne*, 18. Aufl., Düsseldorf 1989.

Schiffers, Heinrich, *Wen die Wüste ruft. Abenteuer in Afrika*, München 1955.

Staewen, Christoph, *Eine Fahrt ins Tibesti. Erlebnis Wüste – zu dritt ins Tibesti-Massiv der Sahara. Ein Reisebericht – Frühjahr 1964*, Augsburg 2005.

Stein, Aurel, *Ruins of Desert Cathay*, 2 Bde., London 1968.

- *Ancient Khotan*, Oxford 1907.

Striedter, Karl Heinz, *Felsbilder der Sahara* (anlässl. d. vom Frobenius-Inst. in d. Frankfurter Paulskirche ausgerichteten Ausstellung »Felsbilder d. Sahara« vom 10. Mai – 17. Juni 1984. Hg. im Auftr. d. Frobenius-Inst. u. d. Frobenius-Ges., Frankfurt a. M.), München 1984.

Tondini, Ornella und Decker, Marie-Laure de, *Für den Tschad*, Köln 1979.

Vérame, Jean, *Tibesti. Le désert et la couleur*, Genf 1989.